Friedrich Ludwig Schröders
Hamburgische Dramaturgie

Publikationen zur
Zeitschrift für Germanistik
Neue Folge

Band 31

PETER LANG
Bern · Bruxelles · Frankfurt am Main · New York · Oxford · Warszawa · Wien

Friedrich Ludwig Schröders Hamburgische Dramaturgie

Herausgegeben von

Bernhard Jahn
Alexander Košenina

PETER LANG

Bern · Bruxelles · Frankfurt am Main · New York · Oxford · Warszawa · Wien

Bibliografische Information Der Deutschen Nationalbibliothek
Die Deutsche Bibliothek verzeichnet diese Publikation in der Deutschen
Nationalbibliografie; detaillierte bibliografische Daten sind im Internet über
‹http://dnb.ddb.de› abrufbar.

Herausgegeben von der
Philosophischen Fakultät II/ Institut für deutsche Literatur
der Humboldt-Universität zu Berlin, D–10099 Berlin

Redaktion:
Prof. Dr. Alexander Košenina
(Geschäftsführender Herausgeber)
Dr. Brigitte Peters
https://www.projekte.hu-berlin.de/zfgerm
Tel.: 0049 30 2093 9609 – Fax: 0049 30 2093 9630

Redaktionsschluss: 15.2.2017

Abbildung auf der ersten Umschlagseite:
Anonymer Kupferstich, 1778, im Privatbesitz von Alexander Košenina.

Bezugsmöglichkeiten und Inseratenverwaltung:
Peter Lang AG
Internationaler Verlag der Wissenschaften
Moosstrasse 1
CH – 2542 Pieterlen
Tel.: 0041 32 3761717 – Fax: 0041 32 3761727

ISBN 978-3-0343-2759-6 pb.   ISBN 978-3-0343-2933-0 eBook
ISBN 978-3-0343-2935-4 MOBI   ISBN 978-3-0343-2934-7 EPUB
ISSN 1660-0088 pb   ISSN 2235-5898 eBook

Diese Publikation wurde begutachtet.

© Peter Lang AG, Internationaler Verlag der Wissenschaften, Bern 2017
Wabernstrasse 40, CH – 3007 Bern
info@peterlang.com; www. peterlang.com; bern@peterlang.com

INHALTSVERZEICHNIS

FRIEDRICH LUDEWIG SCHRÖDER.

Kupferstich von Gottfried Daniel Berger (1744–1825), 1783.
Privatbesitz: Alexander Košenina.

Vorwort

Dass die Nachwelt dem Mimen keine Kränze flicht, gilt, à la longue betrachtet, auch für Friedrich Ludwig Schröder (* 3. November 1744), an dessen 200. Todestag zu erinnern, sich einer theaterinteressierten Öffentlichkeit am 3. September 2016 Gelegenheit geboten hätte. Ein Medienecho blieb indes weitgehend aus; und besonders das Schweigen der Hamburger Theater mag irritieren, da Schröder das Theater der Hansestadt über vierzig Jahre hindurch erfolgreich als Schauspieler, Regisseur, Intendant und Bühnenautor geprägt hat. Immerhin: 1816 war man sich in Hamburg seiner Verdienste noch bewusst, wie die umfänglichen Gedenkfeiern für den Verstorbenen zeigen, die sich über den ganzen September des Jahres erstreckten. Sein Freund und Biograph Friedrich Ludwig Wilhelm Meyer berichtet darüber:

> Am 9ten September Morgens ward Schröders Leiche von Rellingen nach Hamburg geführt. Unter Weges erhielt sie ehrenvolle Trauerbezeugungen. Etwa einhundert Brüder und Freunde des Verstorbenen empfingen sie im schwarzumflorten Saale des Freimaurerhauses. [...] Von dort ward der Sarg nach der, dem Kirchspiel Jakobi angewiesenen Begräbnisstätte vor dem Dammthor gefahren. Dem langen Zuge seiner ihn zu Fuß begleitenden Freunde folgten mehr als sechzig Kutschen, und eine unabsehbare Menge Zuschauer.[1]

Da der Friedhof vor dem Dammtor im Zuge der Bahnarbeiten für den Bau des Dammtorbahnhofs eingeebnet wurde, befindet sich Schröders Grab als Ehrengrab heute auf dem Ohlsdorfer Friedhof (Althamburgischer Gedächtnisfriedhof).

Am 26. September veranstalteten die Freimaurer, deren Großmeister Schröder von 1814–1816 gewesen war, eine Gedenkfeier im Logenhaus, zwei Tage später gab es dann im Stadttheater,[2] das sich damals noch in der

---

1   F.[riedrich] L.[udwig] W.[ilhelm] Meyer: Friedrich Ludwig Schröder. Beitrag zur Kunde des Menschen und des Künstlers. In zwei Theilen, Hamburg 1819, hier Tl. 2,1, S. 415 f. Ein erster biographischer Abriss war schon 1818 erschienen: Johann Friedrich Schink: Schröders Charakteristik als Bühnenführer, mimischer Künstler, dramatischer Dichter und Mensch, Leipzig 1818.

2   Vgl. den Eintrag unter diesem Datum sowie den Theaterzettel in der Datenbank zum Hamburger Stadttheater: <www.stadttheater.uni-hamburg.de>, zuletzt: 1.2.2017.

Nähe des Gänsemarktes befand, eine Gedächtnisveranstaltung für den Theater-Intendanten. Bevor der Abend mit einer Vorstellung von Schröders Lustspiel *Der Vetter in Lissabon* zu Ende ging, wurden Schröders Verdienste mit einem umfangreichen Prolog-Komplex, *Schröders Todtenfeyer*[3], gewürdigt, der von Friedrich Ludwig Schmidt verfasst worden war und anschließend auch im Druck erschien. Eingerahmt von Chören aus der Feder des Musikdirektors Eule, enthält der Prolog zwei Reden in Form von Stanzen, die von den Theaterdirektoren Herzfeld und Schmidt vorgetragen wurden und die Vielseitigkeit von Schröders Wirken für das Theater zu erfassen suchen. Der erste Redner zeichnet Schröders künstlerische Laufbahn nach,[4] die als Ballett-Tänzer und Choreograph begann, dann durch seine Fähigkeiten als einer der großen Schauspieler des 18. Jahrhunderts geprägt wurde, wobei besonders die komischen Rollen als Just (Lessing), Falstaff (Shakespeare), Geiziger (Molière) und Truffaldino (Goldoni) erwähnt werden. Eine Stanze hebt die zentrale Rolle hervor, die Schröder bei der Durchsetzung Shakespeares auf den deutschen Bühnen zukam:

> Doch Höheres ward ihm noch vorbehalten,
> Als Er mit M e l p o m e n e n erst vertraut;
> Da sah't Ihr hier gigantische Gestalten
> Und Shak'spear's Wunderwelt neu aufgebaut.
> Jetzt schien sein Geist erst g a n z sich zu entfalten,
> Die P a n t o m i m e selbst sprach zu Euch laut.
> So lange man wird K ö n i g L e a r kennen,
> Wird man daneben S c h r ö d e r s N a m e n nennen.[5]

Die zweite Rede[6] betont Schröders Verdienste um die Etablierung eines guten Rufs der Schauspielkunst, die Einführung einer Pensionskasse für Schauspieler, seine allgemeine Hilfsbereitschaft für in Not geratene Schauspieler und sein humanitäres Wirken in der Hamburger Freimaurer-Loge.

Der vorliegende Band, der auf eine Tagung vom November 2016 im Hamburger Warburg-Haus zurückgeht, kann nicht all' diese Verdienste berücksichtigen, sondern konzentriert sich auf den Theatermacher. Der Titel *Hamburgische Dramaturgie* spielt dabei nicht nur auf Lessing an, sondern steht

---

3   Friedrich Ludwig Schmidt: Schröders Todtenfeyer auf dem Stadt-Theater zu Hamburg. Verfaßt von Friedrich Ludwig Schmidt, Hamburg 1816.
4   Ebenda, S. 5.
5   Ebenda, S. 6.
6   Ebenda, S. 7.

für die These, dass Schröder als Direktor, Dramaturg, Dramatiker und Darsteller das Erbe seines prominenten Vorgängers aktiv antritt. Dadurch verleiht er dem Hamburger Stadttheater sein eigenes Profil, das sich von den führenden Nationalbühnen in Mannheim oder Berlin, insbesondere aber vom klassischen Weimarer Hoftheater Goethes unterscheidet. Eine erste Sektion beleuchtet die Figur Schröders, sein Verständnis von Repertoire und Originaldrama sowie organisatorische Besonderheiten seiner Bühne. In einem zweiten Teil geht es um exemplarische Bearbeitungen und Inszenierungen englischer und französischer Stücke. Schließlich arrondieren drei Beiträge Schröders eigene Bühnenpräsenz und sein Programm einer naturwahren Schauspielkunst.

Das Porträt Schröders von Johann Friedrich Schink, der zugleich Lessings erster Biograph war, eröffnet abschließend einen Blick in die Rezeptionsgeschichte. Dazu gehört auch das beigefügte Textdokument *Jupiters theatralische Reise* vom gleichen Verfasser. In diesem Totengespräch feiern Schauspieler, Autoren und Figuren der Mythologie in launigen Dialogen Schröders 46. Geburtstag im Jahre 1790. Jupiter, der Wortführer der kleinen Posse, fordert – mit den Worten von Lessings Maler Conti aus der *Emilia Galotti* (I, 2) – einen Olymp, in dem „die Kunst wenigstens nicht nach Brod gehen" müsse. Finanzielle Unabhängigkeit von Schauspielern ist das eine, ihre künstlerische Orientierung das andere. Jupiter nennt die entscheidenden Stichworte, die auf Schröders Bühnenerfolge zutreffen: Darstellung statt Deklamation, Ausdruck statt Malerei, Selbstkontrolle statt Übertreibung. Lessing selbst kommt es zu, mit seinem – hier etwas frei zitierten – Vierzeiler *In eines Schauspielers Stammbuch* diese von Johann Jakob Engel in seinen *Ideen zu einer Mimik* (1785/86) weiter ausgeführten Thesen auf folgende knappe Formel zu bringen, die Schröders *natürlich wirkende*, aber mit unsichtbaren *künstlerischen Mitteln hervorgebrachte* Schauspielkunst prägnant charakterisiert:

Kunst und Natur
Sey auf der Bühne eines nur;
Wenn Kunst sich in Natur verwandelt,
Dann hat Natur mit Kunst gehandelt.[7]

Bernhard Jahn & Alexander Košenina
Berlin, im Februar 2017

---

7   Gotthold Ephraim Lessing: Sämtliche Schriften, hrsg. v. Karl Lachmann, Bd. 1, Stuttgart 1886, S. 46.

I. Schröders Hamburgische Dramaturgie

BERNHARD JAHN

Unterhaltung als Metatheater
Schröders Hamburgische Dramaturgie am Beispiel
seiner „Originaldramen"

Die Schröderschen Stücke gehörten damals [d. h. in den 1780er Jahren, B. J.] fast in ganz
Deutschland zu den beliebtesten der rezitierenden Gattung; aber sie wurden schwerlich
irgendwo vollkommner gegeben als in Hamburg. Man sah sie gern und oft.[1]

Ein Blick in die Datenbank[2] der Aufführungen des Hamburger Stadttheaters
zeigt, dass der bekannte Schröder-Enthusiast Johann Friedrich Schütze
hier ein wenig übertreibt. Wenn man großzügig auch die etwas freier verfahrenden Übersetzungen als eigenständige Bearbeitungen miteinrechnet – auf
das Problem, was ein Originaldrama sei, wird noch einzugehen sein – und
Werke wie *Der Ring* nach George Farquhar[3] mit zählt, gelangt man für
Schröder auf rund 350 Aufführungen am Hamburger Stadttheater in der
Zeitspanne von 1770 bis 1850.

1   Johann Friedrich Schütze: Hamburgische Theater-Geschichte, Hamburg 1794, S. 585.
2   Die Daten der Tabellen sind der Datenbank: *Das Hamburger Stadttheater (1770–1850). Digitaler Spielplan* entnommen (<www.stadttheater.uni-hamburg.de>), die im Rahmen des
    DFG-Projektes *Bühne und Bürgertum* unter Leitung von Claudia Zenck und Bernhard Jahn
    erstellt worden ist. Die Datenbank umfasst sämtliche Theaterabende des Stadttheaters im
    genannten Zeitraum. Man erhält die angegebenen Zahlen, wenn man den Namen des Autors in das entsprechende Feld der Suchmaske eingibt.
3   Vgl. George Farquhar: The constant Couple or A Trip to the Jubilee (1700); dazu Else
    Pfenniger: Friedrich Ludwig Schröder als Bearbeiter englischer Dramen, Diss. Zürich, Zürich 1919, S. 61–70, zur Fortsetzung des *Rings*, S. 70–81, ferner die entsprechenden Aufsätze in dem Sammelband: Fritz Paul, Wolfgang Ranke, Brigitte Schulze (Hrsg.): Europäische Komödie im übersetzerischen Transfer, Tübingen 1993.

Tabelle 1: Aufführungszahlen von Dramen einzelner Autoren am
Hamburger Stadttheater 1770–1850

August von Kotzebue	3030
August Wilhelm Iffland	767
Friedrich Schiller	762
William Shakespeare	631
Friedrich Ludwig Schröder	347 ohne Farquhar- und Con– greve-Bearbeitungen: 241
Charlotte Birch-Pfeiffer	220
Gotthold Ephraim Lessing	213
Friedrich Ludwig Schmidt	172
Johann Wolfgang von Goethe	161
Heinrich von Kleist	151
Johann Christian Brandes	149

Damit liegt Schröder mit seinen eigenen Stücken im Mittelfeld, deutlich vor
Goethe zwar und Lessing, aber auch ebenso deutlich hinter Schiller, Iffland
und weit abgeschlagen im Vergleich zu Kotzebue,[4] der mit über 3000 Aufführungen die Rangliste unangefochten anführt.

---

4   Zu den Kotzebue-Aufführungen des Hamburger Stadttheaters vgl. jetzt Axel Schröter:
     Zur Kotzebue-Rezeption am Hamburger Stadttheater zu Lebzeiten des Erfolgsautors –
     unter besonderer Berücksichtigung bürgerlicher und aristokratischer Wertvorstellungen.
     In: B. Jahn, C. Zenck (Hrsg.): Bühne und Bürgertum. Das Hamburger Stadttheater (1770–
     1850), Frankfurt a. M., S. 409–437 sowie zu Kotzebue allgemein A. S.: August von Kot-
     zebue. Erfolgsautor zwischen Aufklärung, Klassik und Frühromantik, Weimar 2011. Den
     besten Überblick über Kotzebues dramatische Produktion bietet: Johannes Birgfeld, Julia
     Bohnengel, Alexander Košenina (Hrsg.): Kotzebues Dramen. Ein Lexikon, Hannover
     2011.

Tabelle 2: Aufführungszahlen von Schröders „Originaldramen" am
Hamburger Stadttheater bis 1850

Der Fähndrich	56
Der Ring oder Die unglückliche Ehe durch Delikatesse (Farquhar)	55
Der Vetter in Lissabon	53
Das Porträt der Mutter oder Die Privatkomödie	51
Der Ring (Farquhar)	33
Die väterliche Rache oder Liebe für Liebe (Congreve)	18
Adelheid von Salisbury	9
Der Galanteriekrämer	9
Die eilfertige Heirat	8
Victorine oder Wohltun trägt Zinsen	8
Ehrgeiz und Liebe	6
Advokatenspiegel	6
Die gute Tochter	5
Die verlassene Tochter	5
Was sie will	5
Die Freimaurer	4
Die verlorene Mühe	4
Großmut für Misstrauen	4
Selbstliebe oder Die gefährliche Probe	4
Die unerwartete Erbschaft	3
Schadenfreude	1

Betrachtet man wiederum die in *Tabelle 2* wiedergegebene Liste der in Hamburg aufgeführten Dramen Schröders, so ist zu erkennen, dass fünf Stücke, nämlich das Original-Lustspiel *Der Fähndrich,* das bürgerliche Familiengemälde *Der Vetter in Lissabon,* das Original-Lustspiel *Das Porträt der Mutter oder die Privatkomödie* sowie die beiden Teile des *Rings* rund zwei Drittel der Aufführungen ausmachen. Die Aufführungen sind dabei nicht auf die 1780er Jahre konzentriert, sondern verteilen sich recht gleichmäßig über die Jahrzehnte bis 1850.

Auch was die Aufführung einzelner Stücke betrifft, bewegt sich Schröders Erfolg im Mittelfeld. Der *Fähndrich* mit 56 und der *Vetter in Lissabon* mit 53 Aufführungen führen die Liste an, Mozarts *Zauberflöte* erreicht im selben Zeitraum 264 Aufführungen, Shakespeares *Hamlet* 169. Diese gleichmäßige Verteilung der Aufführungszahlen lässt sich nicht so sehr als Hinweis auf Erfolgsstücke eines Erfolgsdramatikers deuten, sondern eher als Indiz für den Klassikerstatus Schröders, den dieser zumindest für Hamburg beanspruchen konnte. Ähnliche Verteilungsmuster finden sich auch für Goethes Dramen und bis zu einem gewissen Grad für Lessing.

Schröders Originalstücke wären demzufolge in Hamburg nach 1800 als klassische Stücke aufgeführt worden, als Dramen eines Autors, den es zu ehren und zu pflegen galt, selbst wenn es sich bei seinen Dramen nicht um absolute Zugstücke handelt. Durch diese Aufführungspraxis ergeben sich gewisse Abweichungen gegenüber dem heute vor allem in der Germanistik etablierten, sich aber auch in den Spielplänen der Schauspielhäuser manifestierenden Klassiker-Kanon. Der Klassiker-Kanon für das Theater in der ersten Hälfte des 19. Jahrhunderts verlief nicht entlang der heute geltenden Dichotomien: Auf der einen Seite entstand durch die Aufführungspraxis ein Klassikerkanon, der Dramen von Autoren umfasste, die auf der Bühne weniger erfolgreich waren. Hier finden sich Autoren wie Goethe, Lessing und eben Schröder. Auf der anderen Seite hingegen stehen Erfolgsautoren wie Kotzebue oder Iffland, zu denen auch Klassiker wie Schiller und Shakespeare zu zählen sind.

Möglicherweise hat Schröder selbst in nicht unerheblichem Maße seinen Klassikerstatus als Bühnenautor vormodelliert, denn wenn man das Corpus seiner sogenannten Originalstücke überblickt, gewinnt man den Eindruck, er habe für fast jedes der in der Theaterpraxis gängigen Genres mindestens ein Musterstück liefern wollen.[5] Dies betrifft vorab und vor allem die nicht-

---

5   Das Genre der historischen Ritterstücke fehlt allerdings.

tragischen Genres. Aber vielleicht lässt sich Schröders Bemühen, sein Trauerspiel *Adelheid von Salisbury*, das 1786 für Wien entstanden war, und das erst 1811, nach einer Umarbeitung in Hamburg als „Original-Trauerspiel" auf die Bühne des Stadttheaters gelangte, in diesem Sinne deuten, als gelte es, die Palette seiner dramatischen Musterstücke um wenigstens auch eines aus dem tragischen Bereich zu ergänzen.

Bevor näher auf ein Spezifikum der Schröder'schen Stücke eingegangen werden kann, sind einige Bemerkungen zu dem Begriff „Original-Schauspiel" notwendig. Die Wortzusammensetzung „Original-Lustspiel", „Original-Schauspiel" oder „Original-Trauerspiel" taucht sowohl auf Theater-zetteln wie auch auf den Titelblättern der Dramendrucke auf. Dabei ist die Zuschreibung als ‚Original' in mehrfacher Hinsicht problematisch. Schon die Theaterzettel verfahren dabei willkürlich, wenn sie Dramen, die deutlich als Bearbeitungen eingestuft werden können, als Original auszeichnen, wie etwa *Die väterliche Rache oder Liebe für Liebe*[6] nach William Congreves *Love for Love*. Aber auch umgekehrt werden Stücke wie der *Fähndrich* oder *Der Vetter in Lissabon*, die nach heutigen Maßstäben halbwegs als Originaldramen durch-gehen können, gelegentlich einfach nur als „von Schröder" klassifiziert. Hinweise auf Vorlagen „nach dem Englischen der Miß Lee, von Schröder" für *Glück verbessert Thorheit* finden sich gelegentlich, werden aber nicht kon-sequent verwendet. Es steht zu vermuten, dass die Etikettierung eines Stü-ckes als Originalstück als Werbemaßnahme wirkte und nicht im Sinne des Urheberrechts zu verstehen ist. Die Bezeichnung wurde vor allem einge-setzt, um neue Stücke zu bewerben. So wurde der *Fähndrich* in den 1780er Jahren durchgängig als „Original-Lustspiel" bezeichnet, ab 1800 dann nur noch als „Lustspiel", während die 1811 erstmals auf die Hamburger Bühne gelangende *Adelheid* als „Original-Trauerspiel" firmiert.

Aus der Perspektive der neueren Intertextualitätsforschung betrachtet ist der Terminus „Original" a priori problematisch, denn kein Drama wie auch generell kein Text ist vollkommen original in dem Sinne, dass er keine Rückgriffe in der einen oder anderen Art auf vor ihm entstandene Texte vornähme. Vielmehr liegt ein Kontinuum möglicher Abhängigkeiten vor, das in der Intertextualitätsforschung schon zur Genüge durchdekliniert worden ist und das es schwer macht festzulegen, ab wann ein Drama nicht mehr als Bearbeitung, sondern als eigenständige Fassung zu gelten hat. Die

---

6   Laut Theaterzettel vom 17.5.1784 ein „Original-Lustspiel in vier Aufzügen, von Schröder und Meyer".

Übernahme eines Plots reicht jedenfalls noch nicht aus, um von einer Bearbeitung sprechen zu können, denn niemand in der Germanistik wird Goethes *Iphigenie* als Bearbeitung der entsprechenden Euripides-Tragödie bezeichnen wollen. Das Gesagte gilt umso mehr für Schröders Dramen, da auch seine Originaldramen im engeren Sinne sich ausgiebig aus dem Fundus des europäischen Theaters seit dem Beginn der Frühen Neuzeit bedienen. Sein Lustspiel *Das Gemählde der Mutter oder die Privatcomödie* etwa ist ein Original-Lustspiel, weil kein Vorlagenautor für das Stück als Ganzes zu benennen ist. Gleichwohl enthält das Lustspiel zahlreiche Elemente, die Schröder von Shakespeare übernahm, etwa die Aufdeckung einer Familienkonstellation durch ein Spiel im Spiel oder einige Slapstickelemente im Zusammenhang mit der Vorbereitung der Privatbühne, die dem Handwerkertheater des *Sommernachtstraums* entstammen.[7]

Hier eine Grenzlinie ziehen zu wollen ist nicht möglich, vor allem aber auch nicht sinnvoll, weil auf diese Weise die Konstruktionsprinzipien von Schröders Stücken, die aus dem Baukasten des frühneuzeitlichen europäischen Theaters zusammengesetzt sind, nicht in den Blick gelangen würden. Generell ließe sich fragen, ob die Konzepte von Autorschaft und Werk, wie sie sich für die Literatur in der Schröder-Zeit durchzusetzen beginnen, für das Theater dieser Zeit angemessen sind. Dass sie schon für die Literatur im engeren Sinne nicht unproblematisch sind, hat bekanntlich Foucault gezeigt, für das Theater um 1800, das von der Aufführung her gedacht werden muss, gelten nochmals besondere Bedingungen.

Schröders Dramen wie Literaturtheater zu lesen, führt, wie die wenigen, vor allem literatursoziologisch ausgerichteten Arbeiten der 1970er und 80er Jahre, die sich mit Schröder beschäftigt haben,[8] verdeutlichen, schnell zu einem Trivialitätsverdikt in dem Sinne, dass soziale Verhältnisse nicht kritisch reflektiert, sondern affirmativ bestätigt werden. Und dies war nun das Schlimmste, was man Literatur in den 1970er Jahren nachsagen konnte. In welchem Maße aber beziehen sich die Stücke Schröders auf soziale Verhält-

---

7 Zudem übernimmt Schröder Handlungselemente aus Sheridans *School for Scandal*. Vgl. dazu den Beitrag von Manuel Zink in diesem Band.
8 Vgl. Helmut Arntzen: Die ernste Komödie. Das deutsche Lustspiel von Lessing bis Kleist, München 1968, Kap. IX, „Die Komödie als Ideologie. Schröder und Iffland", S. 113–124; Horst Albert Glaser: Das bürgerliche Rührstück. Analekten zum Zusammenhang von Sentimentalität mit Autorität in der trivialen Dramatik Schröders, Ifflands, Kotzebues und anderer Autoren am Ende des achtzehnten Jahrhunderts, Stuttgart 1969; Markus Krause: Das Trivialdrama der Goethezeit 1780–1805. Produktion und Rezeption, Bonn 1982.

nisse? Wie können sie das überhaupt, wenn sie z. B. in Hamburg, Wien, Leipzig und Berlin gespielt wurden, vier Städten, die durch jeweils recht unterschiedliche soziale Gegebenheiten geprägt sind? Ein von Horst Albert Glaser angeführtes Beispiel sei hier kurz herausgegriffen, Schröders Lustspiel *Ehrgeiz und Liebe*,[9] das zunächst 1786 in Hamburg unter dem Titel *Die Adelsucht* auf die Bühne kam. Das Lustspiel ist kein Original-Drama, sondern folgt eng Nivelle de la Chaussees *L'homme de Fortune*. In dem Stück kann Brisach, ein „sehr reicher Bankier" (2), seinen Sohn mit ein paar Tricks davon abbringen, ein adliges Fräulein zu heiraten und ein adliges Leben zu führen. Glaser deutet dies als „Anerkennung der Ständegesellschaft"[10] und als „Lehrstück nahezu für die Methode, mit der Schröder Konflikte der Stände abbiegt".[11] Glaser suggeriert hier, dass Schröders Lustspiel die Anpassungsleistungen des Bürgertums modelliert und honoriert. Das ist, auf Hamburger Verhältnisse übertragen, allerdings barer Unsinn.

Wenn sich ein Hamburger Bürger adeln ließ, bzw. dem Adelstitel nicht entkommen wollte – Baron Caspar Voght[12] ist hier das beste Beispiel – dann verlor er das Anrecht auf sämtliche politischen Ämter. Adel und eine politische Funktion in der Bürgerstadt schlossen sich aus. Das Insistieren auf dem Bürgerstand in *Ehrgeiz und Liebe* meint für die Hamburger Bürger somit auch das Insistieren auf politischer Mitbestimmung. In Wien oder Berlin mag Glasers Lesart plausibler sein, doch auch dies wäre noch durch eine differenzierte sozialgeschichtliche Analyse zu überprüfen. Wenn die sozialen und politischen Verhältnisse im deutschen Sprachraum um 1800 derart verschieden ausfielen, dass sie kaum auf einen Nenner zu bringen sind, dann sind alle jene Theaterstücke, die von vornherein überregional ausgerichtet sind, die in Hamburg *und* Wien, die in Frankfurt *und* Berlin gespielt werden wollen, a priori kaum in der Lage, auf regionale Besonderheiten der politischen und sozialen Situation einzugehen.[13] Die Eindeutschungen, die Schröder für

---

9   Zitiert nach der von Ludwig Tieck initiierten vierbänden Ausgabe der Dramen Schröders: Friedrich Ludwig Schröders dramatische Werke, hrsg. v. Eduard von Bülow. Mit einer Einleitung v. Ludwig Tieck, 4 Bde., Berlin 1831, hier Bd. 4, S. 1–26.

10 Glaser (wie Anm. 8), S. 21.

11 Ebenda, S. 20.

12 Vgl. Caspar Voght (1752–1839). Weltbürger vor den Toren Hamburgs, hrsg. v. Hans-Jörg Czech, Kerstin Petermann, Nicole Tiedemann-Bischop, Petersberg 2014, S. 55 f. Bei Voght war es den Gerüchten zufolge sogar so, dass er durch die Adelung städtischen Ämtern entkommen wollte (ebenda).

13 Dies gilt auch für Kotzebues Erfolgsstücke. Vgl. Schröter, Kotzebue-Rezeption (wie Anm. 4), S. 426: Erfolgsstücke wie *Menschenhass und Reue* verwischen „die Grenzen bürger-

Wien *und* Hamburg vornimmt, wenn er für seine Bearbeitungen englischer und französischer Stücke deutsche Handlungsschauplätze mit deutschem Lokalkolorit wählt, müssen auch deswegen, und nicht nur wegen der Zensur, im vage Allgemeinen verblieben.

Viel eher ist daher, statt von Referenzen auf soziale Wirklichkeiten auszugehen, in Analogie und unter Verwendung der Forschungsergebnisse zu modernen Unterhaltungsserien im Fernsehen oder zu Filmfortsetzungen im Kino als primäres Bezugsfeld für das Unterhaltungstheater die Theatertradition selbst anzunehmen. Die Hauptbezugsachse des Unterhaltungsdramas um 1800 wären nicht soziale und politische Verhältnisse, sondern die Tradition des Theaters seit der Frühen Neuzeit, eine Tradition, die die Aufführungspraxis der Theater selbst modelliert. Theater als Unterhaltungstheater wäre aus diesem Grund vorrangig Metatheater. Für Hamburg entstand durch den Spielplan eine Traditionslinie, die ins englische Theater von der Restaurationszeit bis zu Shakespeare zurückweist, bzw. ins französische Theater bis zu Molière.

Der Begriff ‚Metatheater', der im Folgenden anhand von Beispielen näher plausibilisiert und für Schröders Dramenproduktion fruchtbar gemacht werden soll, ist dabei nicht oder nur selten im Sinne des romantischen Theaters als explizites Metatheater zu verstehen.[14] Vielmehr lassen sich die meisten Stücke Schröders als Illusionstheater rezipieren, es gibt nur ganz selten Brechungsfaktoren, die harte, d. h. illusionsvernichtende V-Effekte erzeugen würden. Gleichwohl ist aber nahezu immer die Möglichkeit einer Rezipierbarkeit als implizites Metatheater gegeben, und dies immer dann, wenn das konkret aufgeführte Stück auf die durch die Aufführungspraxis des jeweiligen Theaters hergestellte Traditionslinie bezogen wird. Schröders Theater wäre somit ein Theater, das mit genuin theatralen Mitteln immer auch über das Theater und seine Bedingungen nachdenkt und einen Großteil gerade seines Unterhaltungswertes aus solchen Referenzbildungen auf Gattungstra-

---

lichen und aristokratischen Welten oder [lassen] sie gar nicht erst in Erscheinung" (ebenda) treten.

14 Ich lege im Folgenden einen weiten Metatheater-Begriff zugrunde, der sich an den sechs verschiedenen Typen von Metadrama orientiert, die Vieweg-Marks vorgeschlagen hat; vgl. Karin Vieweg-Marks: Metadrama und englisches Gegenwartsdrama, Frankfurt a. M. 1989, S. 19–42. Ich differenziere dabei nicht zwischen Metatheater und Metadrama, da die angesprochene Traditionsbildung, auf die es mir hier ankommt, sowohl durch die Lektüre von Dramentexten wie durch die Aufführung der (dann in der Regel bearbeiteten) Werke auf dem Theater entsteht. Da fast alle in Wien oder Hamburg aufgeführten Werke zeitnah auch gedruckt werden, dürfte ohnehin von einer Wechselwirkung auszugehen sein.

ditionen oder Darstellungskonventionen von Figuren gewinnt. Das schließt gelegentliche Anspielungen auf politische oder soziale Probleme nicht aus, doch sind solche Anspielungen eher als Nebeneffekte zu verstehen.

Im den folgenden Abschnitten wird anhand einiger offensichtlicher und weniger offensichtlicher Beispiele Schröders Metatheater vorgestellt, wobei die Darstellung vom expliziten zum impliziten Metatheater fortschreitet.

I.

Die einfachste Form des Metadramas ist das Spiel im Spiel, ein Theaterstück also, in dem selbst wieder ein Theaterstück deutlich markiert als Theaterstück aufgeführt wird. Diese deutliche Markierung geschieht dabei meist durch eine Bühne auf der Bühne. Schröders Lustspiel in vier Aufzügen *Das Porträt der Mutter, oder die Privatkomödie*[15] gehört diesem Typus an. Schröders Komödie, die es, zunächst unter dem Titel das *Gemählde der Mutter,* zwischen 1786 und 1850 auf 51 Aufführungen bringt, variiert die Geschichte vom verlorenen Sohn, wobei der verlorene Sohn Rekau (in der orthographischen Variante „Rekaw" rückwärts gelesen, ergibt sich der Name seines Vaters Waker) zunächst auf einen hartherzigen Vater (Hofrat Waker) stößt, der schließlich durch die Wirkung einer Theateraufführung auf die Linie des verzeihenden Vaters aus dem biblischen Gleichnis gebracht werden kann. Dem Theater auf dem Theater kommt also eine handlungsentscheidende Funktion zu, es dient der Aufdeckung und Aufklärung jener bösen Intrige, aufgrund derer der Sohn endgültig vom Vater verstoßen worden war.

Hofrat Waker ist ein Theaterliebhaber, der sich in seinem Hause ein kleines Zimmertheater, die im Titel angesprochene *Privatkomödie,* hat errichten lassen. Eine der Pointen von Schröders Theater auf dem Theater im *Porträt der Mutter* ist nun, dass in Form einer Steigerung eine ganze Palette verschiedener Möglichkeiten, ein solches Theater im Theater dramatisch einzusetzen, vorgestellt wird.[16] Das Theater auf dem Theater beginnt als Komödie, wobei deutlich das Handwerkertheater aus Shakespeares *Midsummer Night's Dream* Pate stand. Zu Beginn des III. Aktes werkeln der Hof-

15 Zitiert nach Schröder, Werke (wie Anm. 9), Bd. 4, S. 63–130.

16 Zum Metadiskurs über die Schauspielkunst, den Schröder dabei einflicht, vgl. den Beitrag von Manuel Zink in diesem Band.

rat und sein Diener Friedrich im Zimmertheater und sind dabei, eine Sonne
neu zu befestigen:

> Friedrich: Erst geben Sie mir den Schlüssel zum Kasten, in dem die Stricke liegen.
> Hofrath: Nein, nein, ich will sie selbst aussuchen, sonst hängst du mir wieder ein Paar
> Ankertaue auf, daß alle Illusion gestört wird.
> Friedrich: Es ist doch besser, etwas zu stark, als zu schwach; sonst geht's wie vor sechs
> Wochen, da der Baum umfiel, und Mamsell Minchen beinahe todt schlug. Das hätte
> ein mörderliches Lustspiel werden können.
> Hofrath: Ja, da wurde die Illusion recht gröblich gestört. (96)

Der Text spielt nicht nur auf die Probleme der Handwerker mit der Darstellung des Mondes im *Midsummer Night's Dream* an, sondern parodiert in
Tieck'scher Manier zentrale wirkungsästhetische Begriffe des Theaters wie
den der Illusion. Es folgt noch eine Reihe komischer Szenen im Zusammenhang mit dem Privattheater, etwa die Gedächtnisschwäche des Hofrats,
die ihn beim Rollenlernen stark behindert, doch wie schon das Stichwort
vom „mörderlichen Lustspiel" andeutet, wird die Funktion des Theaters im
Theater im Verlauf des Stückes immer ernster, wir wechseln sozusagen vom
Binnentheater des *Sommernachtstraums* zum Binnentheater des *Hamlet*. Wie in
Shakespeares Tragödie dient das Theater im Theater der Entlarvung von
schlechten Familienverhältnissen.

Rekau, der verlorene, vor allem aber auch verleumdete Sohn wird zum
Schauspieler und Regisseur, das Theater unter seinen Händen im Schiller'schen Sinne zum Gericht, das dort beginnt, „wo das Gebiet der weltli-
chen Gesetze sich endigt"[17]. Der alte Hofrat, der das Theater nutzen möchte, um der Realität zu entfliehen („Die wirkliche Welt ist mir zuwider
geworden, und ich suche und finde mein einziges Vergnügen in der nach-
gemachten", 106), muss zum Schluss erkennen, dass beide Welten untrenn-
bar miteinander verflochten sind. Die perfekte Aufführung schlägt in die
Realität um, ebenso wie die Realität auch immer wieder in Theater. Am
Schluss der Komödie löst sich das Theater im Theater auf, der väterliche Segen, der auf dem Theater im Theater fehlt, wird auf der Ebene der Rahmen-
handlung erteilt. Schröders Metatheater im *Porträt der Mutter* stellt so nicht
nur eine Huldigung an Shakespeare dar, sondern führt auch die maximale

---

17 Friedrich Schiller: Was kann eine gute stehende Schaubühne eigentlich wirken? Zitiert
    nach: Friedrich Schiller: Werke und Briefe in 12 Bdn., Bd. 8: Theoretische Schriften, hrsg.
    v. Rolf-Peter Janz, Frankfurt a. M. 1992, S. 185–200, hier S. 190.

theatrale Wirkung vor, die sich als eine untrennbare Einheit von aufklärerischen und familientherapeutischen Effekten präsentiert.

II.

War im *Porträt der Mutter* das Theater im Theater explizit schon durch den
Titel als solches markiert, so ist das Metatheater in Schröders „bürgerlichem
Familiengemälde in drei Aufzügen" *Der Vetter in Lissabon*[18] zunächst nicht
offensichtlich. Das Stück, das zwischen 1786 und 1844 53 Aufführungen in
Hamburg erlebte, kommt ohne explizite metatheatrale Markierung aus, lässt
sich vielmehr als unmarkiertes, implizites Metatheater auffassen. Wie im *Porträt der Mutter* geht es um Familientherapie, und ein großer Regisseur wirkt
als Familientherapeut. Ähnlich einem Fastnachtspiel von Hans Sachs erlebt
der Zuschauer zunächst eine verkehrte Ehewelt, sieht dem schwachen, zu
weichherzigen Herrn Wagner zu, wie er sich gegenüber seiner Gattin in
zweiter Ehe nicht durchzusetzen vermag, wegen seiner Weichherzigkeit
auch in der Kindererziehung versagt und deswegen tief in finanziellen Nöten steckt. Erlösung aus dieser Misere verspricht sich die Familie von einem
reichen Vetter in Lissabon, den sie zu beerben hofft.

   Schröders Familiengemälde stellt, anders als etwa Diderot im *Hausvater*
oder Otto Heinrich von Gemmingen im *deutschen Hausvater* (1790) einen ausgesprochen schwachen Vater ins Zentrum, der so schwach ist, dass er nur
mit fremder Hilfe ökonomisch überleben kann, mit Hilfe des theatralen
Prinzips, das in Gestalt von Wagners Freund Sivers auftritt. Sivers baut eine
gewaltige Intrige auf, er inszeniert ein Stück im Stück, indem er den titelge-
benden Vetter in Lissabon erfindet und als familientherapeutisches Regula-
tiv einsetzt. Der Erkenntnisprozess für die Zuschauer verläuft, verglichen
mit dem im *Porträt der Mutter* genau umgekehrt: Ist dort zunächst Theater der
ersten und zweiten Ebene klar voneinander getrennt und wird zum Schluss
zusammen geführt, so hat es im *Vetter in Lissabon* anfangs den Anschein, als
gebe es nur eine Ebene des Theaters, aber zum Ende hin, wenn die Zuschauer die Inszenierung Sivers' durchschauen, erkennen sie auch die zweite
theatrale Ebene.

18 Zitiert nach Schröder, Werke (wie Anm. 9), Bd. 3, S. 59–100.

Sivers tritt nicht, wie Glaser[19] behauptet, als Deus ex machina am Schluss
der Komödie auf, um die überraschende Lösung des Knotens zu präsentieren, sondern ist von Anfang an präsent und stellt wie die vier Agitatoren in
Brechts *Maßnahme* für die Zuschauer einzelne Szenen her, die auf exemplarische Weise die Probleme der Familie vorführen und klar, oder wenn man so
will, auch überdeutlich benennen. Schon der erste Auftritt in der achten
Szene des I. Aktes lässt die Figur Sivers auf einer Metaebene auftreten, als
Mann, der Menschen sucht und in der Familie Wagner nur Tiere findet, der
auf sie des Stückes reflektierend deren Umwertung der Begriffe thematisiert:

> Sivers. [...] Aber, wie die Mode die Kleider ändert, so ändert sie auch die Namen der
> Tugenden und Laster. Bald werden sie gar keine Laster mehr haben. Verschwendung heißt
> nun Freigebigkeit; Eigensinn, Standhaftigkeit; Geiz, Mäßigkeit; Verläumdung, Offen-
> herzigkeit; Betrug, Geschicklichkeit. (67)

Er gibt eine kleine Parallelgeschichte als Parabel zum besten (68), an der sich
die Familie spiegeln soll. Die Dialoge, die Sivers mit den einzelnen Fami-
lienmitgliedern führt, sind so angelegt, dass die jeweiligen Hauptlaster, die
die Figuren prägen, aufs Deutlichste zum Ausdruck gelangen.[20]

Der Schluss des Familiengemäldes, wenn Sivers sich als der Vetter aus
Lissabon zu erkennen gibt, ist in diesem Sinne nur ein weiterer Theatercoup,
er fügt sich Sivers' vorhergehenden In-Szene-Setzungen bruchlos an. Für
den Schauspieler Schröder ist die Regisseur- und Therapeutenrolle Sivers allerdings wohl zu eindimensional gewesen. Er selbst spielte in Hamburg regelmäßig das schwache Familienoberhaupt Wagner.[21] Dennoch scheint *Der
Vetter in Lissabon* in Hamburg wohl am stärksten mit Schröder verbunden
worden zu sein. In der Gedenkfeier am 28.9.1816 wurde dieses Werk zu seinem Gedächtnis aufgeführt.

---

19 Glaser (wie Anm. 8), S. 17
20 Vgl. etwa I,13, in der Sivers den Hausvater Wagner als „schwacher Mann, der sich und die
    Seinigen durch Schwachheit ins Unglück stürzt" charakterisiert. Für das Metatheater wich-
    tig ist die Explizitheit der Benennung. Dass Wagner schwach ist, wäre auch implizit durch
    die Handlungsführung schon evident genug.
21 Vgl. die den Aufführungsterminen angehängten Theaterzettel in der Datenbank des
    Hamburger Stadttheaters (wie Anm. 2).

III.

Eine andere Form des impliziten Metatheaters ist die Darstellung von Wirkungsabsichten des Theaters durch die Bühnenfiguren. Die Figuren werden auf diese Weise zu Reflektorfiguren, die die gewünschten affektiven Wirkungen der Zuschauer vorspielend vorwegnehmen. Im *Vetter von Lissabon* z. B. erleben die Zuschauer in der zweiten Szene des ersten Aufzugs den kleinen Fritz in „dürftigem Anzuge" (61), hungernd und davon berichtend, dass ihn seine Mutter geschlagen habe, weil er das Torkeln seines betrunkenen Vaters imitierte, die affektiv maximal verdichtete Kernszene einer comédie larmoyante, die in Hausvater Wagner den mitleidigsten aller Menschen schon auf der Bühne zum Zuschauer hat.

Einen deutlichen Hinweis auf Gottscheds Komödien-Konzept des Verlachens bietet das Lustspiel *Die verdächtige Freundschaft,*[22] bzw. *Der verdächtige Freund,* das, möglicherweise aus dem Englischen stammend,[23] zunächst von Johann Daniel Siegfried Leonhardi[24] übersetzt und dann von Schröder entweder schon in Wien oder spätestens in Hamburg gekürzt und in der Dialogführung pointiert wurde. Allzu scharfe Nachfragen nach dem Original dieser Komödie verbieten sich, weil das Baukastenprinzip bei diesem Werk sehr deutlich zutage tritt. Drei zum Teil schon auf das antike Theater zurückgehende Handlungs- bzw. Figurenmuster werden kombiniert: Ein lächerlicher Alter liebt eine junge Frau, kulturell zurückgebliebener Landadel besucht eine Residenzstadt[25] sowie, und dies bildet den modernsten Teil der Handlungstrias, ein Spielsüchtiger wird von seinem Freund im Glücksspiel ruiniert, wobei zunächst offen bleibt, ob der Freund ein Betrüger ist oder als wahrer Freund den Spielsüchtigen nur von seinem Laster kurieren möchte. Im Zusammenhang mit dem Gottsched'schen Komödienmodell, das um

---

22 Hier zitiert nach: Die verdächtige Freundschaft. [E]in Lustspiel in vier Aufzügen. Aufgeführt im kais. königl[.] National Hoftheater, Wien 1783.

23 Auf dem Theaterzettel zur Aufführung am 19.10.1784 heißt es jedenfalls „nach einem englischen Manuscripte". Die englische Vorlage konnte ich bislang nicht finden.

24 Die zentrale Rolle, die Johann Daniel Siegfried Leonhardi beim Transfer englischer Dramen nach Deutschland zukommt, wäre noch genauer zu bestimmen. Vgl. Bärbel Czennia: Deutsche Spiel- und Lesarten von Sheridans School for Scandal aus drei Jahrhunderten. In: F. Paul, W. Ranke, B. Schulze (Hrsg.): Europäische Komödie im übersetzerischen Transfer, Tübingen 1993, S. 77–115, hier S. 81, Anm. 13.

25 Die Zurückgebliebenheit kommt nicht zuletzt metatheatral auch in der Theatererfahrung zum Ausdruck: Hanswurst und Marionettentheater, S. 21.

1800, wie Stephan Kraft[26] gezeigt hat, immer noch, und sei es als Kontrast-
folie, aktuell war, kann vor allem das Commedia dell' arte-Motiv „alter Mann
liebt junge Frau" Aufmerksamkeit beanspruchen, reagiert doch Baron von
Altheim auf die Liebessymptome des alten Herrn von Winterschlag eine
ganze lange Szene (III,1, 50–53) hindurch mit permanentem Verlachen, bis
der Alte seinen Fehler einsieht und kuriert wird. Ob das als Parodie des
Gottsched'schen Wirkungskonzeptes gedacht ist, mag offen bleiben, denn
anders als die Gottsched'schen Figuren wird Winterschlag von seinem Laster kuriert und wieder in die Gemeinschaft integriert, das Verlachen des Ba-
rons von Altheim wirkt nur für kurze Zeit exkludierend.

IV.

Eine weitere Variante von Metatheater liegt bei Dramen vor, die schon bestehende Dramen fortschreiben, sei es als Fortsetzung oder sei es, indem sie
alternative, oft auch parodistische Versionen entwerfen. In diesem Sinne
lässt sich Schröders einziges Trauerspiel *Adelheid von Salisbury* als Metatheater
deuten. Unter Verwendung einer Formulierung von Heiner Müller könnte
man es als *Emilia Galotti*-Material bezeichnen, da Schröder in seinem Drama
auf eigentümliche Weise verschiedene Handlungsmöglichkeiten präsentiert
und regelrecht diskutieren lässt, bevor sich die Hauptfigur Adelheid dann für
eine der Optionen entscheidet.

Lessings Trauerspiel *Emilia Galotti* war seit seiner Uraufführung in
Braunschweig am 13.3.1772 aus Anlass der Geburtstagsfeier der Herzogin
zwar durchaus erfolgreich auf der Bühne – am Hamburger Stadttheater gab
es bis 1850 86 Aufführungen –, es war aber kein unumstrittenes Werk, wie
die durch Elke Monika Bauer[27] gut dokumentierte Wirkungsgeschichte zeigt.
Einer der schon von Lessings Zeitgenossen diskutierten Aspekte betraf den

26 Stephan Kraft: Identifikatorisches Verlachen – distanziertes Mitlachen. Tendenzen in der
     populären Komödie um 1800 (Iffland – Schröder – Kotzebue – von Steigentesch – von
     Voß). In: J. Birgfeld, C. D. Conter (Hrsg.): Das Unterhaltungsstück um 1800. Literaturhis-
     torische Konfigurationen – Signaturen der Moderne, Hannover 2007, S. 208–229; zu
     Schröder S. 212–215.
27 Gotthold Ephraim Lessing: Emilia Galotti. Ein Trauerspiel in fünf Aufzügen. Historisch-
     kritische Ausgabe, hrsg. v. Elke Monika Bauer, Tübingen 2004, S. 195–285. Zu den ver-
     schiedenen Interpretationsansätzen vgl. Monika Fick: Lessing-Handbuch. Leben – Werk –
     Wirkung, Stuttgart, Weimar ³2010, S. 378–407.

Schluss des Trauerspiels: Warum muss Emilia durch ihren Vater getötet werden? Diese Frage wurde nicht nur in Rezensionen erörtert, sondern eben auch metatheatral in Form von Theaterstücken. Das bekannteste stammt wohl von Johann Jacob Bodmer: *Odoardo Galotti, Vater der Emilia. In einem Aufzuge: und Epilogus zur Emilia Galotti…* (Augsburg 1778).[28] Bodmers Einakter schreibt die Handlung nach dem Tod Emilias fort und modelliert Odoardo als den eigentlichen Tyrannen des Trauerspiels.

Auch Schröders *Adelheid von Salisbury* lässt sich in diesem Sinne als Metatheater deuten, wenngleich der Bezug zum Prätext bei Schröder nicht wie bei Bodmer explizit markiert wird. Schröder, der Lessings Stück natürlich kannte – er hatte es in Wien und Hamburg inszeniert, außerdem als Schauspieler die Figur des Marinelli und die des Odoardo gespielt –, brachte sein Trauerspiel in einer ersten Fassung zunächst im Nationaltheater (Burgtheater) in Wien am 26.10.1783 auf die Bühne; in Wien erschien um 1783[29] das Werk auch im Druck, in einer zweiten überarbeiteten Fassung gelangte es 1811/12 in Hamburg ins Stadttheater,[30] wo es mit neun Aufführungen einen kurzzeitigen Achtungserfolg errang, dann aber von der Bühne verschwand. Zur selben Zeit wurde auf dem Stadttheater auch Lessings *Emilia Galotti* gegeben.

---

28   Vgl. dazu Dirk Niefanger: Nicht nur Dokumente der Lessing-Rezeption: Bodmers literaturkritische Metadramen *Polytimet* und *Odoardo Galotti*. In: A. Lütteken, B. Mahlmann-Bauer (Hrsg.): Bodmer und Breitinger im Netzwerk der europäischen Aufklärung, Göttingen 2009, S. 410–428.

29   Zitiert wird nach dem Wiener Druck: Adelheid von Salisbury. Ein Trauerspiel in drey Aufzügen. Von Schröder. Nach der Erzählung des Arnaud. Für das K. u. K. National-Hoftheater, [Wien, um 1783]. Zur Wiener Aufführung der *Adelheid* vgl. Dieter Hadamczik: Friedrich Ludwig Schröder in der Geschichte des Burgtheaters. Die Verbindung von deutscher und österreichischer Theaterkunst im 18. Jahrhundert, Berlin 1961, S. 100–101. Zu den verschiedenen Fassungen vgl. ausführlich: Paul F. Hoffmann: Friedrich Ludwig Schröder als Dramaturg und Regisseur, Berlin 1939, S. 212–225. Hoffmann (S. 213) datiert die Hamburger Bearbeitung (von ihm mit der Sigle B versehen) allerdings vor den Wiener Druck (C), was zu einer Verwirrung der Fassungen und Bearbeitungstendenzen führt. Die drei in der Hamburger Theaterbibliothek der Staats- und Universitätsbibliothek Hamburg (Signatur 10a, 10b, 10c) aufbewahrten Manuskripte enthalten die Fassung von 1811 (Souflierbuch: 10b; Inspektionsbuch: 10a) sowie die von Hoffmann benutzte Bearbeitung 1783 (10c).

30   Vgl. Datenbank (wie Anm. 2). Die Hamburger Fassung unterscheidet sich von der Wiener hauptsächlich durch drei Szenen am Beginn des Stücks, die die Figuren und den zentralen Konflikt klarer exponieren.

Schröder bezeichnet sein Drama wie Lessing als Trauerspiel, es handelt sich genauer gesagt um ein bürgerliches Trauerspiel, da es, obwohl die Handlung bei Schröder im englischen Hochadel spielt, um private Konflikte geht. Die Personenkonfiguration gestaltet sich in beiden Stücken analog: Wir finden einen Herrscher, bei Schröder „Eduard der dritte[,] König von England", der eine Frau begehrt, die von einem tugendrigoristischen Vater bewacht wird (Adelheid von Salisbury, Lord Hereford). Intrigante Höflinge (Graf Pembrocke, Lord Bajot) versuchen, die Leidenschaft des Königs für ihre Interessen zu nutzen. Insgesamt bleibt das Hofleben bei Schröder allerdings im Vergleich mit Lessing recht blass, da es Schröder allein um den Konflikt der Titelheldin geht.

Dieser Konflikt wird schnell zugespitzt: Adelheid ist in den König verliebt, kann jedoch, obwohl verwitwet und obwohl der König eine politisch äußerst notwendige Heirat mit Frankreich absagt, ihren Traummann aus Standesgründen nicht heiraten, weil sie dem niederen Adel entstammt. Ab etwa der Mitte des Trauerspiels werden nun verschiedene Varianten vorgestellt, wie das Problem zu lösen sein könnte. Auf diese Weise werden gleichzeitig aufgrund der identischen Figuren- und Konfliktkonstellation *Emilia Galotti*-Varianten präsentiert. Es beginnt damit, dass der Vater die Tochter in Versuchung führen möchte und ihr vorschlägt, sie solle die Mätresse des Königs werden. Er argumentiert dabei in zwei Schritten: Zunächst – und das liest sich wie eine Replik auf Odoardo Galotti – kritisiert er den Tugendrigorismus, als „Lehren, die nur der einsamen Zelle abgelebter Mönche und Nonnen angemessen sind" (53), um in einem zweiten Schritt die Tochter für seine politischen Ziele, die seinem Ehrgeiz entspringen, einzuspannen:

> Ihn zu deinen Füssen zu sehen, mich zum Nächsten am Throne zu erheben, und unter seinem Namen England zu beherrschen, das ist unser Ziel. (54).

Doch Adelheid ist die stärkere Emilia. Sie vermag nicht nur, das zeigt sich schon zu Beginn, ihre Sinnlichkeit zu beherrschen, sondern ist ganz und gar tugendstreng: „Verflucht sey das Glück, das ich durch Schande erkaufen soll" (55). Nachdem der Vater sich von der Tugendhaftigkeit seiner Tochter Adelheid überzeugt hat, präsentiert er das Odoardo-Galotti-Modell:

> Hättest Du das schändliche verfluchte Anerbieten angenommen – nur zwischen Ehre und Schande gewankt, – schrecklicher Gedanke! Sieh diesen Dolch Adelheid! – Ich hätte Dich ermordet, und mich daneben. – (56 f.)

Diese *Emilia Galotti*-Parallele realisiert sich im Verlaufe des Stückes allerdings nicht. Dafür ist Adelheid zu selbstbestimmt. Auf die eben zitierte Auslassung ihres Vaters gesteht sie ihm, dass sie in den König verliebt sei. Nachdem es Adelheid lange gelungen war, dem König aus dem Weg zu gehen, kommt es im dritten Aufzug dann erwartungsgemäß zur Konfrontation, bei der Adelheid dem zunehmend tyrannischeren König widersteht: „Sie sind Herr meines Lebens Sire! Aber nicht meiner Tugend!" (72). Eduard, aus seiner Tyrannei wieder zu sich kommend, krönt daraufhin Adelheid, um sie als rechtmäßige Königin heiraten zu können, doch der Hof, vor allem aber der Vater verweigern dieser Lösung die Zustimmung. So bleibt als letzte Variante schließlich noch, da komödienkonstitutive Heiraten in einer Tragödie nicht möglich sind, die Selbsttötung Adelheids, den sie als Liebestod verstanden wissen möchte: „Ach! die Liebe führte meine Hand!" (87).

Schröders Dramen entfalten einen weiten Anspielungshorizont, der im Großen und Ganzen mit den Theaterspielplänen der Zeit und vor allem dem in Hamburg identisch ist. Schröders Gebrauch des Metatheaters ist dabei zunächst einmal nicht kritisch-reflektierend, sondern eher affirmativ im Hinblick auf den Spielplan. Es geht darum, den Zuschauern auf verschiedenen Ebenen Möglichkeiten zum Wiedererkennen anzubieten und ihnen so Vergnügen zu bereiten. Je besser sie mit den Theatertraditionen vertraut sind, umso mehr Wiedererkennungseffekte stellen sich ein. Gleichzeitig wird durch den Anspielungshorizont die Theatertradition präsent gehalten.

Ein solches Verfahren ist vor allem unter ökonomischen Gesichtspunkten funktional, da es, wie in der modernen Filmindustrie, Gewinn verspricht. Metatheater wäre somit nicht a priori distanzerzeugend und würde nicht zwangsläufig zur Kritik an herkömmlichen Theatermodellen führen. Allerdings hängt es ganz von Rezeptionsverhalten der Zuschauer ab, wie sie mit Metatheater umgehen, ob sie dessen affirmative, dessen selbstreflexive Seite oder beides zugleich wahrnehmen. Produktiv, ja konstitutiv bleibt es auf jeden Fall für die Herausbildung von Spielplantraditionen.

JULIA BOHNENGEL

„Das hohe, das wahre Tragische"
Überlegungen zur Wahl des Eröffnungsstücks von
Schröders erster Hamburger Direktion

I.

Als zu Ostern 1771 dem 26-jährigen Schröder förmlich die Leitung der Ackermannschen Truppe von seinem Stiefvater übertragen wurde, ging eine lange Reihe von Auseinandersetzungen um die organisatorische, finanzielle und künstlerische Führung zu Ende.[1] Schon zuvor zeichnete Schröder zwischenzeitlich[2] für das Repertoire und die Rollenbesetzung verantwortlich.[3] Aber erst im April 1771 war Ackermann bereit, sich auf eine Rolle als Schauspieler zu beschränken und dem Drängen seiner Frau und ihres Sohnes nachzugeben.

---

1 Vgl. zu den langanhaltenden Spannungen zwischen Ackermann und Schröder Berthold Litzmann: Friedrich Ludwig Schröder. Ein Beitrag zur deutschen Litteratur- und Theatergeschichte, Zweiter Teil, Hamburg, Leipzig 1894, u. a. S. 25, 35. Zuletzt, im Herbst 1770, hatte sich Schröder in einem langen Brief über die Probenorganisation beschwert (vgl. S. 46 f.).

2 Insbesondere während der Schwierigkeiten, die sein Stiefvater Ackermann mit der Hamburger Entreprise hatte, drängte Schröder zwar in die Leitung, auch war er schon seit dem faktischen Ende des Nationaltheaterprojekts im November 1768, als ihm die Leitung der Oberregie übertragen wurde, konzeptionell an der Führung der Truppe beteiligt und fasste neue Repertoirepläne (vgl. ebenda, S. 39). Aber diese leitenden Funktionen stellten zum Teil nur vorübergehende Zugeständnisse Ackermanns dar und wurden wieder rückgängig gemacht (vgl. S. 44).

3 Seit dem Herbst 1770, nach Schröders eindringlichem Brief an Ackermann, hatte dieser allerdings „die Bestimmung des Repertoires und die Rollenbesetzung wieder seinem Stiefsohne" überlassen, vgl. Litzmann (wie Anm. 1), S. 47.

Neben dem Bestreben, das Wanderleben zugunsten dauerhafter Sesshaftigkeit aufzugeben,[4] verfolgte Schröder vor allem das Ziel, die einige Monate später mit dem Tod Ackermanns in ganzem Umfang zutagetretende
Verschuldung auszugleichen. Die Spielzeiten seines ersten Jahres in Hamburg, unterbrochen von auswärtigen Aufführungen in Schleswig von Dezember bis Mitte Januar, erfüllten diese Hoffnungen. Sie waren so erfolgreich, dass die Schulden „hinlänglich"[5] gedeckt werden konnten. Insofern
lässt sich durchaus von einem „glückliche[n] Anfang"[6] sprechen. Er zeugt
zugleich von den enormen Anstrengungen, die Schröder und seine Truppe,
insbesondere er selbst und seine Schwestern, unternahmen. Nach Meyers
Berechnung wurden während des ersten Jahres 38 Stücke zum ersten Mal
gegeben, 34 Rollen hatte Schröder offenbar selbst einstudiert, er und seine
Schwestern traten darüber hinaus fast täglich im Ballett auf.[7]

Die Gründe für diesen erfolgreichen Auftakt sind neben persönlichem
Engagement auch in anderen Umständen zu suchen. So existierte in Hamburg zu dieser Zeit z. B. kein Konkurrenzunternehmen (erst im Dezember
1771 kam der Pantomimenspieler Nicolini in die Stadt).[8] Sicherlich hat aber
auch die kluge und flexible Repertoiregestaltung eine Rolle gespielt, die
Rücksicht auf den Publikumsgeschmack nahm und schnell ein Stück absetzte, das auf keine Resonanz stieß. Bekanntlich konnte Schröder nur langsam
eine Veränderung im Spielplan erreichen und die gewohnten, vor allem dem
Musiktheater verpflichteten Aufführungen zugunsten der Dramen von Lessing, der Sturm und Drang-Autoren und Shakespeares durchsetzen.

---

4   Vgl. Susanne Eigenmann: Zwischen ästhetischer Raserei und aufgeklärter Disziplin.
    Hamburger Theater im späten 18. Jahrhundert, Stuttgart, Weimar 1994, S. 119.

5   F.[riedrich] L.[udwig] W.[ilhelm] Meyer: Friedrich Ludwig Schröder. Beitrag zur Kunde
    des Menschen und des Künstlers. In zwei Theilen, Hamburg 1819, hier Tl. 1, S. 226.

6   Ebenda.

7   Vgl. ebenda, S. 228. Der frühe Tod Charlotte Ackermanns mit 17 Jahren führt Eigenmann
    (wie Anm. 4, S. 158) auf eine mögliche Überarbeitung zurück, doch werden auch andere
    Gründe genannt (Selbstmord nach Schwangerschaft, Sturz vom Pferd). Vgl. Barbara
    Becker-Cantarino: Von der Prinzipalin zur Künstlerin und Mätresse. Die Schauspielerin
    im 18. Jahrhundert in Deutschland. In: R. Möhrmann (Hrsg.): Die Schauspielerin. Zur
    Kulturgeschichte der weiblichen Bühnenkunst, Frankfurt a. M. 1989, S. 88–113, hier
    S. 104. Mit zunehmender Professionalisierung des Theaterbetriebs und einer liberaleren
    Haltung des Hamburger Senats diesem gegenüber nimmt die Zahl der aufgeführten Stücke in Schröders zweiter Hamburger Direktion noch zu, vgl. Eigenmann (wie Anm. 4),
    S. 69.

8   Vgl. Meyer (wie Anm. 5), Tl. 1, S. 226.

So waren im ersten Jahr seiner Hamburger Direktion – das ist wenig verwunderlich – in erster Linie Lustspiele, ‚comische Operetten' oder ‚comische Opern' und Komödien mit Ballett- und Tanzeinlagen zu sehen. Aber schon die bereits genannte Zahl der Neuinszenierungen zeigt, dass Schröder nicht nur Altbewährtes aufführte, sondern einen klugen Kompromiss zwischen gefälligen und neuen, der Reform des Theaters verpflichteten Stücken fand.

Der höchst hilfreiche Spielplan des Projekts *Bühne und Bürgertum. Das Hamburger Stadttheater 1770–1850*[9] ermöglicht einen genaueren Blick auf die exemplarisch zu betrachtende Stückauswahl im ersten Monat von Schröders Direktion (3. April – 3. Mai 1771). An den in diesem Zeitraum veranstalteten 18 Theaterabenden schließt sich in fast allen Fällen an das Hauptstück ein ‚Ballet' an. Nur zwei Ausnahmen existieren: Statt eines Balletts wird neben dem Hauptstück am 30. April eine Operette, also auch ein Musiktheaterstück, gegeben. Eine deutliche Sonderstellung nimmt hingegen der Eröffnungsabend ein, an dem Schröder zwei Sprechtheaterstücke wählt, die durch einen Prolog zur „Eröffnung der Schaubühne durch die Ackermannsche Truppe"[10] unterbrochen werden. Schon dies hebt die Auftaktveranstaltung zu Schröders erster Hamburger Direktion augenfällig aus dem Repertoire heraus.[11]

Betrachtet man darüber hinaus die Gattungsbezeichnungen, mit denen die Aufführungen auf Theaterzetteln oder in den *Hamburgischen Addreß-Comtoir-Nachrichten* ausgewiesen werden, so zeigt sich: Lediglich an fünf Abenden lässt Schröder als Hauptstück ein Trauerspiel aufführen;[12] elf Mal werden die Stücke als Lustspiel oder Komödie bezeichnet; je einmal kann

---

9   <http://www.stadttheater.uni-hamburg.de>, zuletzt: 25.1.2017.

10   Vgl. Hamburgische Addreß-Comtoir Nachrichten 1771, Nr. 26 v. 4.4.1771, S. 215 f.

11   Vgl. dazu auch die Spielplanauswertung von Eigenmann (wie Anm. 4, S. 67–71), deren Recheercheergebnisse zwar mit einiger Vorsicht zu behandeln sind (sie weist selbst darauf hin, dass ihre Quellen, die *Addreß-Comtoir-Nachrichten* sowie die erhaltenen Theaterzettel, fehlerhaft sind), die gleichwohl eine deutliche Tendenz zur stetigen Zunahme von Theaterstücken aufweisen. Nach meiner Auswertung ihrer Zahlen sind 1773 nur ca. 46 % der Veranstaltungen Theaterstücke, 1776 ist ihre Zahl auf rund 73 % gestiegen, 1787 liegt der Anteil bei ca. 68 %. Wenn Schröder im ersten Monat seiner Direktion nur am Eröffnungsabend (und mit gleichem Programm am folgenden Tag) ganz auf musiktheatralische Beiträge verzichtet, zeigt dies, wie sehr er sich auf längere Sicht am Publikumsgeschmack orientieren musste, um erfolgreich zu sein, und wie langsam die Gewöhnung der Hamburger Zuschauer an ein reines Sprechtheater vonstatten ging.

12   Dabei erscheint Merciers *Jenneval* nur einmal (26.4.1776) als ‚Trauerspiel', bei der zweiten Aufführung hingegen als ‚Drama' (2.5.1771).

das Publikum eine ‚Comische Oper' bzw. eine ‚Comische Operette' sehen.
Dass Trauerspiele nur 28 % des Repertoires der Hauptstücke ausmachen, ist
im Hinblick auf deren Gesamtanteil im ersten Jahr von Schröders Direktion
dennoch eine vergleichsweise hohe Zahl und weist auf Anspruch und Ausrichtung hin, die Schröder mit der Übernahme der Direktion verstärkt verfolgte.[13]

Angesichts der unübersehbaren Dominanz von Lustspielen und Musiktheater bildet die Wahl eines Trauerspiels, das er auf die Bühne brachte, als
er nach sechswöchiger Pause und dem die Fastenzeit abschließenden Oster-
wochenende am Mittwoch, den 3. April 1771, das Theater erstmals unter
seiner offiziellen Leitung eröffnete, jedenfalls einen markanten Anfang.[14] Es
handelt sich um *Fayel,* ein Stück des damals auch durch Erzählungen ‚schauer-
licher Manier' bekannten französischen Schriftstellers François-Marie-
Thomas Baculard d'Arnaud.[15] Obwohl der Titel selbst Dixhuitémistes heute

---

13 Von den ermittelten Aufführungen auf der Hamburger Bühne von April 1771 bis Ende
März 1772 werden nur 17 als Trauerspiele ausgewiesen, das sind rund 16 %. Nicht mit
eingerechnet sind die Stücke, die Schröder während dieses Jahres außerhalb Hamburgs
spielen ließ.

14 Die Saison oder ein neues Haus wurden im 18. Jahrhundert nicht unbedingt mit einem
Trauerspiel eingeweiht. So lässt etwa Theobald Marchand am 1.1.1777 zur Eröffnung des
neuerbauten Mannheimer Hoftheaters Brandes' Lustspiel *Der Schein trügt* aufführen, vgl.
Reinhart Meyer: Das Nationaltheater in Deutschland als höfisches Institut: Versuch einer
Funktionsbestimmung. In: R. Bauer, J. Wertheimer (Hrsg.): Das Ende des Stegreifspiels –
Die Geburt des Nationaltheaters. Ein Wendepunkt in der europäischen Geschichte des
Dramas, München 1983, S. 124–152, hier S. 129. Zur Umwidmung des Schauspielhauses
am Gendarmenmarkt in ein Königliches Nationaltheater in Berlin wird im Dezember
1786 von Döbbelin *Fest der Schauspielkunst. Ein allegorisches Ballet in 3 Aufzügen* von Lanz
und *Verstand und Leichtsinn,* ein „Preißlustspiel in 5 Aufzügen von J. F. Jünger" gegeben
(<http://www.berliner-klassik.de/forschung/nationaltheater>, zuletzt: 25.1.2017). Am
7.5.1791 eröffnet Goethe in Weimar das Nationaltheater mit Ifflands *Jägern;* allerdings hatte die Nationaltheater-Entreprise in Hamburg 1767 mit Cronegks Trauerspiel *Olint* begonnen.

15 Baculard d'Arnaud spielt für Schröder insofern eine wichtige Rolle, als sein einziges Original-Trauerspiel, *Adelheid von Salisbury* (1783), auf einer Erzählung des französischen
Schriftstellers beruht. Vgl. die eingehende Analyse der drei Stückfassungen bei Paul F.
Hoffmann: Friedrich Ludwig Schröder als Dramaturg und Regisseur, Berlin 1939, S. 212–
225 sowie Meyer (wie Anm. 5), Tl. 1, S. 388 f. und den Beitrag von Bernhard Jahn in diesem Band. Außerdem brachte er von Baculard d'Arnaud *Rudolf von Créqui* und *Die kindliche
Liebe* 1794 und 1796 auf die Bühne. Vgl. Lawrence Marsden Price: The Relation of Bacu-
lard d'Arnaud to German Literature. In: Monatshefte für Deutschunterricht 37 (1945),
H. 4,5, S. 151–160, hier S. 157.

kaum noch etwas sagt, möchte ich im Folgenden zeigen, dass es sich hierbei um keine zufällige Wahl handelt. Vielmehr stellte sich Schröder in eine überaus aktuelle, durchaus sich auf europäische Dimensionen ausweitende Auseinandersetzung um die Erneuerung der Tragödie.

Was die erste Hamburger Direktion betrifft, so hat sich die Forschung zumeist auf die Inszenierung von Lessings Stücken, der Dramen des Sturm und Drang sowie auf die Adaption Shakespeares konzentriert und den schwierigen Weg beschrieben, den die Durchsetzung eines „anspruchsvollen Theaters"[16] gehen musste. Hier soll das Augenmerk auf einen der Anfangspunkte dieses Wegs gelenkt werden. Die These lautet: *Fayel*, obwohl eine französische Tragödie, löst in vielen Punkten die im Briefwechsel mit Mendelssohn und Nicolai und in der *Hamburgischen Dramaturgie* formulierten Forderungen Lessings ein und deutet zugleich auf die später erfolgreich inszenierten Sturm und Drang-Stücke voraus. Insofern bildet es einen programmatischen Auftakt zu der als „experimentierfreudigste Phase"[17] bezeichneten ersten Hamburger Direktion Schröders.

Doch wie kam Schröder ausgerechnet auf Baculard d'Arnauds *Fayel*? Welche Diskussion verband sich mit dem Text, welche Hoffnungen und Erwartungen waren an ihn gebunden?

II.

Mit *Fayel* wandte sich Schröder einem von zwei aktuellen französischen Theaterstücken zu, die fast zeitgleich in den ersten Monaten des Jahres 1770 in Paris erschienen waren und sogleich große Aufmerksamkeit hervorgerufen hatten.[18] Weder diese Koinzidenz noch das vergleichsweise große Publikumsecho sind Zufall, handelt es sich doch um einen Wettstreit, in den die beiden Autoren Baculard d'Arnaud (1718–1805) und Pierre-Laurent Buirette Dormont de Belloy (1727–1775) noch vor der Publikation etwa durch die Vorablektüre von Dramenteilen in den Salons der Zeit getreten waren. Bei diesem Konkurrenzunternehmen ging es vor allem um die Art

16 Vgl. Eigenmann (wie Anm. 4), S. 68.
17 Ebenda, S. 70.
18 Vgl. die Einleitung in Jean-Noël Pascal (Hrsg.): Le cœur terrible. *Gabrielle de Vergy,* tragédie de Dormont de Belloy (1770), *Fayel,* tragédie de Baculard d'Arnaud (1770), *Gabrielle de Passy,* parodie d'Imbert et d'Ussieux (1777), Perpignan 2005. Darin sind u. a. die beiden Dramen erneut abgedruckt.

und Weise der Behandlung desselben, damals überaus beliebten, gleichwohl nicht unproblematischen Stoffs, der Geschichte vom gegessenen Herzen. Dessen Grundkonstanten sind schnell benannt: Im Zentrum steht eine Dreiecksgeschichte, bei der ein Ehemann seiner Gattin das Herz ihres Geliebten zum Verzehr vorsetzt. Sie weiß nicht, was sie zu sich nimmt und wird von ihrem Mann erst nach der Speise aufgeklärt. Daraufhin endet die Geschichte meist tragisch mit dem Tod der Frau und oftmals auch mit der zumindest sozialen Vernichtung des Gatten.[19]

Seit den 1730er Jahren erfuhr dieser ursprünglich aus dem Mittelalter stammende Stoff zunächst in Frankreich in Romanen, Heroidenbriefen und Liedern neue Aufmerksamkeit. Die Bearbeiter des 18. Jahrhunderts schlossen unter den zahlreichen Varianten in der europäischen Literatur vor allem an den französischen Versroman des späten 13. Jahrhunderts *Le roman du Châtelain de Coucy et de la dame de Fayel* an und popularisierten die damit verbundenen Namen Gabrielle de Vergy (Ehefrau), Fayel (Ehemann) bzw. Coucy (der Liebhaber).

Der Stoff war im 18. Jahrhundert vor allem deshalb beliebt, weil man sich mit der Rückbindung ans Mittelalter und an die Zeit der Kreuzzüge auf eine glorreiche Zeit Frankreichs beziehen und darüber hinaus einen beinahe ethnographisch zu nennenden Blick auf die Vergangenheit inszenieren konnte, in der sich mutmaßlich Affekte deutlicher und reiner artikulierten. Seine Popularität ist daher auch im Kontext eines anthropologischen Diskurses über die Leidenschaften und besonders über die Eifersucht zu sehen. Was in der spezifischen Modellierung des Stoffs im 18. Jahrhundert gestaltet wird, hängt darüber hinaus mit der Herausbildung neuer Ehemodelle zusammen, die zunehmend die Zuneigung und Liebe der Eheleute zur Voraussetzung eines Eheschlusses machen. Die Varianten des 18. Jahrhunderts beleuchten die damit einhergehenden Schwierigkeiten für den männlichen Part. In vielen Texten wird ein leidenschaftlicher, aber auch empfindsamer Ehegatte präsentiert, der die Liebe seiner Frau nicht erzwingen kann, weil sie einen anderen liebt, der ihr aber nach gesellschaftlichen und moralischen Gesetzen nichts vorwerfen kann, weil sie ihm treu bleibt. Er wird zu einer Figur, dessen Handlungsspielräume merklich eingeschränkt sind, der aber

---

19 Vgl. zu den weiteren Ausführungen im Detail meine Studie: Das gegessene Herz. Eine europäische Kulturgeschichte vom Mittelalter bis zum 19. Jahrhundert. Herzmäre – Le cœur mangé – Il cuore mangiato – The eaten heart, Würzburg 2016. Dort finden sich im Kap. III.3. auch die entsprechenden detaillierten bibliographischen Angaben.

nicht aufhört, auf dem Recht seines Gefühls zu bestehen und auf diese Weise eine Art ‚Kraftkerl' repräsentiert.[20]

Und noch eine andere Veränderung am tradierten Stoff ist im aufgeklärten Jahrhundert zu vermerken. Anders als in den mittelalterlichen und frühneuzeitlichen Varianten des *coeur mangé* empfanden Publikum wie Autoren gerade den im Zentrum stehenden Vorgang – den Verzehr des menschlichen Herzens – als zunehmend irritierend. Besonders drängend wurde die Frage nach der Wahrscheinlichkeit und Darstellbarkeit des anthropophagischen Akts, als die Geschichte erstmals in der Stoffgeschichte für eine bislang nicht berücksichtigte Gattung, das Drama, adaptiert wurde. Die Frage, die sich de Belloy und Baculard d'Arnaud stellen mussten und als Herausforderung annahmen, war: Kann man, und wenn ja, mit welcher Wirkungsabsicht und auf welche Weise, unter Wahrung der *bienséance*, den Verzehr menschlichen Fleisches auf der Bühne darstellen?[21] Dieser kursorische Abriss zur Modifikation des Stoffs im 18. Jahrhundert mag andeuten, dass sich in der Zuwendung zu ihm sowohl mentalitätsgeschichtlich als auch ästhetisch relevante Fragen der Zeit bündelten.

Bedeutete schon die Adaption des Stoffs für Heroidenbriefe eine Herausforderung, so gestaltete sich die Umsetzung für das Drama als eine so heikle Aufgabe, dass sich Baculard d'Arnaud und de Belloy veranlasst fühlten, ihre Stücke mit diversen Paratexten zu veröffentlichen. Beide Texte werden von einer dramentheoretischen Abhandlung und einem historiographischen bzw. literaturhistorischen Text begleitet. Beide Autoren gehen in ihren Vorworten sehr ähnlichen wirkungsästhetischen Fragestellungen nach, die auf die Erneuerung der Tragödie zielen und die die Grenze auszuloten versuchen, bis zu welchem Grad der Schrecken geführt werden könne. Beide Autoren stimmen darin überein, dass ihn – im Gegensatz zum antiken griechischen Theater – die französische Tragödie der Neuzeit bis auf punktuelle

20 Die Stücke und sein Stoff regten durchaus die Phantasie der Sturm und Drang-Autoren an: Von Maler Müller ist ein Fragment zu einem Herzmäre-Drama erhalten; Gottfried August Bürger verwendet Elemente in *Lenardo und Blandine* und Goethe gehört in Wetzlar zum einem Kreis, dessen Mitglieder sich Namen aus den beiden Dramen verleihen und der literarisch in August Siegfried von Goués *Masuren* (1775) verarbeitet wird.

21 Eine ähnliche Kontroverse wird in der deutschsprachigen literarischen Öffentlichkeit im Hinblick auf die sogenannte Kannibalismusszene in Gerstenbergs *Ugolino* geführt; Gerstenberg selbst unterbindet im Dramentext die Möglichkeit, einen kannibalischen Akt zu zeigen, durch Regiebemerkungen zum geschlossenen Sargdeckel. Vgl. Anke Detken: Im Nebenraum des Textes. Regiebemerkungen in Dramen des 18. Jahrhunderts, Tübingen 2009, bes. S. 200–204, 216 f.

Ausnahmen (und das betrifft auch Racine, Corneille und Crébillon père) bislang nicht auf die Bühne gebracht habe; insbesondere die Bewunderungsästhetik Corneilles stehe dem entgegen.

Bei der Frage, welche Umstände bei der Erneuerung des antiken Schreckens zu berücksichtigen seien, argumentiert Arnaud nachgerade mentalitätshistorisch, indem er zwischen einer grundsätzlich anderen Disposition des antiken und des modernen französischen Publikums unterscheidet. Der Schrecken könne in der Moderne nur so weit getrieben werden, wie dies im Rahmen der aktuellen gesellschaftlichen Rahmenbedingungen, einschließlich der theatralischen Konventionen, möglich ist. Bis unmittelbar zu diesen Regionen müsse sich der Dichter allerdings vortasten, „[pour] faire couler les larmes"[22].

Auch de Belloys Ziel ist der erlösende Tränenstrom am Ende eines Stücks; doch zieht er eine deutlichere Grenze zwischen Schrecken und Grauen (zwischen *terreur* und *horreur*): Das Grauen nämlich schade dem ‚pathétique' (dem Mitleiderregenden, Ergreifenden, Aufrührenden), es führe gerade nicht zu Tränen, wie es auch im englischen Theater nicht der Fall sei, dem eine klare Absage erteilt wird. Demgegenüber zeigt sich Arnaud deutlich vom englischen Theater inspiriert. Gleichwohl nimmt auch für de Belloy der Schrecken eine wichtige Rolle ein: Die Herzen der Zuschauer müssen durch ihn erst ganz gefangen, ja zerrissen, getroffen und regelrecht malträtiert werden, bevor sich die Anspannung durch Tränen lösen könne. Bei allen Gemeinsamkeiten wird ersichtlich, dass de Belloy stärker an der Regeltragödie orientiert ist. So lässt sich auch seine *Gabrielle de Vergy* als eine genau konstruierte, die drei Einheiten klar wahrende Tragödie im hohen Stil beschreiben.

Baculard d'Arnauds Drama kennt zwar auch den Alexandrinervers, erweist sich aber in anderer Hinsicht als nichtklassizistisch. So rechtfertigte er etwa selbst die extrem unterschiedliche Länge der Akte mit der ‚Natur' des Handlungsgangs, der sich nicht in gleichmäßige Portionen unterteilen ließe.[23] Aber auch im Hinblick auf die *bienséance* ist de Belloy stärker den klassischen Anforderungen verpflichtet. Als gelehrtem Literaturhistoriker war ihm nicht entgangen, dass der Stoff bereits in Boccaccios *Decameron* (*novella* IV, 9) verarbeitet ist. Um der Problematik des Herzverzehrs zu entgehen, ersetzte er ihn durch Elemente einer anderen Herznovelle Boccaccios. Ähnlich wie

---

22 [François Thomas Marie de Baculard] D'Arnaud: Fayel, tragédie, Paris: Le Jay 1770, S. xix.
23 Vgl. ebenda, S. xvj.

in der berühmten Novelle von Ghismunda und Guiscardo (*novella* IV, 1) wird nun Gabrielle in einem Kelch das Herz ihres Geliebten nur gereicht. Allein der Anblick des blutenden Herzens Coucys erschüttert bei de Belloy die Titelheldin so, dass sie stirbt – und dies ist von ihrem Ehemann genau kalkuliert. Arnaud hingegen beließ es bei der Herzspeise, auch wenn sie bei ihm auf der Bühne nicht gezeigt wird und auch nicht etwa durch einen Botenbericht diskursiviert erscheint. Anspielungen in der Figurenrede genügten angesichts der Bekanntheit der Geschichte wohl, um Klarheit über den Vorgang zu schaffen.

Während in Frankreich infolge der unkonventionelleren Form und aufgrund der gewagteren Behandlung des Stoffs Baculard d'Arnauds *Fayel* in den 1770er Jahren nicht zur Aufführung kam und lediglich als Lesedrama rezipiert wurde, konnte de Belloys *Gabrielle de Vergy* zumindest ab 1777 in Paris und gelegentlich bereits zuvor in der Provinz gegeben werden. Die französische Kritik stellte entsprechend in der Regel *Gabrielle de Vergy* über *Fayel*. Ganz anders hingegen sah die Situation in Deutschland aus: Beide Dramen wurden nicht nur bereits 1771 übersetzt bzw. bearbeitet, sondern noch im gleichen Jahr auf die Bühne gebracht. Allerdings gelangte nur die deutsche Fassung von Arnauds *Fayel* zum Druck; de Belloys *Gabrielle de Vergy* wurde zwar von Friedrich Wilhelm Gotter für die Seyler-Ekhofsche Schauspieltruppe bearbeitet und war im Sommer 1771 auch in Wetzlar zu sehen. Diese Version blieb jedoch Manuskript und scheint heute verloren.

Dass bereits zu Ostern 1771 das deutschsprachige Publikum Arnauds *Fayel* lesen und in Hamburg als Aufführung erleben konnte, ist vor allem der Vermittlungstätigkeit des Gießener Philosophie- und Literaturprofessors Christian Heinrich Schmid zu verdanken, der gelegentlich als Vielschreiber von den Zeitgenossen geschmäht wurde, der aber zugleich als exzellenter Kenner der zeitgenössischen europäischen Literaturszene gelten darf. Er ist in erster Linie als Vermittler des englischen Theaters im Gedächtnis geblieben,[24] das er mit Blick auf Lessings *Hamburgische Dramaturgie* übersetzte, darüber hinaus hat er sich kontinuierlich mit dramentheoretischen- und praktischen Reformbestrebungen auseinandergesetzt.

Schmids eigenen Angaben zufolge war er zur Übersetzung *Fayels* durch den zur Kochschen Theatertruppe gehörenden Schauspieler Johann Gott-

---

24 Vgl. etwa Norbert Greiner: Übersetzung und Literaturwissenschaft, Tübingen 2004, S. 70.

fried Brückner angeregt worden.[25] Diesem hatte das Stück offenbar gefallen, so dass ihm Schmid denn auch seine dramentheoretischen Überlegungen zum Stück als einem zukünftigen würdigen Darsteller des Fayel zueignete. Obwohl die Übersetzung „zum Behuf der Leipziger Bühne" veröffentlicht wurde, kam das Stück dort nicht zur Aufführung, weil Koch sich zu dieser Zeit als Prinzipal gerade vom Theater zurückzog.[26] Anhand der Zuschrift lassen sich Schmids Gründe für seine Wertschätzung des französischen Stücks umreißen, die vermutlich auch für Schröder rezeptionslenkend waren.

Schmid sah in Baculard d'Arnaud eine herausragende Figur, unter der Vielzahl an französischen Dramenautoren beinahe den einzigen zeitgenössischen Dramatiker, dem es gelang, nach englischem Vorbild die französische Tragödie ernsthaft zu erneuern. Unter der ‚Flut' an französischen Trauerspielen und „Zwittergeburten", die in einer „weinerlich pretiösen Sprache" verfasst seien, ‚haufenweise' Unwahrscheinlichkeiten aneinanderreihten, dafür aber keinerlei Handlung und vor allem „nicht die mindeste Kenntniß des menschlichen Herzens" besäßen, gelänge es Arnaud, zu einer neuen und damit ‚wahren' Definition des Tragischen vorzudringen.[27] Während er in seinen früheren Stücken die Absicht verfolgt habe, „Schwermuth"[28] zu erzeugen, sei Arnaud nun zur ‚schrecklichen Manier' gekommen. Wirkungsästhetisch sei es ihm gelungen, einen nachhaltigen Effekt beim Zuschauer zu erzielen:

> Er hat endlich das hohe, das wahre Tragische getroffen, er hat erkannt, daß unsre Seele im Trauerspiel nicht eingeschleiert, sondern erschüttert seyn will.[29]

So werde in seinen Trauerspielen „unser Herz in steter Bewegung erhalten", und es „ist gewiß nur unsre Schuld, wenn wir aus dem Fayel kalt zurückkehren können".[30] Besonders in der „simple[n] Majestät des Schlußes", die

---

25 [Christian Heinrich Schmid:] Fayel, Ein Trauerspiel in fünf Aufzügen: aus dem Französischen des Herrn d'Arnaud (Zum Behuf der Leipziger Bühne), Leipzig: Schwickert 1771, S. [5].

26 Vorbereitungen zur Aufführungen waren gleichwohl getroffen, zumindest die Rollen schon verteilt. Vgl. [Chr. H. Schmid]: Ueber die Kochische Bühne, ein Schreiben. In: Ders. (Hrsg.): Theaterchronick, Gießen 1771, S. 53–83, hier S. 63.

27 [Schmid:] Fayel, S. 10.

28 Ebenda, S. 12.

29 Ebenda.

30 Ebenda, S. 13.

sich in dem schlichten letzten Wort des Textes, „Mourons!", offenbare, sieht Schmid die Wirkung, das menschliche Herz zutiefst zu rühren, vollkommen erfüllt.[31] Als weitere Vorzüge des Herzmäre-Dramas benannte Schmid das „vaterländische Sujet" und den Rückgriff auf die „Ritterzeiten"[32] – eine Epoche der besonderen Grausamkeit, so dass das auf die Bühne gebrachte Schreckliche auch deshalb so stark wirke, weil es ganz und gar wahrscheinlich sei. Darüber hinaus eigne sich der Titelheld, wie er hier gefasst werde, und man könnte hinzufügen gleichsam als ‚gemischter Charakter', vorzüglich:

> Fayel ist kein Ungeheuer […] Liebe und Wuth kämpfen in ihm. Kein Charakter könnte zu einem Trauerspiele schicklicher seyn.[33]

Die kurzen Ausführungen zu den Stücken, zu den dramentheoretischen Vorbemerkungen, zur Kritik an der französischen Tragödientradition und zu Schmids Einschätzung mögen illustrieren, dass sich *Fayel* beinahe nahtlos in die in Deutschland geführte Diskussion einfügte und durchaus als praktische Umsetzung neuer Tragödienkonzepte gelten durfte, oder wie es Schmid formulierte: „Lessings Dramaturgie wird uns folglich keine Waffen gegen ihn leihen."[34] Baculard d'Arnaud ging es darum, die „inneren (Krisen-) Regionen" des Subjekts gleichsam in seelenkundlerischer Absicht freizulegen und den „sympathetischen Schmerz des Mitleids zu kultivieren",[35] gleichzeitig aber auch dem Publikum die Abgründe exzessiver Leidenschaften vorzuführen. In einer Zeit, in der *Emilia Galotti* und die Sturm und Drang-Dramen noch nicht vorlagen, näherte sich *Fayel* Formen des Bürgerlichen Trauerspiels und der Sturm und Drang-Ästhetik und präsentierte mit der Anlage des Stücks und seines Helden dramatische Aspekte, die später etwa bei Goethe oder Klinger virulent werden.

---

31 Ebenda, S. 17.
32 Ebenda, S. 13.
33 Ebenda, S. 14.
34 Ebenda, S. 12.
35 Bodo Kirf: Die Zerknirschung des Herzens. Untersuchungen zum empfindsamen Theater Baculard d'Arnauds, Frankfurt a. M. 1989, S. 104 f. Eine ausführliche Inhaltsangabe des Stücks findet sich auf S. 99 f.

III.

Das beginnt schon mit dem *setting:* Fayel, der auf einer mittelalterlichen Burg
in der Nähe von Dijon lebt, hat seine Frau in einen Kerker sperren lassen,
weil er einen Liebesbrief gefunden hat und ein Zeichen der Untreue in seinen Händen zu halten glaubt. Erst die Intervention ihres Vaters erlaubt Gabrielle die Freilassung. Als die Kunde vom siegreichen Ausgang des Kreuz-
zugs und vom Tod ihres Geliebten Couci zu ihr dringt, versucht sie, ihre
Trauer zu verhehlen und ihrem Gatten keine neue Nahrung zur Eifersucht
zu gewähren. Couci jedoch ist nicht tot, sondern kehrt, über ihre Vermäh-
lung in Unkenntnis gelassen, zurück. Im Garten vor dem Schloss kommt es
zu einem Treffen zwischen den beiden Liebenden. Obwohl Gabrielle ihm
keine Zugeständnisse macht, ergreifen die Wachen Fayels sie erneut. Der
hinzutretende Fayel fordert Couci zum Duell, das der Gatte gewinnt. Doch
damit nicht genug: Er lässt seinem getöteten Rivalen das Herz entnehmen
und führt Gabrielle zum Mahl. Dort erhält Fayel endlich die bislang nur ge-
fühlte Gewissheit, dass seine Frau ihn nie geliebt hat; er erdolcht sie und
bringt sich anschließend selbst um.

Obwohl in der Hocharistokratie angesiedelt und einem historischen
Stoff verpflichtet, führt *Fayel* ausschließlich private Konflikte vor. Es sind
die Folgen einer Konvenienzehe, die nicht nur die liebende, auf Verzicht
bedachte Frau betreffen, sondern auch den empfindsamen Helden. Er ist
ein Tyrann, in seinen gesellschaftlichen Aufgaben entfunktionalisiert, ebenso
Opfer der patriarchalischen Ordnung wie seiner Leidenschaft. Der Kerker
dient denn auch als Verweis auf die sich als Gefängnis entpuppende Welt,
die die Eheleute umschließt. Zugleich ist Fayel eine Figur, die mit allen Mitteln als ,Selbsthelfer' versucht, sich von diesen Fesseln zu befreien und die
ihm zur Verfügung stehenden Mittel auszuschöpfen. Da Fayel spürt, dass er
nicht geliebt ist, bislang aber seiner Frau keinen Fehltritt vorwerfen kann,
richtet sich seine ganze Anstrengung darauf, einen sichtbaren Beweis ihrer
Schuld zu finden – den es freilich nicht geben kann. Am Ende bleibt nur das
ihr zugeführte Herz des Rivalen als Zeichen ihrer Zugehörigkeit zu einem
anderen Mann.

Im Zentrum des Stücks, so Arnaud in seinen dramentheoretischen Ausführungen, steht der Charakter, dem die Handlung und Sprache unterworfen sein müsse – nicht umgekehrt. Denn: Die Natur sei die „base de tous les

arts d'imitation"[36]. Entsprechend müsse die Sprechweise und das Handeln der Figuren an die Sitten der ‚ancienne chevalerie' angepasst sein – ohne falsche modische Zugaben; entsprechend proportioniert müsse sich die Handlung präsentieren, und entsprechend unterschiedlich müsse auch die Redeweise der Figuren gestaltet sein. Der Vater Gabrielles etwa, der leidenschaftsloser als Fayel sei, rede mehr, dies sei seinem Alter adäquat. Tatsächlich lässt Baculard d'Arnaud seinen Titelhelden oftmals nur in stumm-leidenschaftlichem Ausbruch den Bühnenraum von einem Ende zum anderen durchmessen. Er ist ein Kraftmensch, dem Unrecht geschehen ist, der als großer Kerl alles in seiner Macht stehende versucht, um sich der Fesseln zu entledigen, die ihn zwingen, ohne dass ihm Handlungsspielräume gegeben wären und der trotzdem scheitert. Fayel ist grausam, ungerecht, tyrannisch, er ist aber auch empfindsam und ein Liebender. Diesen Blick ins Innere des menschlichen Herzens sichtbar zu machen, ist erklärtes Ziel Arnauds und wird legitimiert durch den die Vorrede abschließenden Satz: „Rien n'est beau que le vrai, le vrai seul est durable",[37] womit in die Kategorie des Wahrscheinlichen ein größerer Realismusanspruch integriert wird; auch könne nur die ‚wahre' Kenntnis des Herzens den Menschen bessern.

Dem Stück, das Schröder am 3. April 1771 erstmals gab und nur noch zwei Mal, am Tag darauf und im September des gleichen Jahres aufgeführt wurde, war in Hamburg kein großer Erfolg beschieden.[38] Ob dies vor allem auf die schauspielerische Leistung von Borchers zurückzuführen war, der „sich für die Hauptrolle nicht schickte"[39], sei dahingestellt. Lessing (1767), Johann Friedrich Schink (1783) und Heinrich Leopold Wagner (1777) attestierten dem späteren Shakespeare-Darsteller große Verdienste – und dies durchaus in seinen Rollenfächern „Liebhaber, Heldenrollen, Könige, Tyrannen, zärtliche und komische Alte, Raisonneurs, Charakterrollen", die die Titelrolle des *Fayel* einschließen.[40] Vielleicht waren es eher die ungezügelte

---

36 D'Arnaud (wie Anm. 22), S. xvij.

37 Ebenda, S. xlij.

38 Die *Hamburgischen Addreß-Comtoir Nachrichten* (1771, Nr. 26 v. 4.4.1771, S. 215 f. und Nr. 72 v. 16.9.1771, S. 583) berichten nichts über die Aufnahme des Stücks beim Publikum. Festzuhalten bleibt, dass es im April in der im 18. Jahrhundert verbreiteten Variante des Namens *Fajel* erscheint (angelehnt an die Version des bekannten Romans von Marguerite de Lussan: Les Anecdotes de la Cour de Philippe-Auguste, 3 Bde., Paris: Veuve Pissot 1733) und dass es im September Mercier zugeschrieben wird.

39 Meyer (wie Anm. 5), Tl. 1, S. 219.

40 Eike Pies: David Borchers (1744–1796). Ein Shakespeare-Darsteller des 18. Jahrhunderts. In: Jahrbuch der deutschen Shakespeare-Gesellschaft (West) 1973, S. 53–61, hier S. 56.

Leidenschaft und moderne ästhetische Kriterien, die dem Hamburger Publikum nicht gefielen.

An anderen Orten waren die Umstände offenkundig vorteilhafter: Für die 1770er Jahre sind zahlreiche Aufführungen von *Fayel* nachzuweisen, so z. B. ebenfalls bereits ab 1771 in Wien (wo es immerhin 13 Mal gegeben wurde), später in München, Stuttgart, Nürnberg. Aber auch die Doblersche Truppe und Schikaneder hatten das Stück bei ihren Wanderungen durch das Münsterland und durch den oberdeutschen Raum im Gepäck. Erfolgreicher waren auch Seyler und Ekhof mit de Belloys Drama. Der Umstand, dass es nach der Trennung Ekhofs und Seylers von Ackermann 1770 zu einem regelrechten „Wettstreit um die Herrschaft in Niedersachsen"[41] kam, verweist darauf, dass beide in ein ähnliches Konkurrenzverhältnis mit Schröder traten, wie Baculard d'Arnaud und de Belloy um den Jahreswechsel 1770 in Paris. Ekhof nahm das Stück dann noch nach Weimar und später nach Gotha mit, wo er nachweislich als Fayel brillierte.

IV.

Beide Dramen, sowohl *Fayel* als auch *Gabrielle de Vergy,* spielten 1772 in einem weiteren großen Theaterstreit eine Rolle, in Venedig. Während Elisabetta Caminer Turra *Gabriella di Vergy* übersetzte, adaptierte Carlo Gozzi Arnauds Stück und formulierte erste, für seine weitere Entwicklung wegweisende dramentheoretische Überlegungen ebenfalls in einem dazugehörigen Vorwort. In England wiederum erarbeitete unter der Protektion des berühmten Schauspielers David Garrick Hannah More mit dem Beistand ihres väterlichen Beschützers eine eigene Fassung, indem sie den Stoff ans englische Kolorit anpasste und das Herzmotiv weiter zurücknahm.

In diesem Gewand und unter dem Titel *Percy* kam der Stoff dann noch einmal nach Hamburg zurück und wurde von Schröder – diesmal in der Titelrolle – 1779 – gespielt, vielleicht sogar in der Übersetzung seiner Schwester.[42] Der Siegeszug, den die beiden französischen Dramen aus dem Jahr

---

41 Paul Schlenther: Abel Seyler. In: Allgemeine deutsche Biographie, Bd. 34 (1892), S. 778–782, hier S. 779.

42 Über das Stück, das er am 2.4.1778 erhalten hatte, schrieb er an Gotter (selbst Bearbeiter von de Belloys *Gabrielle de Vergy*): „Die engl. Verfaßerin hat der *Gabriele de Vergi* ein ander Kleid angezogen, ich zweifle, daß es gefallen wird!" Zit. n. Bertold Litzmann: Schröder und Gotter. Eine Episode aus der deutschen Theatergeschichte. Briefe Friedrich Ludwig

1770 in den folgenden Jahrzehnten in Europa antraten, verweist darauf, wie klug und mutig Schröder bei der Wahl des Eröffnungsstücks mit *Fayel* vorging. Während es auf der einen Seite eines der Modethemen der Zeit bearbeitete, setzte es zugleich moderne Tragödienkonzeptionen um. Schröder war aber auch umsichtig genug, an einem interessanten Stück nicht gegen aufführungspraktische Gegebenheiten festzuhalten. Es könnte aber den Weg bereitet und das Publikum ästhetisch vorgebildet haben, um später Goethe, Lenz und Shakespeare erfolgreich auf die Bühne zu bringen.

Schröders an Friedrich Wilhelm Gotter 1777 und 1778, Hamburg, Leipzig 1887, S. 129; die Erstaufführung in Hamburg fand am 4.3.1779 statt.

Friedrich Ludwig Schröder als Politiker und Ökonom
Eine Analyse der Zeit von seiner zweiten bis
zu seiner dritten Entreprise (1798–1812)

Nehmen Sie diese Mittheilung als das Zeichen einer aufrichtigen Verehrung an, die man dem vorzüglichsten Talent schuldig ist und als einen Laut der Hoffnung: daß ein Gestirn dessen sich Deutschland so lange freute, nur hinter Wolken und nicht völlig hinter dem Horizonte verborgen sey.[1]

In seinem Brief vom Oktober 1798 wählt Johann Wolfgang von Goethe ein treffendes Bild für die Position Friedrich Ludwig Schröders im deutschen Theaterleben: Dieser hatte sich zu Beginn desselben Jahres von der Bühne zurückgezogen und wurde nun zum idealen, unerreichbaren „Gestirn" der Schauspielkunst verklärt. Deutlich machen Goethes Worte aber auch, dass auf eine Rückkehr Schröders spekuliert, ja gehofft wurde.

Tatsächlich sollte es bis zum April 1811 dauern, bis Schröder wieder als Direktor das Hamburger Theater leitete. Jedoch gelang es ihm während seiner erneuten und letzten Entreprise nicht, an die alten Erfolge anzuknüpfen. Grund hierfür war nicht allein die von Schröder vertretene und bei seinem Wiederantritt anachronistisch gewordene Dramaturgie, sondern auch die veränderten *ökonomischen* und *politischen* Anforderungen, denen sich das Theater im ersten Jahrzehnt des 19. Jahrhunderts ausgesetzt sah. Diese These wird im Folgenden in drei Schritten entfaltet: Zunächst soll Schröders Tätigkeit als Direktor während seiner ersten beiden Unternehmungen bewertet werden *(I.)*, bevor anhand einer kurzen Darstellung des Hamburger Theaterskandals von 1801 die Veränderungen in Publikumsverhalten und Publi-

---

1   Brief v. Johann Wolfgang von Goethe an Friedrich Ludwig Schröder v. 7.10.1798, Weimar, Staats- und Universitätsbibliothek Hamburg (SUB Hamburg): LA: Goethe, Johann Wolfgang von: Bl. 1–2. In diesem Brief lässt Goethe Schröder, den er als „Senior der deutschen Schaubühne" bezeichnet, den Prolog zur Eröffnung des Weimarer Hoftheaters zukommen.

kumsgeschmack aufgezeigt *(II.)* und schließlich das Scheitern von Schröders letzter Direktionszeit *(III.)* analysiert werden.

I. Schröders Tätigkeit als Direktor

Das Idealbild, das seine Zeitgenossen nach Schröders Rückzug von der Bühne zeichneten, korrespondiert nur teilweise mit der öffentlichen Wahrnehmung seiner ersten beiden Direktionszeiten (1771–1780 und 1786–1798). Zwar wurde dem Schauspieler und Shakespeare-Regisseur große Bewunderung zuteil, aber seine Führung des Hamburger Theaters war bei Presse und Publikum der Hansestadt nie unumstritten und insbesondere in den 1790er Jahren von zahlreichen Skandalen begleitet. Die Auseinandersetzung um die Schauspielerin Sophie Boudet und ihre außereheliche Schwangerschaft[2] setzten ihm ebenso zu wie die Gründung eines französischen Theaters[3] und der langjährige und vergebliche Streit um die Zusammensetzung des von privilegierten Ratsmusikern gebildeten Orchesters.[4] Zu guter Letzt kam es nach Schröders Ankündigung, er wolle die Direktion niederlegen, zu einem öffentlichen Protest einer Gruppe von Schauspielern, die mit der Wahl der Nachfolger nicht einverstanden war und erhebliche Einbußen für das Theater fürchtete.[5]

Dies alles führte dazu, dass Schröder „der Stadt und des Theaterwesens müde" wurde und sich „nach ländlicher Ruhe" sehnte.[6] Schon vor Nieder-

---

2 Der Skandal um die Schauspielerin Sophie Boudet (geb. 1755) erregte im Winter 1791/1792 großes Aufsehen in Hamburg. Als Gerüchte aufkamen, die unverheiratete Boudet sei schwanger, nahm Schröder sie zunächst in Schutz, ließ sie dann jedoch, als die Schwangerschaft offensichtlich wurde, öffentlich fallen. Boudet floh im Januar 1792 aus Hamburg.

3 Trotz des erbitterten Widerstandes Schröders, der die Konkurrenz eines zweiten Theaters fürchtete, gewährte die Hamburger Obrigkeit einer französischen Schauspieltruppe aus Brüssel im Dezember 1794 eine Spielerlaubnis. Das französische Theater gab seine Vorstellungen zunächst im Konzertsaal auf dem Valentinskamp und dann ab Herbst 1795 in der Drehbahn in der Nähe des Gänsemarktes.

4 In einer mehr als 10-jährigen Auseinandersetzung kämpfte Schröder gegen das Privileg der Hamburger Ratsmusiker an, das Orchester des Theaters zu bilden. Am Ende blieb er jedoch erfolglos.

5 Die Protestierenden konnten sich jedoch nicht gegen Schröder durchsetzen; einige von ihnen verließen daraufhin das Hamburger Theater.

6 Friedrich Ludwig Wilhelm Meyer: Friedrich Ludwig Schröder. Beitrag zur Kunde des Menschen und des Künstlers, Bd. 2.1, Hamburg 1823, S. 163.

legung der Direktion war er auf ein Landgut nach Rellingen gezogen; er kehrte Hamburg für mehrere Jahre den Rücken. Gegenüber dem späteren Direktor des Stadttheaters,[7] Friedrich Ludwig Schmidt, klagte Schröder, man habe ihn

> garstig heimgeschickt, viel, sehr viel Verdruß hat mir das Theater gemacht; ich habe daher Alles, was nur in der fernsten Verbindung mit diesem Geschäfte stand, gehaßt und in den ersten fünf Jahren meines hiesigen Aufenthaltes durfte Niemand in meinem Hause das Wort ,Theater' aussprechen.[8]

Mit welcher Konsequenz Schröder seinen Rückzug verfolgte, zeigt eine Episode seiner Reise nach Berlin im Juli 1800. Er besuchte das von Iffland geleitete Nationaltheater, um, wie er seinem Freund Friedrich Ludwig Wilhelm Meyer schrieb, „nicht zu beleidigen". Aus Furcht, „daß Jemand mich in meinem Logenwinkel aufsuchen und Aufmerksamkeit erregen möchte, ging ich vor dem letzten Chor nach Hause". Der Plan ging jedoch gründlich schief. Am nächsten Tag teilte ihm Iffland mit, der König und die Königin würden Schröder gerne spielen sehen:

> Mir war, als würd' ich mit Eiswasser übergossen. […] Ich setzte ihm alle Gründe aus ein-ander, die mir unmöglich machen die Bühne zu betreten, und bat ihn, diese auf die beste Art vorzutragen.[9]

Schröders offenkundiger Unwillen gegen das Theater sollte Anlass genug sein, seine Tätigkeit als Direktor differenziert zu betrachten und nicht ein-fach in das schon im 19. Jahrhundert gern gesungene Lied von der Glanzzeit seiner Herrschaft über das Hamburger und Deutsche Theater einzustim-men. Analytisch sinnvoll ist dabei eine Unterscheidung zwischen der künst-lerischen, ökonomischen und politischen Ebene seiner Theaterleitung. Wenn die Schriftstellerin Elisa von der Recke im März 1794 über einen ge-selligen Abend nach einer Aufführung der *Emilia Galotti* in ihr Tagebuch no-tiert,

---

7   Zu Schmidts Direktionszeit vgl. Hargen Thomsen: Das Hamburger Stadttheater in der Ära Friedrich Ludwig Schmidts, 1815–1841. In: B. Borowka-Clausberg (Hrsg.): Salomon Heine in Hamburg. Geschäft und Gemeinsinn, Göttingen 2013, S. 184–202.

8   Denkwürdigkeiten des Schauspielers, Schauspieldichters und Schauspieldirectors Friedrich Ludwig Schmidt, hrsg. v. Hermann Uhde, Hamburg 1875, Bd. 1, S. 165. Auch Meyer (wie Anm. 6), S. 170 berichtet: „In den ersten Jahren entzog Schröder seine Aufmerksamkeit dem Theater ganz. Er wollte gar nichts davon hören".

9   Meyer (wie Anm. 6), S. 200–202.

> Schröder zergliederte die Fehler und Schönheiten des gegebenen Stückes, sprach mit tief-durchdachtem Geiste über kaufmännischen Geist, über Luxus, über republikanische und monarchische Regierungsverfassung,[10]

so verweist dies darauf, dass die Tätigkeit des Theaterdirektors als Kreuzungspunkt wirtschaftlicher, politischer und ästhetischer Wertsysteme zu begreifen ist.[11] In der Zeit um 1800 mussten Direktoren sowohl von Stadt- als auch von Hoftheatern durch profitables Wirtschaften erst einmal die materielle Basis schaffen, auf der sich die Theaterkunst entfalten konnte. Zugleich war das Theater, in dem sie agierten, ein politischer und öffentlicher Raum, in dem sich aktuelle soziale Machtverhältnisse und Diskurse auf die Beziehungen der verschiedenen Akteure – Direktion, Schauspieler, Presse, Publikum – übertrugen.

In dieser Perspektive beruht die Ausnahmestellung des Direktors Schröder in erster Linie darauf, dass er sämtliche wichtige Positionen des Theaters auf sich vereinte. Er war Eigentümer des Gebäudes,[12] wachte über die Finanzen, schuf 1786 neue Bühnengesetze und eine Pensionskasse, hatte als Regisseur die Probenleitung inne und war der bekannteste Schauspieler des Theaters. Politisch und in den Worten seiner Zeitgenossen gesprochen, war er ein diktatorisch regierender „Cäsar".[13] Eben das wurde ihm insbesondere in der Zeit nach der Französischen Revolution in der Presse und in anony-

---

10 Elisa von der Recke: Tagebücher und Selbstzeugnisse, hrsg. v. Christine Träger, München 1984, S. 233.

11 Die Tätigkeitsfelder von Theaterdirektoren im 18. und 19. Jahrhundert sind bisher, abgesehen von Einzelstudien, noch kaum im Zusammenhang erforscht. Vgl. für den französischsprachigen Raum Pascal Goetschel, Jean-Claude Yon (Hrsg.): Directeurs de théâtre (XIXᵉ–XXᵉ siècles). Histoire d'une profession, Paris 2008. Auch zur Direktionstätigkeit Schröders, insbesondere zu ihren außerästhetischen Aspekten, gibt es keine nennenswerte Forschung. Ausnahme bildet Literatur aus dem Umkreis des Freimaurertums, vgl. Wilhelm Hintze: Friedrich Ludwig Schröder. Der Schauspieler – Der Freimaurer, Hamburg 1974; Hugo Wernekke: Friedrich Ludwig Schröder als Künstler und Freimaurer, Berlin 1916; Rolf Appel: Schröders Erbe: 200 Jahre Vereinigte Fünf Hamburgische Logen, seit 1811 Grosse Loge von Hamburg, Hamburg 2000; [Karl Wiebe]: Das Schröder'sche Ritual und Herder's Einfluß auf seine Gestaltung. Nach den Archiven der Großen Loge von Hamburg und der Vereinigten fünf Logen Absalom, St. Georg, Emanuel, Ferdinande Caroline, Ferdinand zum Felsen, Hamburg 1904.

12 Das Theater befand sich in Besitz von Schröders Familie, einen Teil der Einnahmen trat er an seine Schwester ab.

13 So eine inzwischen verschollene Flugschrift des Jahres 1796. Sie wird dokumentiert in einem Zeitungstext aus der zweiten Hälfte des 19. Jahrhunderts, der überliefert ist in der SUB Hamburg: CS 16: Schröder F L, Bl. 24–25.

men Schmähschriften wiederholt vorgeworfen. Tatsächlich erreichte keiner seiner Kollegen Schröders Machtfülle. Am Berliner Hoftheater war Iffland zwar für die Ökonomie und das Repertoire, aber nicht für den täglichen Probenbetrieb zuständig,[14] außerdem war er direkt dem König unterstellt. Auch an anderen Hoftheatern war die Trennung von Intendant und Regisseur, von Verwaltung und Bühnenalltag strukturell verankert.[15] Das Frankfurter Stadttheater wiederum war um 1800 im Besitz von Aktionären, die erfolglose Direktoren kurzerhand entließen.[16]

Schröders Leistung bestand nun zunächst einmal darin, dass er ein privates Theater, das ohne Subventionen bzw. sogar seit 1796 mit einer Abgabe auskommen musste, wirtschaftlich profitabel machte.[17] Die ökonomischen Entscheidungen eines Direktors betrafen neben den Gehältern der Schauspieler, der Orchestermusiker und der Angestellten den Einkauf von Bühnenmanuskripten, die Investition in Kostüme und Bühnenbilder sowie die Wartung des Gebäudes. Schröder schaffte es, die Ausgaben so gut im Zaum zu halten, dass das Theater einen Überschuss erwirtschaftete und er selbst ein reicher Mann wurde.[18] Zugleich jedoch gelang es ihm, durch eine gemischte Gestaltung des Repertoires eigene künstlerische Akzente zu setzen und Stücke auf die Bühne zu bringen, die dem Kunstgeschmack gebildeter Kreise entsprachen. Er reformierte durch seine Theatergesetze den Probenbetrieb und wurde schon zu Lebzeiten als einer der großen Vermittler einer natürlichen Schauspielkunst gefeiert.

---

14 Vgl. hierzu die entsprechende Passage im Einstellungsschreiben Friedrich Wilhelm II. an Iffland, dokumentiert in Klaus Gerlach: August Wilhelm Ifflands Berliner Bühne. „Theatralische Kunstführung und Oekonomie", Berlin, Boston 2015, S. 156.

15 Dies zeigt, am Beispiel Mannheims und Karlsruhes, Ute Daniel: Hoftheater. Zur Geschichte des Theaters und der Höfe im 18. und 19. Jahrhundert, Stuttgart 1995, S. 115–358. Dass auch das Leipziger Stadttheater vom Dresdener Hof abhängig blieb, betont Panja Mücke: Musiktheater für das Bürgertum? Zum Profil des Leipziger Theaters zwischen 1770 und 1800. In: B. Jahn, C. Maurer Zenck (Hrsg.): Bühne und Bürgertum. Das Hamburger Stadttheater 1770–1850, Frankfurt a. M. 2016, S. 63–80.

16 Vgl. Albert Richard Mohr: Frankfurter Theater von der Wandertruppe zum Komödienhaus. Ein Beitrag zur Theatergeschichte des 18. Jahrhunderts, Frankfurt a. M. 1967.

17 Vgl. das Geschäftsbuch des Hamburger Theaters für die Jahre 1794–1807, SUB Hamburg, Cod. hans: III : 8 : 2 : 7, sowie die Auflistung der Einnahmen der Direktionsjahre Schröders bei Meyer (wie Anm. 6), Bd. 2.2, S. 79 f.

18 Dieser Reichtum zeigte sich insbesondere in Schröders Landgut in Rellingen, vgl. hierzu die Beschreibung bei Schmidt (wie Anm. 8), Bd. 1, S. 171–174.

Die Balance zwischen Ökonomie und Ästhetik zu halten, war auch für Schröders Kollegen eine Herausforderung. Das Berliner Hoftheater[19] wurde nur zu einem kleinen Teil subventioniert, weshalb auch Iffland künstlerische Kompromisse machen musste – auch wenn die Verluste des Theaters letztlich aus der Staatskasse beglichen wurden. Anders als Schröder erwirtschaftete Iffland keinen Überschuss und kam auch privat nicht aus den Schulden.[20]

II. Der Hamburger Theaterskandal von 1801

Selbst wenn Schröder im Hamburger Theater einen außergewöhnlich großen Entscheidungsspielraum hatte, befand er sich als Eigentümer und Direktor immer auch in Abhängigkeit vom Publikum, auf dessen Eintrittsgeld er angewiesen war, sowie in wiederholter Auseinandersetzung mit seinen Schauspielern und der Öffentlichkeit. Dieses spannungsvolle Verhältnis führte bald nach seinem Rückzug zu einer Eskalation, da die künstlerischen Fähigkeiten seiner Nachfolger in den Augen von Presse und Zuschauern nicht an diejenigen Schröders heranreichten.

Im April 1801 kam es zu einem selbst für Hamburger Verhältnisse außergewöhnlich heftigen Skandal[21] zwischen Teilen des Publikums und den Direktoren Gottfried Eule, Jacob Herzfeld, Karl Daniel Langerhans, Johann Karl Wilhelm Löhrs und Carl David Stegmann, an die Schröder das Theater zu einem festgelegten Zinssatz verpachtet hatte. Alle fünf waren lange Jahre als Schauspieler und Sänger unter Schröder am Hamburger Theater aufgetreten. Durch günstige Umstände wie der Erlaubnis, an bisher spielfreien Tagen Aufführungen ansetzen zu dürfen,[22] stiegen die Gewinne des Theaters in den Jahren nach 1798 stark an *(vgl. Abb. 1)*.

19 Die in der Forschung anzutreffende Annahme, dass privat geführte Theater im 18. und
     19. Jahrhundert aufgrund ihrer prekären ökonomischen Situation im Vergleich zu den
     Hoftheatern keine Rolle gespielt hätten, gilt es deshalb zu relativieren. Von dieser An-
     nahme gehen aus: Daniel (wie Anm. 15), S. 128 sowie Reinhart Meyer: Theaterpraxis. In:
     G. Sautermeister, U. Schmid (Hrsg.): Hansers Sozialgeschichte der deutschen Literatur.
     Bd. 5, München 1998, S. 366–377, hier S. 367–369.
20 Gerlach (wie Anm. 14), S. 28–38.
21 Diesen dokumentiere, kommentiere und analysiere ich ausführlich in Martin Schneider
     (Hrsg.): Der Hamburger Theaterskandal von 1801. Eine Quellendokumentation zur poli-
     tischen Ästhetik des Theaters um 1800, Frankfurt a. M. 2017.
22 Vgl. Meyer (wie Anm. 6), S. 210.

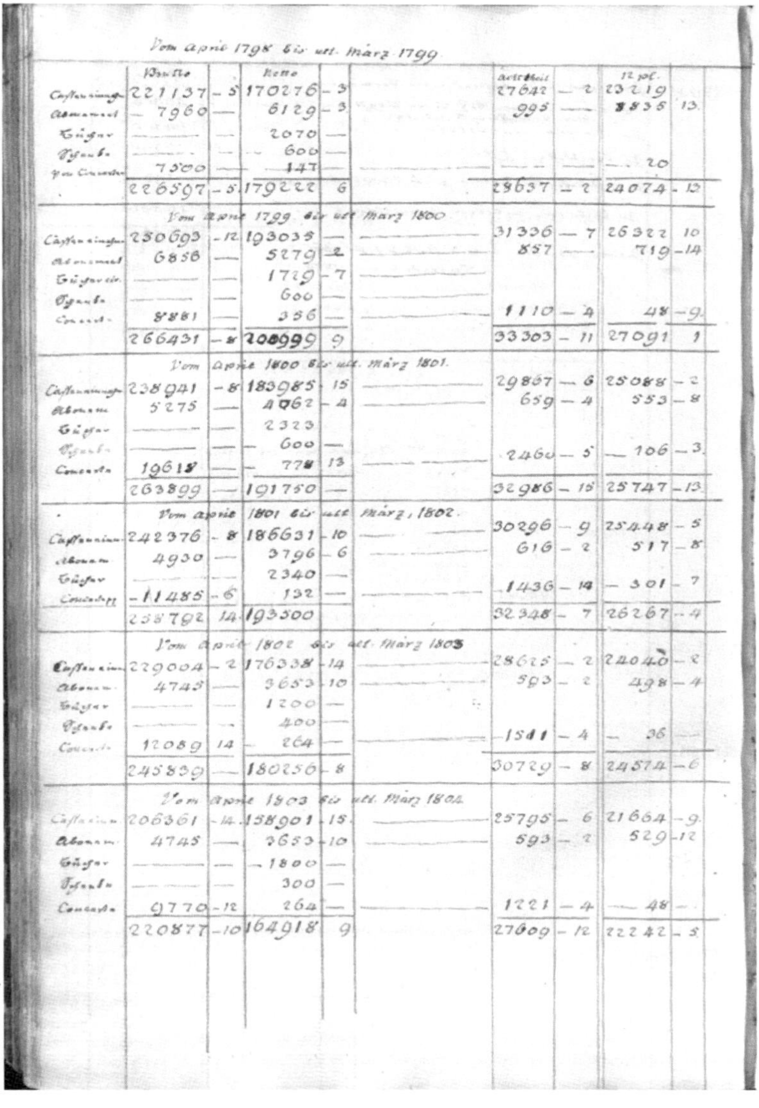

Vom April 1798 bis ult. März 1799

	Brutto		Netto		Antheil		12 pC.	
Cassen-Einnahme	221137	- 5	170276	- 3	27642	- 2	23219	
Abonnement	7960	—	6129	- 3	995	—	8835	13
Gußer	—	—	2070	—				
Geschenke	—	—	600	—				
von Concerten	7500	—	147	—	—	—	20	
	226597	- 5	179222	6	28637	- 2	24074	- 13

Vom April 1799 bis ult. März 1800

	Brutto		Netto		Antheil		12 pC.	
Cassen-Einnahme	250693	- 12	193035	—	31336	- 7	26322	10
Abonnement	6856	—	5279	- 2	857	—	719	- 14
Gußer etc.	—	—	1729	- 7				
Geschenke	—	—	600	—				
Concerte	8881	—	356	—	1110	- 4	48	- 9
	266431	- 8	200999	9	33303	- 11	27091	1

Vom April 1800 bis ult. März 1801.

	Brutto		Netto		Antheil		12 pC.	
Cassen-Einnahme	238941	- 8	183985	15	29867	- 6	25088	- 2
Abonnement	5275	—	4762	- 4	659	- 4	553	- 8
Gußer	—	—	2323					
Geschenke	—	—	600	—				
Concerte	19618	—	778	13	2460	- 5	106	- 3
	263899	—	191750	—	32986	- 15	25747	- 13

Vom April 1801 bis ult. März, 1802.

	Brutto		Netto		Antheil		12 pC.	
Cassen-Einnahme	242376	- 8	186631	- 10	30296	- 9	25448	- 5
Abonnement	4930	—	3796	- 6	616	- 2	517	- 8
Gußer	—	—	2340	—				
Concerte	11485	- 6	132	—	1436	- 14	301	- 7
	258792	14	193500		32348	- 7	26267	- 4

Vom April 1802 bis ult. März 1803

	Brutto		Netto		Antheil		12 pC.	
Cassen-Einnahme	229004	- 2	176338	- 14	28625	- 2	24040	- 2
Abonnement	4745	—	3653	- 10	593	- 2	498	- 4
Gußer	—	—	1200	—				
Geschenke	—	—	400	—				
Concerte	12089	14	264	—	1511	- 4	36	—
	245839	—	180256	- 8	30729	- 8	24574	- 6

Vom April 1803 bis ult. März 1804

	Brutto		Netto		Antheil		12 pC.	
Cassen-Einnahme	206361	- 14	158901	- 15	25795	- 6	21664	- 9
Abonnement	4745	—	3653	- 10	593	- 2	529	- 12
Gußer	—	—	1800	—				
Geschenke	—	—	300	—				
Concerte	9770	- 12	264	—	1221	- 4	48	—
	220877	- 10	164918	9	27609	- 12	22242	- 5

Abb. 1: Hamburger Stadttheater Geschäftsbuch 1794–1807. Die Seite zeigt auf der linken Hälfte die Einnahmen der Jahre 1798–1804 in Brutto und Netto. In der Spalte ganz rechts ist der neuneinhalbe Teil des Bruttogewinns verzeichnet, den die Direktoren an Schröder abtreten mussten. SUB Hamburg: Cod. hans: III : 8 : 2 : 7.

Zugleich blieben, wie aus verschiedenen Quellen hervorgeht,[23] Investitionen in die Gebäudesanierung, in Kostüme und Dekorationen aus, beliebte Schauspieler und Sänger verließen die Bühne und wechselten zu anderen Theatern. Schon bald sah sich die Direktion dem Vorwurf der Bereicherung ausgesetzt. Zu Beginn des Jahres 1801 stieg der öffentliche Druck, besonders die wöchentlich erscheinende Theaterzeitschrift *Annalen des Theaters* inszenierte sich als Sprachrohr der Direktionskritiker. Der Eröffnungsartikel der ersten Ausgabe des Jahres begann mit einem Lob Schröders:

> Unser Schauspiel, so wie es *jetzt*, aus den Angeln gerissen, vor uns liegt, ist mit einem äusserst seltenen und kostbaren Gemälde zu vergleichen, das Ein Künstler seit einer Reihe von Jahren mit größtem Fleiße bearbeitete, dasselbe täglich öffentlich ausstellte, um Kenner, die großes Vergnügen darin fanden, dem Künstler bey seinen Arbeiten Schritt vor Schritt zu folgen, anzulocken.[24]

Die Idealisierung der Hamburger Bühne unter Schröder diente hier und auch in anderen Zeitschriften[25] als Folie, vor deren Hintergrund die aktuellen Direktoren kritisiert werden konnten. Seit diese, so die *Annalen* weiter,

> das Ruder führen, ist alles auf Einschränkung, und folglich auf Beeinträchtigung des Publikums angesehen. Die kärglichen Besoldungen verscheuchen die mehresten Mitglieder, und der Ruf ihrer Oekonomie läßt uns wenig Hofnung über, bessere wieder zu erhalten. […] Sie zog, als sie von Schröder das Theater übernahm, viele alte, lange vermißte Stücke hervor, und das war kein übler Gedanke; sie blieb aber größtentheils bis jetzt bey diesem einträglichen Handel, und sparte dabey Honorar, neue Garderobe, Ausfertigung der Partituren und der Rollen; gab ohngefähr monatlich ein neues Stück, aber von welcher Art? […] Was das Innere des Theaters anlangt, so ist es damit eben so schlecht bestellt. Wie viele neue Decorationen! welche neue Garderobe sahen wir bis jetzt? Leider sehr wenige, die besten mit denen man noch prahlt, sind von Altersher da, und die Kleidungen, die unter Schröder gut waren, müssen es noch seyn.[26]

Das Entscheidende an dieser Kritik ist, dass sie im Wesentlichen auf die ökonomischen Fertigkeiten der Direktion zielt und der schlechte Zustand

---

23 Annalen des Theaters 1801, Nr. 1, Hamburg 1801, S. 8; Garlieb Merkel: Briefe über Hamburg und Lübek, Leipzig 1801, S. 345 f.; Meyer (wie Anm. 6), S. 208–211; Schmidt (wie Anm. 8), Bd. 2, S. 35.

24 Annalen des Theaters (wie Anm. 23), S. 1.

25 So etwa in der anderen wöchentlich erscheinenden Hamburger Theaterzeitschrift, dem *Raisonirenden Journal vom deutschen Theater zu Hamburg* sowie in der Kulturzeitschrift *Hamburgischer Briefträger*, die regelmäßig vom Hamburger Theater berichtete.

26 Annalen des Theaters (wie Anm. 23), S. 6–8.

des Theaters als eine Folge miserablen Wirtschaftens erscheint. Dieser Tenor zog sich durch alle kritischen Veröffentlichungen der folgenden Monate, bis er schließlich am 20. April 1801 im Theater selbst laut wurde und zu einer regelrechten Theaterrevolution führte, die nicht nur in der Hamburger Presse, sondern auch in überregionalen Zeitschriften wie dem *Journal des Luxus und der Moden,* der *Zeitung für die Elegante Welt* und der *Eunomia* große Beachtung fand.[27]

An diesem Abend versammelten sich vornehmlich junge Männer im Theater, gegeben werden sollte eigentlich August von Kotzebues *Menschenhass und Reue.*[28] Doch als der Vorhang aufgezogen wurde, rief das Publikum plötzlich lautstark die fünf Direktoren heraus, die schließlich auch erschienen *(vgl. Abb. 2).* Nun trat ein zuvor gewählter Sprecher aus dem Publikum hervor, er verlas zwei Aufsätze, die in den folgenden Tagen in der Presse gedruckt wurden:

> Das hamburger Publikum, äußerst über das fortdauernde schlechte Betragen der Direktion des hiesigen deutschen Theaters aufgebracht, welche ohnerachtet deren enormen Einnahme, nichts für die Verbeßerung der Bühne thut, sondern sich einzig durch die übertriebenste Gewinnsucht leiten läßt, glaubt nun endlich seiner Langmuth ein Ziel setzen, und die Direktion in die Schranken eines pflichtmäßigen Verhaltens zurückweisen zu müssen.[29]

Die ökonomische Ausrichtung der Kritik verband sich nun mit einem politischen Akt: Das Publikum trat, in einer Art metatheatralem Setting, nicht nur als Ankläger,[30] sondern auch als Herrscher auf, der seine Untertanen „in die Schranken" weist. Gefordert wurde eine Verbesserung des Personals besonders der Opern, ein anspruchsvolleres Repertoire sowie bessere Kostüme und Dekorationen.[31] Dem Vortrag der Anklageschrift folgten Bravorufe, es flogen, da die Direktoren sich gegen die Vorwürfe wehrten, Äpfel und Kartoffeln, bis schließlich Carl David Stegmann Abbitte leistete, der Vorhang fiel und die Vorstellung begann.

27 Zeitung für die elegante Welt 1, 1801, Nr. 57, Sp. 460–464; Eunomia. Eine Zeitschrift des neunzehnten Jahrhunderts, 1801, Bd. 1, S. 466–475; Journal des Luxus und der Moden 16, 1801, S. 313–315.
28 Vgl. den Theaterzettel v. 20.4.1801, SUB Hamburg: Theaterzettelsammlung.
29 Annalen des Theaters 1801, Nr. 14 (Extra-Ausgabe), Hamburg 1801, S. 246.
30 Der Gerichtscharakter des Protests v. 20.4.1801 wurde bereits dadurch deutlich, dass die Aufständischen in ihren im Theater verlesenen Schriften von einer „Hauptanklage" sprachen und sich auf „Zeugen" beriefen. Annalen des Theaters (wie Anm. 29), S. 248, 250.
31 Ebenda, S. 246–251.

Abb. 2: Diese zeitgenössische Karikatur des Hamburger Theaterskandals von 1801 (ko-
lorierter Kupferstich im Format 25 x 20 cm) mit dem Titel *Die fünfe in der Klemme* zeigt,
von links nach rechts, die Direktoren Langerhans, Herzfeld, Löhrs, Eule und Stegmann
bei ihrem „Auftritt" vor dem protestierenden Publikum am 20.4.1801. Bis auf Stegmann erschienen alle Direktoren in ihrem Rollenkostüm aus Kotzebues *Menschenhass
und Reue,* bei dessen Aufführung sie an diesem Abend als Schauspieler mitwirken sollten.
StA Hamburg: A 531/3.

Auch wenn die angebliche Verschlechterung der Bühne in der Anklageschrift mit Verweis auf bessere Zeiten unter Schröder legitimiert wurde – dieser habe nie so hohe Einnahmen gehabt und trotzdem nicht an Kostümen
und Dekorationen gespart, außerdem sei Hamburgs Bühne einst „eine der
ersten" Deutschlands gewesen[32] –, geriet auch der ehemalige Direktor zunehmend in die Kritik. In Schmähschriften, die in der Folge des Skandals erschienen, wurde er wie in früheren Zeiten als „Alleinherrscher"[33] bezeich-

---

32 Ebenda, S. 248. Vgl. auch Eunomia (wie Anm. 27), S. 468.
33 So etwa die anonym publizierte Flugschrift Der Polter-Abend im deutschen Schauspiel-
    hause den 31sten März 1802, S. 3. StA Hamburg: A 531/3.

net, andere Publikationen stellten die Frage, warum Schröders Theater in
Hamburg überhaupt ein „Monopol"[34] besitze und die Stadt kein zweites
deutsches Theater habe.[35] Die Zeitschrift *Eunomia* forderte, das Publikum
müsse sich vereinigen und „durch seinen Magistrat" mit Schröder in Ver-
handlung treten: So könne es „eine Reform der Verfassung" bewirken, „die
allein fähig ist, zu helfen".[36] Dass das Renommee des zurückgezogen in Rellingen lebenden Schröder von den Ereignissen nicht unbeschadet blieb, be-
zeugt besonders die noch im April 1801 anonym publizierte Flugschrift *An
Friedrich Ludwig Schröder den Schlafenden*, die in verschiedenen Zeitschriften
lobend erwähnt wurde *(vgl. Abb. 3)*.

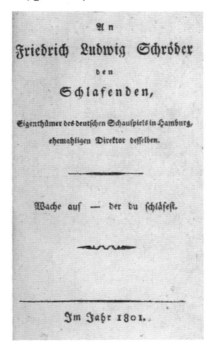

Abb. 3: Titelblatt der Flugschrift *An Friedrich Ludwig Schröder den Schlafenden*.
StA Hamburg: A 531/3.

---

34 Dramaturgisches Journal für Deutschland, Fürth in Franken 1802, S. 232.
35 Annalen des Theaters 1801, Nr. 15, S. 259–261.
36 Eunomia (wie Anm. 27), S. 469.

Sie stellt die Verpachtung des Theaters grundsätzlich in Frage und erinnert in diesem Kontext an die „Generalpachtungen"[37] des absolutistischen Frankreich, die im Zuge der Französischen Revolution abgeschafft worden waren. Schröder müsse sich bewusst sein, dass er weiterhin Verantwortung für das Theater trage. Wenn er bewusst nur „Oekonomen" als Direktoren eingesetzt habe, um einen hohen Pachtzins zu erhalten, geschehe das „auf Kosten seiner eigenen sonst guten Direktorschaft" sowie „auf Kosten des Publikums, [...] welches ihn noch auf den Händen, auf schönen goldnen und silbernen Händen trägt".[38] Es gehe jedoch nicht hin, dass Schröder einfach einen Teil der Einnahmen einstreiche und nichts für das Publikum tue, denn „diese Privat-Unterstützungen entgehen doch dem Ganzen"[39]. Vor dem Hintergrund der Französischen Revolution verschmolz die Forderung nach ökonomischer Teilhabe mit der Androhung von politischem Widerstand:

> Die Zeiten werden sonderbarer. Die Menschen werden endlich inne, daß sie die Lasten, die man ihnen mit zu vielem Druk auflegt, abschütteln können, und wenn sie so etwas einmahl versucht haben, so lassen sie sich nicht wieder gewinnen, um von neuen zu tragen.[40]

Dies sollte jedoch nicht darüber hinwegtäuschen, dass die Argumentation der Flugschrift letztlich ambivalent bleibt. Wiederholt fordert der Autor, der schlafende Schröder möge endlich aufwachen. Am besten sei es, wenn der väterliche Herrscher selbst eingreife und den ungeliebten Direktoren die Pacht kündige. Falls er dies jedoch nicht tue, droht die Schrift mit „Maaßregeln" wie der Errichtung eines zweiten deutschen Theaters.[41]

> Schlagen sie die Augen auf, ehedem angebeteter Mann! Bliken sie aus dem Wohnsiz ihrer Ruhe hinüber nach dem verweisten Tempel Thaliens, der doch ihr Eigenthum ist, und nehmen sie sich des Kindes an, welches ihnen jährlich ein so ansehnliches PflegeGeld zahlt! Lassen sie väterliche Gesinnungen in ihrem Busen erwachen – denn ihr armes Kind

---

37 An Friedrich Ludwig Schröder den Schlafenden, Eigenthümer des deutschen Schauspiels in Hamburg, ehemahligen Direktor desselben. Im Jahr 1801, S. 5. StA Hamburg: A 531/3.
38 Ebenda, S. 17.
39 Ebenda, S. 6.
40 Ebenda, S. 15.
41 Ebenda, S. 21.

wird mit Füßen getreten, und erliegt es unter den Mishandlungen – nun – dann schreiben sie sich es selbst zu, wenn es ihnen – sein Pachtgeld entzieht.[42]

Schröder, von dem keine einzige Aussage über die Ereignisse des April 1801 überliefert ist, ließ sich von diesen Drohungen nicht beeindrucken und verlängerte zwei Jahre später den Pachtvertrag mit drei der fünf Direktoren bis Ende März 1811.[43] Und auch die Errichtung einer zweiten deutschen Bühne, die französische Bauunternehmer im Jahr 1806 planten, wusste er zu verhindern.[44]

III. Das Scheitern von Schröders letzter Direktionszeit

Eben dieses Jahr 1806 markiert zugleich die Rückkehr Schröders ins Hamburger Theaterleben. Zu Beginn der französischen Besatzung bezieht er ein Absteigequartier, das er an das Schauspielhaus hatte anbauen lassen[45] und besucht von nun an fast täglich dessen Vorstellungen, die er harsch und mit den gleichen Argumenten wie die Protestierenden von 1801 kritisiert:

Diese Direktion erfüllt meine Zwecke, und die Wünsche des bessern Publicums nicht, sie betrügt mich, in Ansehung der Garderobe; sie denkt nur auf Bereicherung, und ist dabey über allen Glauben faul. Ihr einziges Bestreben ist, Neuheiten aufzutischen, gleichviel sie gegeben werden, sie sucht nicht die Lücken in dem Personale [...] auszufüllen. Ich halte es für pflichtwidrig solchen Leuten noch länger solche Vortheile zuzuwenden [...]. Ich bin daher entschlossen, während der noch übrigen Pachtjahre – bis ult. März, 1811 alles so einzurichten, daß ich, wenn ich noch lebe, es selbst übernehmen, oder meiner Familie überlassen kann.[46]

Schröder plante die Übernahme der Direktion im Jahr 1811 schon sehr frühzeitig. Zwischenzeitlich beabsichtigte er sogar, ein neues Haus bauen zu lassen, da „das Innere und Aeußere des Schauspielhauses, seine Zugänge und Umgebungen" seinen „Begriffen von Zweckmäßigkeit, Würde und

---

42 Ebenda, S. 14.
43 Meyer (wie Anm. 6), S. 208.
44 Ebenda, S. 211–213.
45 Ebenda, S. 216. Vgl. auch Schmidt (wie Anm. 8), Bd. 1, S. 192 f.
46 Brief Friedrich Ludwig Schröders v. 10.11.1807. SUB Hamburg: CS 16: Schröder F L, Bl. 11–12. Vgl. auch Schmidt (wie Anm. 8), Bd. 1, S. 175 f., 200 f. sowie die Kritik Schröders einer Aufführung von Lessings *Nathan* und Shakespeares *Hamlet* bei Meyer (wie Anm. 6), S. 221 f., 268 f.

Schönheit" widersprachen.[47] Er gewann die Unterstützung eines reichen Weinhändlers, doch da der von ihm ausgesuchte Baugrund nicht zum Verkauf stand, ließ er von der Idee ab.[48] Andere Projekte im Rahmen seiner langjährigen Vorbereitung der Direktionsübernahme verliefen erfolgreicher: Schröder ordnete sein Theaterarchiv, bearbeitete französische Komödien,[49] die er in sein Repertoire aufnehmen wollte und schrieb zahlreiche neue Dramen. Im Frühjahr 1810 kündigte er der Direktion an, dass er den Pachtvertrag nicht verlängern werde,[50] bevor dann schließlich am 1. April des Folgejahres, publizistisch begleitet von einer Schrift Johann Friedrich Schinks,[51] die Entreprise mit einer Bearbeitung und einem Originalstück *(Der erste Eindruck/ Selbstliebe oder Die gefährliche Probe)* aus seiner Feder eröffnet wurde.

In der Forschung ist seit langem bekannt, dass Schröders letzte Direktionszeit ein großer Misserfolg war: Die Zuschauer blieben aus, die politischen Verhältnisse waren mit der Eingliederung Hamburgs ins französische Kaiserreich zu Beginn des Jahres 1811 und dem damit verbundenen erhöhten Druck der Zensur[52] schwierig geworden, so dass Schröder schon im Juni „die Thorheit" bereute, sich „wieder mit dem Theater abgegeben zu haben".[53] Eine genaue Analyse der Quellen zeigt jedoch, dass es tieferliegende, strukturelle Gründe gab, die auf den ästhetischen, politischen und ökonomischen Wandel des damaligen Theaterlebens zurückzuführen sind.

Erstens konnte Schröders Spielplan das Publikum nicht überzeugen. Wie die Theaterzettel der Entreprise belegen,[54] hat Schröder den Zeitgeschmack schlicht ignoriert: Die Aufführungen der pointenreichen Werke Kotzebues reduzierte er deutlich, die pathetischen Vers-Tragödien Schillers, von denen

---

47 Meyer (wie Anm. 6), S. 233.
48 Ebenda, S. 234.
49 Ebenda, S. 222 f., 237–242.
50 Dabei kritisierte Schröder ausdrücklich den schlechten Zustand der Dekorationen. Vgl. Schmidt (wie Anm. 8), Bd. 1, S. 302.
51 Meyer (wie Anm. 6), S. 276. Zu Schink vgl. Peter Heßelmann: Johann Friedrich Schink und das Theater in Hamburg in den neunziger Jahren des 18. Jahrhunderts. In: Jahn, Maurer Zenck (wie Anm. 15), S. 345–374.
52 Meyer (wie Anm. 6), S. 318 f.
53 Ebenda, S. 303 f.
54 Die Theaterzettel von Schröders letzter Entreprise sind dokumentiert in: Digitaler Spielplan des Hamburger Stadttheaters 1770–1850, hrsg. v. Bernhard Jahn. Online abrufbar unter <www.stadttheater.uni-hamburg.de>, zuletzt: 10.1.2017.

er bekanntlich nicht viel hielt,[55] strich er aus dem Repertoire. Stattdessen setzte er auf von ihm bearbeitete französische und englische Stücke des 18. Jahrhunderts sowie auf seine eigenen, seit 1806 angefertigten Original-dramen. Besonders die Letzteren fielen bei den Zuschauern fast ausnahmslos durch. Sowohl Friedrich Ludwig Schmidt als auch Carl Ludwig Costenoble, die in der Spielzeit 1811/1812 als Schauspieler engagiert waren, führen dies in ihren Lebenserinnerungen bzw. Tagebüchern darauf zurück, dass Schrö-ders Stücke für den Zeitgeschmack zu didaktisch, handlungs- und pointen-arm gewesen seien.[56] Zwar sei seine Probenleitung vorbildlich gewesen,[57] auch habe er das Ensemble wiederholt zu sich eingeladen, um ihm die neuen Stücke vorzulesen. Dies sei durchweg beeindruckend gewesen, aber die Schauspieler hätten es bei der Aufführung nicht vermocht, die Stücke so zu spielen, wie Schröder sie gesprochen habe.[58]

Schon bald erhielt Schröder ein anonymes Protestschreiben, in dem der Direktor darauf hingewiesen wurde, dass seine „langweilige Schulmeister-moral" das Publikum ermüde. Es gebe

> eine Menge schöner und witziger Stücke; diese geben Sie, falls nicht das Theater eine Schule, die Zuschauer Schulkinder und Sie der Präceptor sein sollen.[59]

Auch Ernst August Friedrich Klingemann schrieb in einem Brief an Schmidt, Schröder solle doch den Gedanken aufgeben,

> das Zeitalter zurückschrauben zu wollen […]. Die prosaische Poesie […] der siebziger und achtziger Jahre wird uns Niemand, und wäre er weit mehr, als Schröder als Dichter je ge-wesen ist, wieder aufdringen.[60]

---

55 Es sei, so Schröder gegenüber Schmidt, „für den Geschmack von Glück, daß Schiller das Zeitliche gesegnet habe. Er würde mit seiner Sucht, zu experimentieren, die sich z. B. in der ‚Braut von Messina' so deutlich zeige, sicher noch den Harlequin wieder eingeführt, jedenfalls mit seinem pathetischen Jambenschwulste zuletzt auf die alten ‚Haupt- und Staatsactionen' zurückgekommen sein." Schmidt (wie Anm. 8), Bd. 1, S. 308. Vgl. auch Bd. 2, S. 26, 31.
56 Schmidt (wie Anm. 8), Bd. 2, S. 24–30; Carl Ludwig Costenoble's Tagebücher von seiner Jugend bis zur Übersiedlung nach Wien (1818), hrsg. v. Alexander von Weilen, Bd. 2, Ber-lin 1912, S. 99, 103 f., 107–111, 122 f.
57 Schmidt (wie Anm. 8), Bd. 2, S. 39.
58 Ebenda, S. 30 f.; Costenoble (wie Anm. 56), S. 99.
59 Schmidt (wie Anm. 8), Bd. 2, S. 13.
60 Ebenda, S. 14 f.

Das *zweite* Problem war, dass die Schauspieler sich nicht mehr mit Schröders autokratischem Führungsstil abfinden wollten. Schmidt schreibt:

> Nichts war ihm verdrießlicher und nichts erfüllte ihn mit mehr Groll gegen die Theater-unternehmung, als daß er als Director nicht mehr so unumschränkt auf das Publicum wir-ken und dasselbe so souverain leiten konnte, wie ehedem. An keinem Orte ist nämlich je eine Theaterdirection so despotisch gewesen, wie einstmals in Hamburg. [...] Einem sol-chen Manne vertraute man auch als Director blindlings, und er herrschte nach eisernen Grundsätzen. Da er von Jugend auf fast nie oder sehr wenig in einer abhängigen Lage ge-wesen, sondern schon bei Lebzeiten seiner Mutter Disponent über das Theater wurde, so war ihm [...] ein herrischer Sinn eigen geworden [...]. Zu Zeiten seines ersten Directo-rates nun konnte er mit dem Publicum spielen, es lenken und leiten, ihm die Richtung ge-ben die er wollte. Als Director wählte er das Ensemble des Personals, er bestimmte den Vortrag desselben und verstattete keine Gastrollen, wenn sie nicht in seine Plane paßten. [...] Jene alten Zeiten, wo Schröder Alleinherrscher war, mochten ihm vorgeschwebt ha-ben, als er den Vorsatz zur neuen Theater-Unternehmung faßte. [...] In den vorigen Zei-ten hingen nämlich die Mitglieder teils mit Verehrung, theils mit Sclavensinn an ihm.[61]

Heute jedoch, so Schmidt weiter, seien die Schauspieler und das Publikum freier geworden und ließen sich nicht mehr alles von einem Direktor gefal-len.[62] Auch Costenoble schildert Schröders Versuch, als „Gewalthaber" über sein Theater zu herrschen und sich wie ein absolutistischer Herrscher mit Schmeichlern zu umgeben.[63] Nun aber seien andere Zeiten als damals, „wo jeder noch wie ein Espenblatt erzitterte, wenn Schröder nur seine Blicke rol-len ließ".[64] Dieser staune nun „gewaltig, als Bühnenmitglieder es wagten, sich seinen Beschlüssen zu widersetzen".[65]

Drittens traf Schröder als Ökonom falsche Entscheidungen und machte so starke Verluste, dass am Ende der nur einjährigen Entreprise auch sein Privatvermögen bedroht war.[66] Die Gehälter der Schauspieler verursachten höhere Kosten als in früheren Zeiten,[67] zudem investierte Schröder in die Sanierung des Gebäudes, so dass das Theater zur Eröffnung frisch tapezier-te Logen und ein neues Mobiliar erhielt, außerdem ließ er neue Dekoratio-nen und Kostüme anfertigen[68] – Letzteres war ja eine der wesentlichen For-

---

61 Ebenda, S. 33–35.
62 Ebenda, S. 35 f.
63 Costenoble (wie Anm. 56), S. 108, 110.
64 Ebenda, S. 123.
65 Ebenda, S. 123 f.
66 Meyer (wie Anm. 6), S. 276, 280 f., 302, 311.
67 Schmidt (wie Anm. 8), Bd. 2, S. 36.
68 Meyer (wie Anm. 6), S. 300; Schmidt (wie Anm. 8), Bd. 2, S. 4 f.

derungen der Protestierenden von 1801. Jedoch zeigte sich auch hier, dass Schröder nicht mehr den Nerv der Zeit traf. Denn die Kostüme waren zwar neu, aber sie erschienen als schlicht, wenig prachtvoll, kurz: unmodisch.[69] „Eigentlicher Geschmack wurde freilich immer vermißt"[70], so Carl Ludwig Costenoble. Als die später berühmt gewordene Schauspielerin Sophie Schröder zu einer Aufführung „in einem Kleide erschien, das weit ausgeschnitten war am Brustteil, daß gewisse weibliche Reize ziemlich offen zur Schau lagen", wies Schröder sie zurecht: „[W]enn dieses Institut auch gerade keine Tugendschule vorstellen solle, so möge er es doch nicht von aller Sittsamkeit entblößen." Doch die Schauspielerin widersetzte sich:

> Da schauen Sie in die ersten Ranglogen, Herr Schröder! Alle Damen, und selbst die züchtigsten, gehen nicht um ein Haar anders, als ich gekleidet bin. Was die Mode jenen Kaufmanns- und Ratsherrenfrauen erlaubt, erlaube ich mir auf dem Theater ohne alle Umstände.[71]

Schröders Hang zur Einfachheit, Ordentlichkeit und Sparsamkeit[72] wurde ihm zum Verhängnis. Sein zu Beginn geäußertes Vorhaben, das Theater wieder schlanker und effizienter zu machen,[73] geriet mit der Tendenz zum Ausstattungstheater, zu elaborierten Kostümen und Dekorationen in Konflikt.

Ästhetisch und ökonomisch zeitgemäßer führte demgegenüber August Wilhelm Iffland von 1796–1814 das Berliner Nationaltheater, also in eben jenem Zeitraum, der mit Schröders Rückzug von und Wiederkehr auf die Hamburger Bühne konvergiert. Iffland begriff das Theater als ästhetisch anspruchsvolles, gleichwohl repräsentatives Luxusgut und investierte Geld in einen Neubau sowie in Dekorationen und Kostüme,[74] die wiederum durch Veröffentlichungen publikumswirksam beworben wurden. Bekannt waren vor allem die *Kostüme auf dem königlichen National-Theater in Berlin,* eine von 1802–1812 erschienene Folge von 22 Heften mit 185 Kostümen.[75] Die Blät-

---

69 Schmidt (wie Anm. 8), Bd. 2, S. 38 f.; Costenoble (wie Anm. 56), S. 105; Dramaturgisches Journal für Deutschland (wie Anm. 34), S. 293.

70 Costenoble (wie Anm. 56), S. 105.

71 Ebenda, S. 124.

72 Meyer (wie Anm. 6), S. 324 f.; Schmidt (wie Anm. 8), Bd. 1, S. 174 f., Bd. 2, S. 39 f., 179 f.; Costenoble (wie Anm. 56), S. 105 f.

73 Meyer (wie Anm. 6), S. 230.

74 Gerlach (wie Anm. 14), S. 39–47.

75 Ebenda, S. 53, 65. Ein Teil der Figurinen ist wiedergegeben in Klaus Gerlach (Hrsg.): Das Berliner Theaterkostüm der Ära Iffland. August Wilhelm Iffland als Theaterdirektor,

ter waren handkoloriert und zeigten teils prächtig gekleidete Figurinen, die nicht zuletzt wegen ihrer historischen Genauigkeit gelobt wurden. Zudem gab Iffland einiges Geld dafür aus, beliebte Autoren wie Friedrich Schiller an sein Theater zu binden.[76] Eine der erfolgreichsten Inszenierungen in Ifflands Direktionszeit, *Die Jungfrau von Orleans,* machte nicht zuletzt wegen ihrer aufwendigen Ausstattung Furore[77] *(vgl. Abb. 4).*

Demgegenüber musste Schröders spätaufklärerisches und diskursives Moraltheater auf das Hamburger Publikum, dem die Entwicklung in Berlin nicht entgangen war, zwangsläufig anachronistisch wirken. An seinen ästhetischen Überzeugungen änderte dies nichts, wie ein von Schmidt überliefertes Zitat belegt: „Die Kunst ist verloren, wenn Costüme, Decorationen und Ballete nothwendige Erfordernisse werden.“[78]

IV. Resümee

Somit kann das Scheitern von Schröders letzter Entreprise als Beleg dafür gelten, dass sich die ästhetischen, politischen und ökonomischen Verhältnisse auf dem Theater in der ersten Dekade des 19. Jahrhunderts zu verändern begannen. Der Hamburger Direktionsskandal von 1801 war ein Symptom dieser Wandlung, da das Publikum einerseits die Machtverhältnisse auf dem Theater grundsätzlich in Frage stellte, andererseits jedoch verstärkte Investitionen in Personal, Kostüm und Dekorationen forderte. Schröder aber ignorierte die Zeichen der Zeit und war nach wie vor davon überzeugt, dass er das Publikum für ein anderes Theater bilden konnte.

Schauspieler und Bühnenreformer, Berlin 2009, Tafelteil. Wie Gerlach betont, stand für Iffland selbst nicht die historische Genauigkeit, sondern die Individualität der Bühnenfigur im Zentrum des ästhetischen Interesses am Kostüm. Klaus Gerlach: Ifflands Kostümreform oder Die Überwindung des Natürlichen. In: Ebenda, S. 11–29.

76 Gerlach (wie Anm. 14), S. 121 f. Die brieflichen Honorarverhandlungen zwischen Iffland und Schiller sind dokumentiert ebenda, S. 201–204, 230–232.

77 Ebenda, S. 53, 122. Zur aufwendigen Ausstattung der Berliner Inszenierung der *Jungfrau von Orleans* und ihrer Rezeption vgl. Ariane Martin: Die Jungfrau von Orleans. Eine romantische Tragödie (1801). In: M. Luserke-Jacqui (Hrsg.): Schiller-Handbuch. Leben – Werk – Wirkung, Stuttgart, Weimar 2005, S. 168–195, hier S. 182–184.

78 Schmidt (wie Anm. 8), Bd. 2, S. 136.

Abb. 4: Johanna d'Arc. In dem Trauerspiel Die Jungfrau von Orleans. Aus: Kostüme auf dem Kön. National-Theater in Berlin 1812, Blatt 5. SUB Hamburg: B/150230.

Wenn Friedrich Ludwig Schmidt den gealterten Direktor in seinen Memoi-
ren als eine Mischung aus König Lear und Molières Geizigem schildert,[79] so
zeigt dies eben jene Verbindung von verblasster Macht und ökonomischer
Sparsamkeit an, die Schröders endgültigen Abschied vom Theater besiegeln
sollte. „Was ist das für eine Theaterwelt geworden!"[80] klagte er schon vor
Ablauf seiner letzten Entreprise und floh gleich nach deren Ende zurück auf
sein Landgut. Er, der einst unumschränkt über das Hamburger Theater ge-
herrscht hatte, war am Publikum vollends verzweifelt:

> Dies Volk ist keiner Mühe werth. Ich will lieber ganz einsam wieder in Rellingen leben, als
> unter ihm.[81]

79 Ebenda, Bd. 1, S. 164.
80 Costenoble (wie Anm. 56), S. 124.
81 Meyer (wie Anm. 6), S. 304.

II. Bearbeitungen englischer und französischer Dramen

Ökonomie und Familie
Sozialutopien des 18. Jahrhunderts in Schröders Bearbeitungen
(„Die Gefahren der Verführung", „Kinderzucht, oder das Testament", „Die heimliche Heirat")

Gegen Ende seiner Vorrede zum 1. Band von Schröders dramatischem Werk kommt Ludwig Tieck auf eine Lieblingsidee des Autors zu sprechen, die er abschätzig beurteilt:

> Es ist Schade, daß sich Schröder seinen Schluß noch durch die Unbeholfenheit schwächt, eine Art von Lieblingsidee, das Zusammenleben als eine Familie so vieler nicht zusammen passender Menschen anzubringen.[1]

Tatsächlich findet sich diese Lieblingsidee einer erweiterten Familie in einigen von Schröders Dramenbearbeitungen, insbesondere in seinen Adaptionen aus dem Englischen – was im Folgenden an den drei Stücken *Die Gefahren der Verführung, Kinderzucht, oder das Testament* sowie *Die heimliche Heirat* illustriert werden soll. Tiecks Unverständnis mutet allerdings befremdlich an, handelt es sich bei Schröders Lieblingsidee doch um eine der zentralen Versöhnungsutopien des 18. Jahrhundert, die zunächst v. a. auf der dramati-

---

1   Ludwig Tieck: Vorrede. In: Friedrich Ludwig Schröders dramatische Werke, hrsg. v. Eduard von Bülow, Bd. 1, Berlin 1831, S. III–LXXXII, hier S. LXXXI. In behaglicher Würdigung wird die von Schröder gezeigte „Häuslichkeit", sein „Bild des Zusammenlebens unter einem Dache" von Eloesser erwähnt: Arthur Eloesser: Das bürgerliche Drama. Seine Geschichte im 18. und 19. Jahrhundert, Berlin 1898, S. 50; während Glaser diese „fixe Idee" Schröders ideologiekritisch in „Rührseligkeit" aufgehen sieht, vgl. Horst Albert Glaser: Das bürgerliche Rührstück. Analekten zum Zusammenhang von Sentimentalität mit Autorität in der trivialen Dramatik Schröders, Ifflands, Kotzebues und anderer Autoren am Ende des achtzehnten Jahrhunderts, Stuttgart 1969, S. 17.

schen Bühne umgesetzt wurde, im 19. Jahrhundert dann die Romanproduktion des Realismus bestimmt bis zu Thomas Manns *Buddenbrooks*.[2]

Die Vorstellung vom Oikos bzw. vom ganzen Haus oder der erweiterten Adoptivfamilie kann als eine spezifisch bürgerlich-aufklärerische Sozialutopie aufgefasst werden, die vorzugsweise das Kaufmannshaus zum Handlungsort wählt und in dieser Handlungssphäre Ökonomie, Familie und Moral zusammenführt. Schröder wählt mit Bedacht solche Stücke zur Bearbeitung aus, mit denen sich ein versöhnliches Familien-Schlusstableau zeichnen lässt. Seine Vorlagen unterzieht er einer Verbürgerlichung und Eindeutschung; so spricht Pfenniger mit Blick auf Schröders Übertragungen aus dem Englischen von seiner Tendenz zum „[b]ürgerliche[n] Familiengemälde", das das „deutsche Haus" zeige,

> wo Eltern und Kinder und womöglich auch noch ein paar Verwandte und Bekannte [...] glücklich beisammen wohnen.[3]

I. *Adaptionen: Shakespeare und Lillo*

Am markantesten lässt sich dies an seiner Adaption der Shakespeare-Apokryphe *The London Prodigal* beleuchten – zu dt. *Der Londoner verlorene Sohn* –, der die bekannte biblische Parabel zugrundeliegt. Schröders Titel *Kinderzucht, oder das Testament* verdeckt diese Filiation. Auch Lessing plante eine Übersetzung dieses Stücks,[4] und dies verweist darauf, dass Schröder mit seiner Lieblingsidee in Deutschland keineswegs allein stand, sondern sich in der Lessing-Nachfolge befand. Sowohl in *Miß Sara Sampson* als auch in *Na-*

2 Vgl. Nacim Ghanbari: Das Haus. Eine deutsche Literaturgeschichte 1850–1926, Berlin 2011; Nacim Ghanbari, S. Haag, M. Twellmann (Hrsg.): Das Haus nach seinem Ende. Themenschwerpunkt, DVjs 85 (2011), H. 2.

3 Else Pfenniger: Friedrich Ludwig Schröder als Bearbeiter englischer Dramen, Zürich 1919, S. 101 f.

4 Vgl. Lessings Brief an Eschenburg vom 9.11.1780: „Was ich nun noch von ihnen zu bitten hätte, wäre mir den London-Prodigal nochmals zu schicken. Ich soll für das Hamburger Theater etwas machen, und da denke ich, daß ich mit meiner alten Absicht auf dieses Stück am ersten fertig werden will. Sie sind wohl so gut, und helfen mir mit dem Originale wieder aus; und ich will Ihr Verdienst um das, was daraus werden soll, zu rühmen nicht vergessen". Briefe von und an Lessing, 1776–1781, hrsg. v. Helmut Kiesel u. a., Bd. 12, Frankfurt a. M. 1994, S. 353.

than der Weise beschließt Lessing die dramatische Handlung mit dem versöhnenden Tableau einer Adoptivfamilie.

Erweiterte Familie und ganzes Haus als Sozialutopien weisen zurück auf Biblisches – neben der Parabel *Vom verlorenen Sohn* wäre noch die Josephfigur zu nennen –, jedoch ebenso auf die antike Analogie von Oikos und Polis, die etwa Platon zieht.[5]

Auf das sozialpolitische Vermittlungspotenzial des ganzen Hauses machen auch die Ausführungen Wilhelm Riehls im 19. Jahrhundert aufmerksam, der dieses als Antidot gegen die einbrechende Industrialisierung und Moderne als eine ‚sozial konservative' Idee und Lebensform profilierte. Die erweiterte Familie könne zwischen Individuum und Staat als ein stabilisierendes Element in die Mitte treten:

> Mit der ‚ganzen Familie' hängt nun das ‚ganze Haus' zusammen. Die moderne Zeit kennt leider fast nur noch die ‚Familie', nicht mehr das ‚Haus', den freundlichen, gemüthlichen Begriff des ganzen Hauses, welches nicht blos die natürlichen Familienmitglieder, sondern auch alle jene freiwilligen Genossen und Mitarbeiter der Familie in sich schließt, die man vor Alters mit dem Worte ‚Ingesinde' umfaßte. In dem ‚ganzen Hause' wird der Segen der Familie auch auf ganze Gruppen sonst familienloser Leute erstreckt, sie werden hineingezogen, wie durch Adoption, in das sittliche Verhältnis der Autorität und Pietät. Das ist für die soziale Festigung eines ganzen Volkes von der tiefsten Bedeutung.[6]

Während Riehl hier vormoderne Hausgemeinschaften wie Bauernhof und Adel als Ideal vor Augen hat und das Kaufmannshaus bereits als moderne Schwundform ansieht, gestalten das englische Domestic Drama und in seiner Adaption das deutsche bürgerliche Trauerspiel, die Hausväter- und Rührstücke gerade diesen Handlungsraum utopisch aus.

Besonders ein breitenwirksames Domestic Drama ist hier hervorzuheben, das sowohl Schröder als auch Lessing verarbeitet haben. Es handelt sich um George Lillos *The London merchant* (1731).[7] Lillos Domestic Drama

---

5 Vgl. Gustav Adolf Seeck: Kommentar. In: Platons Politikos: Ein kritischer Kommentar [online], München 2012, 258e–259c. Online verfügbar: <http://books.openedition.org/chbeck/1474>, zuletzt: 8.2.2017.

6 Wilhelm Heinrich Riehl: Die Familie. In: W. R. R.: Die Naturgeschichte des Volkes als Grundlage einer deutschen Social-Politik, Bd. 3, Stuttgart, Augsburg 1856, S. 147.

7 Zur Lillo-Rezeption in Deutschland vgl. Klaus-Detlef Müller: Einführung. In: George Lillo: Der Kaufmann von London, hrsg. v. K.-D. Müller, Tübingen 1981, S. 118–150; Lawrence Marsden Price: George Barnwell Abroad. In: Comparative Literature 2 (1950), H. 2, S. 126–156; Lothar S. Fietz: Zur Genese des englischen Melodramas aus der Tradition der bürgerlichen Tragödie und des Rührstücks. In: DVjs 65 (1991), S. 99–116; Marion

ist ein Zwitter aus Tragödie und Komödie, in dem das Bürgertum in Gestalt des Londoner Kaufmanns als moralische Instanz auf die Bühne gebracht wird und im guten Hausvater das Idealbild eines aufgeklärten, mitfühlenden Monarchen zeichnet. Der Blick ins Personenverzeichnis zeigt, dass Lillo mit sprechenden Namen arbeitet – der Hausvater heißt Mr. Thorogood, also Herr Durchausgut. Zu seinem Haus gehören neben der leiblichen Tochter auch die beiden Lehrlinge Barnwell und Trueman. Ohne die Dramenhandlung in Gänze skizzieren zu wollen, sei so viel gesagt:

Es kommt zur Tragödie, Barnwell lässt sich von einer intriganten Verführerin zum Diebstahl an seinem Dienstherrn verleiten und sogar zum Verwandtenmord – er endet auf dem Schafott. Thorogood wird die moralische Lektion der Handlung und damit die intendierte Wirkungsabsicht des Dramas in den Mund gelegt: Barnwell, den Sünder, sollen wir mit „Pity und Compassion" beurteilen, sein Fall lehre uns „Humanitiy"[8]. In der im Drama präsentierten modernen Welt des Kaufmanns sind moralische Dignität und gutes Wirtschaften miteinander verbunden.

In *The London Merchant* findet eine ethisch und ökonomisch begründete Selbstaufwertung des Bürgertums ihren literarischen Ausdruck. Es sind die Londoner Kaufleute, die in der historisch zurückdatierten Dramenhandlung Königin Elisabeth gegen den spanischen König zu Hilfe eilen, indem sie mit friedlichen Mitteln, durch Entzug von Geld, den spanischen König außer Gefecht setzen. Lillo formuliert die politische Utopie, dass monarchisches Kriegswesen durch bürgerliches Geld ersetzt werden könne – sozusagen ein frühes Ideal von Sanktionspolitik.

Solche explizit politischen Aspekte finden sich allerdings nur am Rande der Dramenhandlung, während sich ansonsten das Stück auf das häusliche

---

Schmaus: Zur Genese melodramatischer Imagination. Englisch-deutscher Tauschhandel im Zeichen der Rührung bei George Lillo, Friedrich Ludwig Schröder und August von Kotzebue. In: S. Nieberle, C. Nitschke (Hrsg.): Gastlichkeit und Ökonomie. Wirtschaften im deutschen und englischen Drama des 18. Jahrhunderts, Berlin, Boston 2014, S. 89–108. Das Stück gehörte zum Repertoire der Ackermannschen Schauspieltruppe, vgl. Friedrich Ludwig Wilhelm Meyer: Friedrich Ludwig Schröder. Beitrag zur Kunde des Menschen und des Künstlers, Bd. 1, Hamburg 1819, S. 28 f., 27, 71, 141 f., 183. Am Hamburger Stadttheater sind Aufführungen des *Kaufmanns von London* am 26.10.1770, 24.10.1771, 12.10.1773, 6.12.1784 und am 13.12.1784 verzeichnet, vgl. hierzu den digitalen Spielplan des Hamburger Stadttheaters 1770–1850: <http://www.stadttheater.uni-hamburg.de/>, zuletzt: 8.2.2017.

8   George Lillo: The London Merchant or, The History of George Barnwell, London 1731, S. 85.

Drama, auf „moral Tales in private Life"[9] beschränkt. Dort hat die angedeutete Ökonomisierung der Politik ein Pendant in der Ökonomisierung der Lebenswelt und der Privatbeziehungen. Das Geld ist der umgreifende diskursive Rahmen für die Inszenierung der privaten Konflikte und wandert in die Selbstdarstellung der Figuren sowie in das Geschlechterverhältnis ein. Die Gefühle und das Begehren werden im Modus des Tauschhandels wiedergegeben. Besonders eindrücklich lässt sich dies an der Figur der Millwood, der Gegenspielerin Thorogoods zeigen, die als intrigante Verführerin Barnwell und mit ihm die bürgerliche Hausgemeinschaft zu Fall bringt. Sie bringt den Geschlechterkampf in der Diktion des Kolonialismus zur Sprache. Bei den Männern wolle sie „Conquests compleat" erzielen,

> like those of the Spaniards in the New World; who first plunder'd the Natives of all the Wealth they had, and then condemn'd the Wretches to the Mines for Life, to work for more.[10]

Damit inszeniert Lillos Stück einen klaren und personell verkörperten Antagonismus zwischen Thorogood als einem modern wirtschaftenden, moralischen, auch protestantischen „best of Masters and of Men"[11], und Millwood als einer Figur, die für den Adel, Spanier bzw. Kolonisatoren, den Katholizismus bzw. insgesamt für das Böse steht. Mit dem Bürger Durchausgut präsentiert Lillo also eine Wirtschafts- und Sozialutopie, die jedoch durch seine Gegenspielerin gebrochen wird und so eine Schattenseite der auf der Bühne vonstattengehenden Ökonomisierung der Lebenswelt zeigt. Denn es gelingt ihr, Begehren und Geldgier in ihrem Opfer Barnwell miteinander zu koppeln. Schröders Interesse an dem englischen Domestic Drama auch über Lillos Stück hinaus wird sich gerade an dieser Ambivalenz abarbeiten: einerseits an der Sozialutopie eines bürgerlichen ganzen Hauses und andererseits an der Ökonomisierung der Lebenswelt.

9 Ebenda, S. 4.
10 Ebenda, S. 14.
11 Ebenda, S. 60.

II. Die Gefahren der Verführung

In Schröders sekundärer Lillo-Übertragung *Die Gefahren der Verführung* (1778 erstmals gespielt,[12] 1781 publiziert) wird eine solche Ambivalenz nahezu gänzlich überdeckt, indem Wirtschafts- und Sozialutopie zur Deckung kommen und die privaten Konflikte und moralischen Verfehlungen mit Geld geheilt werden können. Um eine sekundäre Lillo-Bearbeitung handelt es sich, da er sich v. a. auf Merciers französische Adaption von Lillos Drama *Jenneval ou le Barnevelt francais* (1769) bezieht. Bei Mercier und bei Schröder bleibt die Katastrophe, der Mord am Onkel und die Hinrichtung von Kaufmannsgehilfe und Buhlerin aus. Barnwell, alias Adolph Millhof, schreckt vor der Tat zurück und zeigt sich reuig. Das Stück endet versöhnlich, indem der abtrünnige Neffe sich erneut der Autorität des Onkels unterordnet. Ist dieser Onkel bei Lillo nur Nebenfigur mit wenigen Zeilen in der Mordszene, wird er bei Schröder zur Hauptfigur.[13] Anhand von Neffe und Onkel wird ein Vater-Sohn-Konflikt inszeniert, und der Onkel erfüllt am Schluss die Doppelfunktion von Familienoberhaupt und richtender Instanz. Er fungiert als klassischer Hausvater.

Diese Verschiebung der väterlichen Autorität auf die Figur des Onkels zeigt sich auch in den beiden anderen noch zu betrachtenden Stücken und sie macht deutlich, dass es in diesen dramatischen Versionen eines ganzen Hauses nicht um die Etablierung der bürgerlichen, auf Verwandtschaftsbeziehungen beruhenden Kleinfamilie als moralischer Instanz geht. Es ist gerade die wirtschaftlich-kulturell erweiterte Familie, die als Sozialutopie inszeniert wird. Blut wird gleichsam durch Geld ersetzt. Die Adoptivsöhne und -väter sowie die Onkel-Figuren erscheinen häufig als die pädagogisch und moralisch Besseren.

Dies zeigt sich eindrücklich an Schröders Umarbeitung von Lillos bürgerlicher Tragödie, die insofern unkenntlich gemacht wird, als das Tragische

---

12 Am Hamburger Stadttheater wurde das Stück 1778 zwischen dem 2.10. und dem 10.12. sechs Mal aufgeführt, im Jahr 1779 drei Mal, im Jahr 1787 zwei Mal und im Jahr 1793 ein Mal, vgl. den digitalen Spielplan des Hamburger Stadttheaters 1770–1850: <http://www.stadttheater.uni-hamburg.de/>, zuletzt: 8.2.2017. Zu Schröders Lillo- bzw. Mercier-Bearbeitung vgl. Tieck (wie Anm. 1), S. LXXIII f.; Pfenniger (wie Anm. 3), S. 8–10; Glaser (wie Anm. 1), S. 12–17.

13 Wie die Theaterzettel der Aufführungen der Jahre 1787 und 1793 zeigen, spielte Schröder die Rolle des Onkels selbst, vgl. den digitalen Spielplan des Hamburger Stadttheaters 1770–1850: <http://www.stadttheater.uni-hamburg.de/>, zuletzt: 8.2.2017.

versöhnlich gekappt wird. Finanztransaktionen stehen am Ende des Stücks und sollen den Haussegen wieder herstellen und die Zukunft der Familie sichern. Auch die Buhlerin und Auftraggeberin des Mordes, hier mit Namen Lina von Marin, soll finanziell befriedet und dadurch moralisch gebessert werden. So äußert Millhof alias Barnwell gegenüber seinem Onkel: „Wir wollen sie vor Dürftigkeit schützen, und versuchen, was Wohlthaten über die Unglückliche vermögen"[14]. Der Onkel willigt in diesen Handel ein:

> [I]ch will mit ihr reden, und ist sie nicht eine ganz verstockte Sünderin, die gar nicht zu bessern ist, so will ich ihr ein Jahrgeld aussetzen, wovon sie ehrlich leben kann.[15]

Das Stück inszeniert am Ende die poetische Gerechtigkeit als eine ökonomische. Das Erbe des Onkels war zunächst dem tugendhaften Kaufmannsgehilfen Karl Wahlmann – Truemans deutschem Pendant – in Gänze zugefallen, nachdem der lasterhafte Neffe enterbt worden war. Und dieser selbst spendet diesem Vorgang Beifall, indem er den Widerruf der Enterbung verhindern will und die Gleichung von Vermögen und Moral eigens unterstreicht:

> Nein, bester Onkel, widerrufen Sie nicht; wer verdient Ihr Vermögen besser, als dieser Edle, der noch über keinen Fehltritt zu erröthen hat.[16]

Das hausväterliche Machtwort des Onkels beendet schließlich das Geplänkel zwischen den Berufsgenossen und Freunden, die sich wechselseitig das Vermögen zuschieben wollen. Auch der vom Pfad der Tugend abgekommene, ‚verlorene Sohn' erhält seinen gerechten Anteil:

> Millh. Ihr seid närrische Jungens – komplimentirt mit einander, und habt noch Nichts – Hört zu, Bursche! Jeder soll die Hälfte meines Vermögens haben – aber nicht eher, bis ich todt bin. – Zu Eurer neuen Handlung geb' ich Euch 50000 Thlr. – Carl, suche dir hier, oder auf deinen Reisen, ein Weibchen, und dann wollen wir alle nur ein Familie ausmachen.[17]

---

14 Friedrich Ludwig Schröder: Die Gefahren der Verführung. In: Friedrich Ludwig Schröders dramatische Werke, hrsg. v. Eduard von Bülow, Bd. 1, Berlin 1831, S. 157–198, hier S. 196.
15 Ebenda, S. 197.
16 Ebenda.
17 Ebenda.

Die Wiederaufnahme Millhofs/Barnwells reinszeniert das Gleichnis *Vom verlorenen Sohn* und die Rede des biblischen Vaters an seinen älteren, daheim und tugendhaft gebliebenen Sohn:

> Du solltest aber fröhlich und gutes Muts sein; denn dieser dein Bruder war tot und ist wieder lebendig geworden; er war verloren und ist wieder gefunden. (Lk 15,1)

Sie korrigiert aber auch das zugrundeliegende englische Original, in dem das Mitleid des Kaufmanns von London am Ende nicht obsiegen konnte, sondern die weltliche Gerichtsbarkeit ihr Urteil vollstreckte. Sowohl Lillo als auch Schröder haben das Gleichnis *Vom verlorenen Sohn* dahingehend abgewandelt, dass sie mit Figuren wie Trueman und Karl Adoptivbrüder und -neffen auf die Bühne gebracht haben, die im Kontrast stehen zum neidischen leiblichen, älteren Bruder der Bibel und mit ihrer Selbstlosigkeit entscheidend zur Pathossteigerung in den Stücken beitragen.

III. Kinderzucht, oder das Testament

Zu ganz ähnlichen dramatischen Verwicklungen und zu einem ganz ähnlichen versöhnlichen Schlusstableau kommt es in Schröders *Kinderzucht, oder das Testament* (1781):[18] Dort verkündigt am Ende der Hofrat seinen ‚Lieblingswunsch' mit folgenden Worten:

---

18 Das Stück fand zeitgenössisch Anklang beim Publikum, vgl. Allgemeiner Theater-Allmanach von Jahr 1782, Wien 1782, S. 51; Litteratur- und Theater-Zeitung, hrsg. v. Christian August von Betram, Berlin 1782, H. 18, S. 276–283; Christa Jansohn: Zweifelhafter Shakespeare. Zur Geschichte der Shakespeare-Apokryphen und ihrer Rezeption von der Renaissance bis zum 20. Jahrhundert, Münster 2000, S. 30 f.; 1804 wurde es in Wien aufgeführt, vgl. Friedrich Ludwig Schröder: Das Testament. Ein Lustspiel in vier Aufzügen. Von Schröder. Aufgeführt im k. k. Hoftheater, Wien 1804; Meyer (wie Anm. 7), Bd. 2, Hamburg 1819, S. 27. Am Hamburger Stadttheater wurde das Stück vier Mal gegeben, zwei Mal 1787 und zwei Mal 1791. In den Aufführungen des Jahres 1791 übernahm Schröder die Rolle des Georg Florbach, wie die Theaterzettel bekunden, vgl. den digitalen Spielplan des Hamburger Stadttheaters 1770–1850: <http://www.stadttheater.uni-hamburg.de/>, zuletzt: 8.2.2017.

Hofr. So wie wir hier sind – eine Familie auszumachen, bei einander zu wohnen, zu leben, und zu sterben.[19]

Die Familie, die sich am Ende des Stücks konstituiert, ist eine durch Heirat und Adoption erweiterte. Sie besteht aus Hofrat Wallner und seinen beiden wohlgeratenen Töchtern Henriette und Amalie, den dazugehörigen, moralisch defizitären Schwiegersöhnen Steinau und Franz Florbach sowie Vater und Onkel Florbach und schließlich dem von Onkel Florbach adoptierten Werneck. Die Handlung des Stücks sei kurz skizziert.

In der ersten Szene tauschen sich Onkel Florbach, unter dessen Obhut der verlorene Sohn Franz Florbach großgeworden war, und dessen leiblicher Vater, ein aus London gekommener Kaufmann, über ihren missratenen Neffen und Sohn aus. Dieser ist ein würdiger Nachfolger des biblischen verlorenen Sohnes: ein Zecher, Prasser, Schwindler und Betrüger. Mit Onkel und Vater stehen sich zwei Erziehungsprinzipien gegenüber: Strenge zum einen, Nachlässigkeit zum anderen. Als Franz dann allerdings die Bühne betritt und eine Kostprobe seiner Laster gibt, kann auch der nachgiebige Vater vom Handlungsbedarf überzeugt werden. Er initiiert eine Täuschungs- und Verkleidungsintrige, die das Bühnengeschehen in Gang setzt und durch die der Sohn innerhalb eines Sonnenumlaufs gebessert werden soll. Er täuscht seinen eigenen Tod vor und tritt in der falschen Identität eines alten Bediensteten des vermeintlich Verstorbenen auf. Er händigt Franz Florbach ein gefälschtes Testament aus, das seine Enterbung bekundet, dient sich seinem Sohn als Bediensteter an, um ihn in dieser Rolle dann sowohl beraten als auch belauschen zu können.

Er setzt vorrangig zwei pädagogische Mittel ein: Einerseits will er durch vermeintlichen Entzug der Erbschaft die wahren Gefühle seines Sohnes ihm gegenüber – unabhängig vom Geld – in Erfahrung bringen; andererseits soll der Sohn durch Verheiratung mit einer tugendhaften Frau auf den rechten Weg zurückgeführt werden. Vater Florbach scheitert mit seiner moralisch in vielerlei Hinsicht anstößigen Pädagogik, und Schröder führt ihn bis zum Punkt tiefster Desillusionierung. Er ist bereit, den Sohn in den Schuldturm

19 Friedrich Ludwig Schröder: Kinderzucht, oder das Testament. In: Friedrich Ludwig Schröders dramatische Werke, hrsg. v. Eduard von Bülow, Bd. 1, Berlin 1831, S. 297–360, hier S. 359. Zu Schröders Bearbeitung des englischen Originals vgl. Pfenniger (wie Anm. 3), S. 10–19. Pfennigers Urteil, Schröder habe „dieses kraftstrotzende, bunte Gemälde in ein farbloses Rührstück" (wie Anm. 3), S. 18, verwandelt, fällt ähnlich negativ wie Tiecks aus, vgl. (wie Anm. 1), S. LXXVIII f.

werfen zu lassen, damit dieser sein Vorhaben, Amalie Wallner nur um ihrer
Mitgift willen zu heiraten und sie dann zu verlassen, nicht in die Tat umset-
zen kann.

An diesem Punkt sind es dann vor allem Amalie Wallner und der im
Hause des Hofrats lebende Werneck, die sich als moralische Instanzen pro-
filieren können. Amalie bleibt ihrem vom Vater aufgenötigten Ehegelöbnis
an Franz Florbach treu, trotz der Aussichten auf dessen Verhaftung, eines
Lebens im Elend und der Verfluchung durch den Vater. Sie wird dadurch in
den Augen der Anwesenden und der Zuschauer zu „Stolz und [...] Ehre
ihres Geschlechts", da sie „die Welt lehrt, was Ehe sei".[20] Und als ebenso
hochherzig erweist sich Licentiat Werneck. Er hatte Amalie im Stillen geliebt, war aufgrund mangelnden Geldes allerdings von ernsthafter Werbung
von vornherein ausgeschlossen worden. Nun will er sein weniges Geld für
den unwürdigen Nebenbuhler geben, um dessen und mithin Amalies Elend
abzuwenden.

Es sind diese zwei selbstlosen Handlungen, die den Vater Florbach dazu
bewegen, die Intrige zu beenden, sich als noch lebender Vater erkennen zu
geben und seinen Sohn wieder als Erben einzusetzen. So wird die in Schröders *Kinderzucht* gezeigte Wendung des Dramas nicht durch die Besserung
und Läuterung des Sünders eingeleitet, sondern durch die exemplarischen,
durch Amalie und Werneck vorgeführten Akte der Vergebung. Amalie ist
sich sicher, ihre und Wernecks selbstlose Handlungen werden auch ihren
Vater überzeugen:

> Amal. Werneck! Werneck! – Gott belohne Sie dafür. O es soll Ihnen auch unverloren sein.
> – Mein Vater wird von unsrer Aufführung hören! – Unsre Bitten – die Bitten meiner
> Schwester – Ihre Bitten werden an sein Herz dringen, er wird uns für seine Kinder erken-
> nen. (nimmt Werneck die Wechsel aus der Hand und reicht sie Ernst.) Nehmen Sie, grau-
> samer Mann! nehmen Sie![21]

Es ist auffällig, dass – anders als in der biblischen Parabel *Vom verlorenen
Sohn* – hier die Vergebung nicht vom Vater ausgeht, sondern von der jungen
Generation, in der biblischen Figurenkonstellation gedacht also vom Bruder.
Und so ist es nur folgerichtig, dass Werneck am Ende mit einer Adoption in
die Familie Florbach-Wallner aufgenommen wird und damit in eine Ge-
schwisterposition aufrückt.

---

20 Ebenda, S. 357.
21 Ebenda, S. 356.

Die Position des Hausvaters ist in diesem Stück gleich dreifach besetzt, durch den Hofrat Wallner und die Brüder Florbach, und in diesem Panorama an Vaterfiguren sind deutliche Abstufungen in ihrer moralischen Wertigkeit zu erkennen. Insofern die Vergebung durch die jüngere Generation verkörpert wird und alle drei väterlichen Figuren in unterschiedlicher Ausprägung negativ dargestellt werden, wird die Instanz des Hausvaters insgesamt diskreditiert. Am nachteiligsten wird der leibliche Vater Georg Florbach gezeichnet: Er hatte in der Vergangenheit seinen Sohn Franz nicht selbst erzogen, sondern in die Obhut seines Bruders Ernst gegeben. In der Dramengegenwart will er nun durch die Intrige an seinem Sohn ein pädagogisches Schnellprogramm exekutieren, das nur durch Eingreifen Amalies und Wernecks nicht in der Katastrophe endet. Sein Bruder Ernst Florbach hat, so lassen es Aussagen des Stücks erkennen, in der Vergangenheit zu einseitig auf Strenge in der Erziehung von Franz gesetzt, so dass ihn eine Mitschuld an dessen lasterhaftem Charakter trifft. Auf der Bühne wird er jedoch als verzeihender als der leibliche Vater Georg Florbach gezeigt. Der entsprechende Nebentext lautet:

> ([M]an muß es Ernst ansehen, wie sauer es ihm wird, so strenge zu sein; nach jeder Rede sieht er Georg an, der auf Strenge besteht)[22].

Hofrat Wallner hingegen erscheint als positivste Vaterfigur, was sich vor allem an den Produkten seiner Erziehung, den beiden wohlgeratenen Töchtern Henriette und Amalie, zeigt. Und so darf er am Ende des Stücks auch die Kritik an den gescheiterten Vätern Florbach und seine pädagogische Maxime zum Besten geben, die die Dramenhandlung zu bestätigen scheint:

> Hofr. Beide seid Ihr aber an seinen Ausschweifungen Schuld, Ihr Herrn Brüder! – Lernt von mir Kinder erziehn. Seht einmal die fixen Mädchen an! so wie sie laufen konnten, haben gute und böse Worte, Ruthen und Geschenke bei ihnen abgewechselt – aber immer zur rechten Zeit.[23]

Ganz unangetastet bleibt allerdings auch dieser Vater nicht, denn er erscheint ebenso als komischer Alter, dessen Lieblingswünsche als fixe Ideen wirken. Metadramatisch führt sein Spleen, beide Töchter an einem Tag zu verheiraten, zu einer auf einen Sonnenumlauf konzentrierten Bühnenhand-

---

22 Ebenda, S. 355.
23 Ebenda, S. 359.

lung, dramenintern geht dieser Spleen auf Kosten Amalies, die möglichst
schnell mit dem zwielichtigen Franz verheiratet werden soll. Angesichts dieses Schwiegersohns verlässt sich Hofrat Wallner auf die Physiognomik:

> [D]ieses Gesicht kann nicht lügen! wenn Florbach nicht brav ist, so hohl der Henker alle
> meine physiognomischen Kenntnisse.[24]

Diese Sicherheit gerät zwischenzeitlich allerdings sehr ins Wanken und führt
auch dazu, dass Wallner die offensichtlichen Zeichen für Franzens Defizite
nicht wahrhaben will.

Seine zweite fixe Idee – die schon genannte Wunschvorstellung als eine
erweiterte Familie, ein ganzes Haus zusammenzuleben – vereinigt abschließend also eine Hausgemeinschaft, in der Zucht auch weiterhin von Nöten
ist. Der Titel des Stücks lässt sich nun aber nicht mehr allein als Züchtigung
der Kinder auslegen, sondern auch als eine Erziehung der Väter durch die
Kinder. Dieses Happy End einer erweiterten Adoptivfamilie ist übrigens ein
Zutun Schröders, es findet sich nicht im englischen Original, in Shakespeares *London Prodigal*. Dort schließt das Stück weitaus nüchterner:

> Flowerdale V.
> Auf Morgen lad' ich Euch nach Marktlane ein;
> Heut Abend bleiben wir in Bisams Haus,
> Und leeren volle Becher bei dem Schmaus. (Sie gehen Alle hinein.)[25]

Ob es sich bei diesem Text tatsächlich um ein Shakespeare-Drama handelt,
wurde und wird in der Forschung heftig diskutiert.[26] Dafür spricht das

24 Ebenda, S. 313.
25 Wilhelm Schlegel, Ludwig Tieck (Hrsg.): Nachträge zu Shakespeares Werken, übers. v.
    Ernst Ortlepp, Bd. 1, Stuttgart 1840, S. 88. Im englischen Original lautet der Schlusssatz:
    „To-morrow I crave your Companies in *Marklane.* / To-night we'll frolic in Mr. *Civet's*
    house, / And to each Health drink down a full Carouse", William Shakespear [sic]: The
    London Prodigal. A Comedy, London 1734, S. 130.
26 Für Shakespeares Autorschaft votiert Proufoot, Richard Proudfoot: Shakespeare's most
    neglected play. In: Textual Formations and Reformations, hrsg. v. L. E. Maguire, T. L.
    Berger, London 1998, S. 149–157. Im 20. Jahrhundert gehörte *The London Prodigal* auf
    deutschen Bühnen bis in die 1930er Jahre hinein zu den meist gespielten Shakespeare-
    Stücken; im 18. und 19. Jahrhundert wurde die Autorschaft von namhafter Seite ebenfalls
    nicht in Frage gestellt, wie Lessings Übersetzungsvorhaben, vgl. Anm. 4, Tiecks Überzeu-
    gung, vgl. (wie Anm. 1), S. LXXVIII, und die Aufnahme des Stücks in die von Schlegel
    und Tieck besorgte Ausgabe von Shakespeare-Übersetzungen zeigen, vgl. Schlegel, Tieck
    (wie Anm. 25), vgl. Jansohn (wie Anm. 18), S. 29–33. Gegen Shakespeares Autorschaft

Titelblatt, das noch zu Lebzeiten Shakespeares gedruckt wurde und die King's Men und damit das Globe Theater als Aufführungsort nennt.[27] Dagegen werden die für Shakespeare ungewöhnliche Handlungsstruktur eines Domestic Drama ins Feld geführt, der sprachliche Stil und weitere Qualitätskriterien, denen dieses Stück vorgeblich nicht genüge.[28]

Für diesen Beitrag ist die Verfasserfrage nachrangig. Die hier zitierte, textnahe deutsche Übersetzung von Ortlepp, herausgegeben von August Wilhelm Schlegel und Tieck, zeigt, dass das Stück im 18. und 19. Jahrhundert als ein Shakespeare-Drama rezipiert wurde. Wie auch bei Lillo hat Schröder in seiner freien Bearbeitung Drastisches gestrichen:[29]

Die Lasterhaftigkeit Flowerdale Juniors wird bei Shakespeare in ganz anderer Weise szenisch plastisch, hier tritt er wirklich in Szenen „[d]es Fluchens, Prunks, der Wüstheit, Trunkenheit"[30] auf, während die Laster bei Schröder weitaus stärker in berichtete Handlung verschoben, denn in actu gezeigt werden. Durch Schröders Abmilderung kann die handstreichartige Wandlung des Sünders der Shakespeare-Apokryphe etwas geglättet werden. Schröder hat Dramaturgisch-Handwerkliches geändert: das Figurenpersonal verschlankt, auf die drei Einheiten geachtet, den Handlungsort von London in eine deutsche Handelsstadt verlegt.

Zugleich hat er seine eigene ideell-moralische Handschrift über *The London Prodigal* gelegt. Denn alles, was zuvor ausgeführt wurde: über die Figur des Hofrates und seines Spleens vom Zusammenleben als erweiterte Adoptivfamilie, seine Erziehungsmaximen, seine positive Zeichnung, über die Figur Wernecks – all dies findet sich im Englischen so nicht. Tieck kommentiert Schröders Bearbeitung dementsprechend, und es ist abschätzig gemeint:

wenden sich: Lukas Erne: Shakespeare and the Book Trade, Cambridge 2013, S. 73; C. F. Tucker Brooke (Hrsg.): The Shakespeare Apocrypha: Being a Collection of Fourteen Plays which Have Been Ascribed to Shakespeare, Oxford 1908, S. XXX.

27 The London Prodigall. As it was plaide by the Kings Maiesties servants. By William Shakespeare, London 1603.

28 Vgl. Brooke (wie Anm. 26), S. XXX.

29 Tieck spricht im Allgemeinen davon, dass Schröder die „Liebe der Engländer zu oder ihre Stumpfheit gegen Anstößigkeiten" bzw. die „englischen Ausgelassenheiten und Unarten" durch Kürzungen entschärft habe (wie Anm. 1), Bd. 2, Berlin 1831, S. IV, VI.

30 Schlegel, Tieck (wie Anm. 25), S. 87.

Er hat auch in diesem Stücke, wie in den meisten, seinen moralisierenden didaktischen Whim.[31]

In den *Gefahren der Verführung* lässt sich das Glück mit Geld bemessen, 50.000 Thaler[32] benötigen der Adoptivsohn und der wiedergewonnene verlorene Sohn für eine ‚gute Handlung'; in *Kinderzucht* wird dem verlorenen Sohn bei guter Führung ein Erbe von einer „halben Million"[33] in Aussicht gestellt.

Nichtsdestotrotz reflektieren die Stücke auch die Ambivalenz einer Ökonomisierung der Lebenswelt: Geldgier und Prasserei werden durch Lina von Marin, der Intrigantin aus *Gefahren der Verführung* und durch Franz Flowerdale verkörpert; Barnwell/Millhof und wiederum Franz werden zu Diebstahl und Betrug verführt; sogar der ansonsten positiv gezeichnete Hofrat bemisst die Eignung der Schwiegersöhne mehr am Pekuniären denn am Moralischen.

IV. Die heimliche Heirat

Am stärksten wird dieser hart an Prostitution grenzende Heiratstauschhandel in Schröders *Die heimliche Heirat* (1771) einer Bearbeitung von Colman und Garricks Komödie *The clandestine marriage* (1766) akzentuiert.[34] Das Stück zeigt ein vorbildliches junges Paar, die tugendhafte Fanny Sterling und ihren Ehemann Lovewell, dessen einziges Vergehen – wie der Titel schon verrät – ihre heimliche Heirat und damit das Hintergehen der väterlichen Autorität und jener des Dienstherrn ist, denn Lovewell ist Sterlings Buchhalter. Dass dieses Verhalten verständlich ist, wird durch den Charakter des Vaters plausibel, der seinem sprechenden Namen ‚Sterling' alle Ehre macht und bei der Verheiratung seiner Töchter nur den finanziellen Gewinn im Auge hat. Darum lehnt er den armen, aber tugendhaften Lovewell, um des-

---

31 Tieck (wie Anm. 1), S. LXXX.
32 Diese Summe nennt auch Wallner zu Beginn als mögliche Mitgift für seine Tochter, vgl. Schröder (wie Anm. 14), S. 314.
33 Ebenda, S. 358.
34 Das Stück wurde am Hamburger Stadttheater zwischen 1771 und 1795 nahezu jährlich, mit je ein bis drei Aufführungen im Jahr gespielt, vgl. den digitalen Spielplan des Hamburger Stadttheaters 1770–1850: <http://www.stadttheater.uni-hamburg.de/, zuletzt: 8.2.2017. Zu Schröders Adaption aus dem Englischen vgl. Pfenniger (wie Anm. 3), S. 35–38.

sen Liebe für Fanny er weiß, als Schwiegersohn ab, was zu den weiteren Verwicklungen der Komödie Anlass gibt.

Fanny als Verkörperung des höchsten moralischen Guts weckt Begehrlichkeiten zunächst bei ihrem Schwager in spe und dann auch bei dessen Onkel, die nun alle um Fanny werben, bis die Entdeckung der heimlichen Hochzeit in höchster Not dann das versöhnliche Komödienende herbeiführen kann. Den Liebenden wird verziehen, aber nur durch die Fürsprache des Onkels, der dem uneinsichtigen Vater gleich zweimal seine Kaufmannsideologie vorhält:

> Sie beschwuren das auch, Herr Sterling, aber Ihre Kaufmannsgesetze werden Sie vermuthlich davon lossprechen, denn Sie machen wohl niemals eine Bilanz ohne salvo errore![35]

In diesem Fall konnte sich Schröder auf das Übersetzen beschränken, denn diese Kritik an einer bürgerlichen Ökonomisierung der Lebenswelt findet sich bereits im englischen Original, wie überhaupt diese erste Adaption Schröders aus dem Englischen als eine Übersetzung, nicht wie die *Gefahren der Verführung* und *Kinderzucht* als eine freie Bearbeitung aufzufassen ist.

V. Resümee

Die Überlegungen zu Schröders ‚moralischem Whim' von Adoptivfamilie und ganzem Haus zeigen, dass das Unterhaltungstheater des 18. Jahrhundert als Bestandteil einer ambitionierten Aufklärungsästhetik[36] angesehen werden kann, insbesondere zu den Lessing'schen Dramen treten sie in engen Kontakt. In Aufklärungsdramen wie Lillos *The London Merchant,* Voltaires *Mahomet* oder Lessings *Nathan der Weise* findet eine Anbindung der Kaufmannsethik und Familienmoral ans Weltpolitische und Interreligiöse statt.[37] Das freie Zirkulieren von Waren und Geld sowie das freie Zirkulieren von Ideen

---

35 Friedrich Ludwig Schröder: Die heimliche Heirath. In: Friedrich Ludwig Schröders dramatische Werke, hrsg. v. Eduard von Bülow, Bd. 1, Berlin 1831, S. 1–54, hier S. 53.

36 Johannes Birgfeld, Claude D. Conter: Vorbemerkung: Das Unterhaltungsstück um 1800. Funktionsgeschichtliche und gattungstheoretische Vorüberlegungen. In: Dies. (Hrsg.): Das Unterhaltungsstück um 1800: literaturhistorische Konfigurationen, Signaturen der Moderne: zur Geschichte des Theaters als Reflexionsmedium von Gesellschaft, Politik und Ästhetik, Hannover 2007, S. VII–XXIV, hier S. XII.

37 Vgl. hierzu Marion Schmaus: Novalis und die Islam-Diskurse der Zeit (Voltaire, Lessing, Herder, Goethe). In: Blütenstaub. Jahrbuch für Frühromantik 5 (2017).

gehen auf den dramatischen Bühnen des 18. Jahrhundert auch vor dem Hintergrund eines Adam Smith eine enge Verbindung ein,[38] und dies soll zu wirtschaftlich-kulturell vermittelten Gemeinschaften führen, die ihre Konflikte über friedlichen (Aus-)Tausch und Öffentlichkeit mit Intimität vermitteln.

Allerdings hat Schröder in seinen Bearbeitungen englischer Stoffe und in seinen dramatischen Realisierungen eines ganzen Hauses die zeitgenössische weltpolitische Konnotation dieser Metapher weitgehend gekappt.[39] Bei Schröder bleibt das Utopische scheinbar auf die privaten Hausgemeinschaften beschränkt – es sei denn, man wollte die metadramatischen Momente seiner Stücke, die angesprochenen ‚Aufführungen' und ‚Handlungen' auch auf das ganze Haus des Theaters und der Theaterfamilie beziehen, dann wäre in diesem Kontext Schröders theaterreformerische Tätigkeit zu würdigen, etwa seine Einführung einer ‚Schauspielerkasse'.[40]

---

38 Vgl. hierzu Claudia Nitschke: Das natürliche System des Marktes. Lessings *Nathan der Weise* und Adam Smiths *Wealth of Nations*. In: S. Nieberle, C. N. (Hrsg.): Gastlichkeit und Ökonomie. Wirtschaften im deutschen und englischen Drama des 18. Jahrhunderts, Berlin, Boston 2014, S. 177–202.

39 Arntzen spricht von „Privatkomödien", vgl. Helmut Arntzen: Die ernste Komödie: das deutsche Lustspiel von Lessing bis Kleist, München 1968, S. 117, Pfenniger unterstreicht das Unpolitische von Schröders „Sittengemälden" (wie Anm. 3), S. 101.

40 Vgl. Karl Fritz Heise: Friedrich Ludwig Schröder als Organisator des Theaters, Göttingen 1955. Zu Schröders Theaterreformen vgl. auch den Beitrag von Jacqueline Malchow in diesem Band.

„Ich hab' ihn gereizt, seine Vorwürfe verdient." Schröders Hamburger „Kaufmann von Venedig" – eine philosemitische Bearbeitung?

I. *Shylock und die jüdische Emanzipation*

> Des Juden Absicht seh' ich freylich ein. Nichts als die pünktlichste Erfüllung der Bedingung würd' ihn befriedigen. Aber ich hab' ihn gereizt, seine Vorwürfe verdient. Vorurtheile der Erziehung und des Umgangs machen auch den Vernünftigsten gegen sein Volk ungerecht. Mich diesem Kontrakte zu unterwerfen ist eine Art von Genugthuung, von Wiedererstattung […].[1]

Es sind unter anderem diese wie eine Apologie für Shylock klingenden Worte Antonios in Friedrich Ludwig Schröders Bearbeitung des *Kaufmann von Venedig,* die in der Forschung die Frage aufgeworfen haben, inwieweit der Kontext der beginnenden jüdischen Emanzipation die Bearbeitung beeinflusst haben und ob es sich gar um eine philosemitische Bearbeitung handeln könnte.[2] Unter der jüdischen Emanzipation wird allgemein für den westeuropäischen Raum der Prozess der Wandlung der rechtlichen, beruflichen und sozialen Stellung der Juden hin zu gleichberechtigten Staatsbürgern im Zeitraum von ca. 1770–1880 verstanden.[3]

1777, im Jahr der Erstaufführung des *Kaufmann von Venedig* auf der Hamburger Bühne, steckte diese Idee im deutschsprachigen Raum noch in den

---

1 Friedrich Ludwig Schröder: Der Kaufmann von Venedig. Ein Lustspiel in fünf (korrigiert: vier) Aufzügen, nach Shakespeare. Soufflierbuch, SUB Hamburg: Theater-Bibliothek 429b, I.5, S. 21/20.

2 Vgl. z. B. Renata Häublein: Die Entdeckung Shakespeares auf der deutschen Bühne des 18. Jahrhunderts: Adaption und Wirkung der Vermittlung auf dem Theater, Tübingen 2005, S. 263 f.

3 Vgl. Jakob Katz: Aus dem Ghetto in die bürgerliche Gesellschaft. Jüdische Emanzipation 1770–1870, Frankfurt a. M. 1988, S. 11 f.; Michael Brenner, Stefi Jersch-Wenzel, Michael A. Meyer (Hrsg.): Deutsch-jüdische Geschichte der Neuzeit, Bd. 2: Emanzipation und Akkulturation 1780–1871, München 1996, S. 11.

Kinderschuhen und nahm in der öffentlichen Diskussion weit weniger Raum ein als in den folgenden Jahren und Jahrzehnten. Die Bearbeitung, die Schröder zusammen mit seinem Freund Friedrich Wilhelm Gotter entwickelte, hielt sich im 18. Jahrhundert von 1777–1795 unter Schröders erster und zweiter Direktion am Hamburger Stadttheater; von 1812–1822 wurde sie erneut in Hamburg aufgeführt und erst 1827 von einer Bearbeitung der Schlegel'schen Übersetzung abgelöst.[4] Da ihre Entwicklung in diesen 45 Jahren in Form zweier handschriftlicher Manuskripte[5] sowie eines Druckes[6] dokumentiert ist, eignet sich die kontinuierliche Be- und Umarbeitung dieser speziellen Inszenierung besonders gut als Zeitzeugnis, um zu untersuchen, inwieweit die Entwicklungen speziell auf dem Hamburger Stadttheater den Diskurs und die sozialhistorischen Entwicklungen in diesem Bereich tatsächlich widerspiegeln. Außer von Renata Häublein und Jacqueline Malchow gibt es zu diesem Thema bisher keine nennenswerte Forschung.[7]

Auch eignet sich besonders die Figur des Shylock, in der Bearbeiter, Schauspieler und Zuschauer eine „Nagelprobe ,wahrer Toleranz'"[8] gegenübersteht, für die Untersuchung dieser Frage. Mit Shylock betrat im 18. Jahrhundert ein Novum die deutsche Bühne. Die ambivalenten Deutungsmöglichkeiten der Figur, die sich durch eigenes Handeln und im Kontext der sie umgebenden Figuren ergeben, bieten Bearbeitern und Schauspielern einen weit größeren Interpretationsspielraum als die in tradierten

---

4   Vgl. die Aufführungsdaten des *Kaufmann von Venedig* in der Datenbank: *Das Hamburger Stadttheater (1770–1850)* (<www.stadttheater.uni-hamburg.de>, zuletzt: 2.1.2017), die im Rahmen des DFG-Projektes *Bühne und Bürgertum* unter Leitung von Bernhard Jahn und Claudia Maurer Zenck erstellt wurde. Alle im Folgenden zitierten Theaterzettel und auf den Hamburgischen Addreß-Comtoir-Nachrichten beruhenden Angaben sind ebenfalls in der Datenbank zu finden.

5   Das bereits in Anm. 1 genannte Soufflierbuch sowie die Abschrift desselben: Friedrich Ludwig Schröder: Der Kaufmann von Venedig. Ein Lustspiel in vier Aufzügen, nach Shakespeare. Inspektionsbuch, SUB Hamburg: Theater-Bibliothek 429a.

6   Friedrich Ludwig Schröder: Der Kaufmann von Venedig. Ein Lustspiel in vier Aufzügen von Schröder, Wien 1791.

7   Vgl. Häublein (wie Anm. 2), S. 264–278; Jacqueline Malchow: Der Hamburger Kaufmann von Venedig. Übersetzung, Bearbeitung und Inszenierung von Schröder bis Schlegel. In: B. Jahn, C. Maurer Zenck (Hrsg.): Bühne und Bürgertum. Das Hamburger Stadttheater (1770–1850), Frankfurt a. M. 2016, S. 489–516, bes. S. 499 f., 502–505.

8   Elmar Goerden: Der Andere. Fragmente einer Bühnengeschichte Shylocks im deutschen und englischen Theater des 18. und 19. Jahrhunderts. In: H.-P. Bayerdörfer (Hrsg.): Theatralia Judaica. Emanzipation und Antisemitismus als Momente der Theatergeschichte. Von der Lessing-Zeit bis zur Shoah, Tübingen 1992, S. 129–163, hier S. 129.

Bühnenklischees verhafteten, burlesk-komischen jüdischen Nebenrollen und die als aufklärerisch-didaktisches Moment konzipierten jüdischen Protagonisten im Stile von Lessings *Nathan der Weise,* die zu dieser Zeit die deutschsprachigen Bühnen bevölkerten.

Erstere werden dem Umfang von Shylocks Text und seiner Handlung im Stück nicht gerecht; im Gegensatz zu Letzteren widersetzt er sich ganz explizit jener Form von selbstverleugnender „Toleranz", die der Zeitgeist in Figuren wie Nathan auf die Bühne brachte. Wo Nathan beinahe an der Grenze zur Aufgabe seiner jüdischen Identität fragt:

> Sind
> Wir unser Volk? Was heißt denn Volk?
> Sind Christ und Jude eher Christ und Jude,
> Als Mensch?[9]

will Shylock nicht zuerst als Mensch und erst im Nebensatz – wenn überhaupt – als Jude gelten, sondern will Mensch und Jude *zugleich* sein. „I am a Jew", stellt er fest und will wissen:

> If a Jew wrong a Christian, what is his humility? Revenge! If a Christian wrong a Jew, what should his sufferance be by Christian example? – why revenge![10]

Damit unterscheidet er sich grundlegend von als solchen kaum mehr kenntlichen Judenfiguren wie Nathan und widerspricht auch derjenigen Art von „Toleranz", die in der Debatte um die jüdische Emanzipation eine völlige Assimilierung erhoffte oder gar forderte. Hierin liegt seine Problematik für die Bühne des 18. Jahrhunderts – und zugleich sein Potential.

II. Schröders Hamburger Bearbeitung

Schröder entschied sich, den *Kaufmann von Venedig* aufzuführen, nachdem er das Stück zuvor im selben Jahr in Prag unter der Direktion Franz Joseph Fischers gesehen hatte. Die Rollenkonzeption des Prager Shylock scheint vom beginnenden Diskurs um die jüdische Emanzipation unberührt zu sein.

---

9 Ephraim Gotthold Lessing: Nathan der Weise: ein dramatisches Gedicht, in fünf Aufzügen: Studienausgabe, hrsg. v. K. Bremer, V. Hantzsche, Stuttgart 2013, II.5, VV. 67–70.

10 William Shakespeare: The Merchant of Venice, hrsg. v. J. R. Brown, London ²2005, III.1, VV. 51–60.

Tatsächlich erinnert das Bild, das sich von Shylock unter Fischers Direktion zusammensetzen lässt, eher an Charles Macklins Darstellung eines „faszinierend dämonischen Rächer[s]"[11] auf dem Londoner Theatre Royal, Drury Lane als an die auf der deutschen Bühne des 18. Jahrhunderts typischen Judenrollen; ein Zusammenhang, der auch in der Wahl der Worte deutlich wird, mit denen diese beiden Interpretationen der Figur bisher von der Forschung charakterisiert wurden.[12]

Auch die Rollengestaltung eines weiteren bedeutenden Shylock-Darstellers, August Wilhelm Iffland, der Shylock sowohl ab 1783 in Mannheim als auch zu Beginn des 19. Jahrhunderts in Berlin spielte, ignoriert die sozialhistorischen Entwicklungen. Sie steht stattdessen ganz in der Tradition des Bühnenjuden als burlesk-komischer Lustspielfigur und trägt der Komplexität Shylocks im Original nicht Rechnung.[13]

Was die Hamburger Bearbeitung betrifft, so lassen sich auf der Textebene einander widersprechende Tendenzen beobachten. Wie die Prager und später die Mannheimer Bearbeitung weist sie Simplifizierungen sowohl auf struktureller Ebene als auch bei der Charakterisierung der Figuren auf. Hervorzuheben ist hier einerseits die Streichung des V. Aktes nach einigen wenigen Vorstellungen, was das Hauptaugenmerk auf den Konflikt zwischen Shylock und Antonio verlagert,[14] andererseits insbesondere die Streichung der Figur Jessica, der Tochter Shylocks, aus dem aktiven Bühnengeschehen. Deren Flucht und Diebstahl kommen nur in Szenen vor, die im Dialog berichtet werden, wodurch sämtliche Interaktion zwischen Jessica und Shylock entfällt, der somit nie aktiv in seiner Rolle als Vater auf der Bühne zu sehen ist. Die Zuschauer können sich so weniger mit ihm identifizieren; sowohl seine Rolle als verlassener Vater als auch der Verrat Jessicas als für ihn menschlich tragisches Ereignis sind von geringerer Bedeutung als im Originaltext, da sie nicht aktiv vom Publikum miterlebt werden. „Alack,

---

11 Andreas Höfele: Judengestalten im englischen Theater (1700–1900). In: H.-P. Bayerdörfer (Hrsg.): Theatralia Judaica. Emanzipation und Antisemitismus als Momente der Theatergeschichte. Von der Lessing-Zeit bis zur Shoah, Tübingen 1992, S. 115–128, hier S. 121.

12 Vgl. z. B. Häublein (wie Anm. 2), S. 259; Gunnar Och: Imago Judaica: Juden und Judentum im Spiegel der deutschen Literatur 1750–1812, Würzburg 1995, S. 188.

13 Vgl. z. B. Häublein (wie Anm. 2), S. 296–301.

14 Schröder hierzu in seinem Brief vom Abend der Erstaufführung an Gotter: „Das allgemeine Urtheil aber war, der letzte Act sey nicht interessant genug." Friedrich Ludwig Schröder: Schröder und Gotter: eine Episode aus der deutschen Theatergeschichte. Briefe Friedrich Ludwig Schröders an Friedrich Wilhelm Gotter. 1777 und 1778, hrsg. v. B. Litzmann, Hamburg, Leipzig 1887, Brief v. 7.11.1777, S. 86 f.

what heinous sin is it in me / To be ashamed to be my father's child?",[15] fragt sich Jessica bei Shakespeare. Solche Zweifel bekommen die Zuschauer in Schröders Bearbeitung nicht zu hören. Der Transfer des Konflikts und der von der Figur gezeigten Emotionen auf die eigene Situation, der im Sinne von Lessings Mitleidsästhetik essentiell für die Identifikation des Publikums mit einer Figur ist, findet hier nicht statt.

Der Konflikt zwischen Shylock und Antonio, der sich im Original sehr deutlich auch als religiös fundiert darstellt, ist in der Schröder'schen Bearbeitung auf eine persönlichere Ebene verlagert. Textstellen von allen Figuren, die ihn als religiös motiviert charakterisieren, sind gekürzt oder verändert, so dass sie oft keinen Bezug mehr auf den jeweiligen Glauben der Beteiligten nehmen. Gerade die venezianischen Christen werden so durch das Wegfallen zahlreicher judenfeindlicher Kommentare aufgewertet, und besonders Antonio wird die Ambivalenz des Originals genommen.

Diese Tatsache sowie das bei Shakespeare nicht vorhandene Eingeständnis Antonios, er habe Shylock aufgrund judenfeindlicher Vorurteile ungerecht behandelt und sich dessen Groll zu Recht zugezogen, müssten, so könnte man meinen, auch eine positive Wirkung auf die Wahrnehmung der Figur Shylock haben, doch ist das Gegenteil der Fall: Obwohl auch dessen religiös motivierte Spitzen gegen die Christen gestrichen sind, zeigt er im Verlauf des Stückes keinerlei ähnlich einsichtige Charakterzüge, sondern ist durchgehend verbittert, schadenfroh, rachsüchtig und unbelehrbar. Die in voraufklärerischen Verhaltensstrukturen verbleibende Figur Shylock muss daher im Kontrast zu dem mit aufgeklärten Denkmustern und mit Einsicht in seine eigenen kulturell bedingten Vorurteile ausgestatteten Antonio gerade wegen dessen Verständnisses umso unvernünftiger und unsympathischer wirken. Es ist nicht zu klären, inwieweit Schröder sich dieser Problematik bewusst war.

Besonders deutlich wird der Kontrast zwischen Antonio und Shylock, der einer philosemitischen Deutung des Stücks auf der Textebene entgegenwirkt, in beider Einstellung zu Geld und den Menschen, die ihnen nahestehen. Shylocks extremer Geiz wird wiederholt betont, so auch in der Szene mit seinem Landsmann Tubal, dem er 10 Dukaten verspricht, wenn dessen gute Nachrichten über Antonios Verluste stimmen; gleich darauf „vergisst" er dieses Versprechen jedoch wieder. Geldgier ebenso sehr wie Hass ist das

15   Shakespeare (wie Anm. 10), II.3, VV. 16 f.

Motiv für sein freudiges Antizipieren der Vernichtung Antonios. Als er erfährt, dass dieser seine Schulden nicht wird bezahlen können, frohlockt er:

> Ich hab' ihn, ich hab' ihn – seine Verschreibung ist um – er muß dran – ich muß sein
> Herz haben. – Ist er nicht mehr in Venedig, kann ich alle Geschäfte machen, die ich will,
> kann ich Tochter und Dukaten verschmerzen.[16]

Die Aussicht auf ungehinderte Geschäfte und zukünftige große Gewinne ist
Shylock wichtiger als der Verlust seiner Tochter. Zwar lässt auch Shakespeare
ihn sagen: „I will have the heart of him if he forfeit, for were he out of Venice I can make what merchandise I will",[17] doch findet sich kein Wort
davon, dass ihn dies über Jessica hinwegtröste.

Antonio hingegen sind Menschen wichtiger als Geld. Dies kommt zum
einen in seiner Hilfsbereitschaft Bassanio gegenüber zum Ausdruck: Das
Stück beginnt nicht wie bei Shakespeare mit seiner Melancholie; stattdessen
drängt Antonio Bassanio gleich zu Beginn, ihm mitzuteilen, ob er ihm – auch
finanziell – bei seinen Problemen behilflich sein kann. Er wird sofort als
edelmütiger Mann eingeführt, der seinen Freunden größere Priorität ein-
räumt als Geld. Anders als im Original verlässt er sich jedoch nicht nur auf
seine in alle Welt verstreuten Schiffe. Schröder erfindet einen Kassierer hinzu, der am nächsten Morgen mit 5.000 Dukaten bei ihm in Venedig an-
kommen soll, wohl um für das Hamburger Publikum die Seriosität des
Kaufmanns Antonio zu betonen. Im Gegensatz zu Shylock ist Antonio zwar
von seinem materiellen Verlust getroffen, doch darüber hinaus vor allem
menschlich enttäuscht, als sein Kassierer ihn verrät und sich mit dem Geld
davonmacht. „Es ist hart – aber Zufall – wer kann mit dem Zufall rechten?", sagt er über den Verlust der Schiffe samt Ladung, um dann fortzufah-
ren:

> Doch daß Menschen mich verrathen müssen! Daß ein Jüngling, den ich erzogen hatte,
> den ich wie ein Kind hielt –.[18]

Dass dies gleich auf die Szene zwischen Tubal und Shylock folgt, in der dieser nur wenige Sätze zuvor den Vorrang von Geld vor dem Verlust und
Verrat seiner Tochter betont, macht den Kontrast eklatant.

---

16 Schröder: Der Kaufmann von Venedig, Soufflierbuch (wie Anm. 1), I.9, S. 67/49, 68.
17 Shakespeare (wie Anm. 10), III.1, VV. 114–116.
18 Schröder: Der Kaufmann von Venedig, Soufflierbuch (wie Anm. 1), II.10, S. 69/50.

Da Schröder als Theaterdirektor das Publikum sowohl zufriedenstellen als auch moralisch-sittlich erziehen wollte, eröffnet sich angesichts der Verlagerung des Konfliktes von der religiösen auf die säkulare Ebene, die sich primär um divergierende und vom jeweilig anderen als verwerflich angesehene Geschäftspraktiken dreht, gerade in einer Handelsstadt wie Hamburg eine interessante Interpretationsmöglichkeit.

In Antonio und Shylock als den Hauptfiguren der Schröder'schen Bearbeitung stehen sich zwei Geschäftsmänner gegenüber, die sich in vielen Punkten ähneln: Beide sind reich, beide betreiben in derselben Stadt ihre Geschäfte, beide erleiden sowohl finanzielle als auch menschliche Verluste, und beide haben die Gelegenheit, anderen Menschen gegenüber Großzügigkeit zu beweisen. Doch ihre Reaktionen, ihre grundlegende Einstellung zu Geld, Menschen und Geschäftspraktiken werden dem Publikum als einander diametral entgegengesetzt vorgeführt: Auf der einen Seite steht Antonio, der im Rahmen der Sympathielenkung des Publikums als Identifikationsfigur und Vorbild für den geschäftstüchtigen und gleichzeitig philanthropischen, moralisch denkenden und handelnden Kaufmann fungiert. Shylock dagegen dient als Negativbeispiel: Wo Antonio großzügig ist, ist er geizig, wo Antonio Menschen wichtig sind, liegt ihm Reichtum mehr am Herzen als selbst seine Tochter, und wo Antonio Einsicht in seine menschlichen Fehler zeigt, ist Shylock bis zum Ende uneinsichtig. Darüber hinaus versucht er, sich mittels eines Vertrages, der zwar legal, aber moralisch verwerflich ist, Rache und dadurch letztendlich einen finanziellen Vorteil zu verschaffen.

Renata Häublein wirft zu Recht eine bedenkenswerte Frage auf, wenn sie feststellt, es sei paradox, Shylocks Rachegelüste primär finanziell zu motivieren, um so den religiösen Aspekt zu umgehen, da diese Darstellung sich „‚des Topos' vom jüdischen Geiz und somit wieder eines diskreditierenden charakterlichen Emblems der vermeintlich jüdischen Natur"[19] bediene. Aus heutiger Sicht kann diese Tatsache kaum judenfreundlich interpretiert werden. Dieser Ansatz ist jedoch nicht so paradox, wie er zunächst erscheint, bedenkt man die Tatsache, dass die große Mehrheit der „Toleranz" verfechtenden Aufklärer gegen Ende des 18. Jahrhunderts diesen Begriff nicht so verwendete, wie er heute verstanden wird. Alte Vorurteile gegen Juden blieben zumindest teilweise bestehen oder verlagerten sich, wie in Schröders Bearbeitung, von der religiösen auf eine säkulare Ebene, wobei die juristischen Rahmenbedingungen, die das Leben der Juden bestimmten und ihnen

---

19 Häublein (wie Anm. 2), S. 275.

vielerorts fast alle Berufszweige außer Handel und Geldverleih untersagten, diese Sichtweise unterstützten.

Der Spätaufklärer Christian Conrad Wilhelm von Dohm, der 1781 mit dem ersten Teil seiner Schrift *Über die bürgerliche Verbesserung der Juden* einen zentralen Anstoß zur Debatte um die Stellung der Juden auf rechtlicher und auch gesellschaftlicher Ebene im deutschsprachigen Europa lieferte, vertrat z. B. den Standpunkt, die Kritik an der jüdischen Moral und Lebensweise sei berechtigt, wenn auch die ihnen zur Last gelegten Missstände den schlechten Lebensumständen geschuldet seien, unter denen die Juden zu existieren gezwungen seien.[20] „Mangelnde[...] Geschäftsmoral" der Juden und als „ausschließliches Motiv purer Eigennutz", dessentwegen sie „selbst gegen ihre eigene jüdische Ethik verstießen"[21] waren auch von gebildeten Aufklärern gehegte Vorurteile und ein Motiv, das sich im Hamburger Shylock exemplarisch wiederfindet. Es lässt sich nicht bestimmen, ob dies von den Bearbeitern so beabsichtigt war oder ob es sich um das Resultat der inkonsistenten Versuche handelt, Shylocks antagonistisches Verhalten von seiner Religionszugehörigkeit zu lösen, um eventuell so eine bessere Basis für die Gegenüberstellung der beiden Kaufleute und ihrer Geschäftsmoral zu entwickeln.

Unklar ist schließlich ebenfalls, was die Bearbeiter in der Gerichtsszene zum Streichen der Zwangstaufe veranlasst hat. Zwar ist es wahrscheinlich, dass Schröder die im beginnenden Emanzipationsdiskurs entstehende Kontroverse um jüdische Taufen bekannt war, und es ist nicht auszuschließen, dass er darauf Rücksicht nahm, doch könnte diese Entscheidung ebenso aus der Motivation heraus getroffen worden sein, Antonio weiter aufzuwerten. Dass Shylock auch ohne die Erniedrigung und die weitreichenden Konsequenzen, die eine Konversion für einen Juden – sowohl zu Shakespeares als auch zu Schröders Zeiten – gehabt hätte, den Saal mit dem bei Shakespeare nicht vorhandenen Ausruf: „Lorenzo! Jeßika! Alles vermachen! Der letzte Stoß! Der letzte Stoß!"[22] verlässt, zeigt ein letztes Mal seinen Geiz und den Kontrast zwischen ihm und Antonio auf.

---

20 Vgl. Christian Conrad Wilhelm von Dohm: Über die bürgerliche Verbesserung der Juden, Berlin, Stettin 1781, S. 35. Vgl. Heinrich Detering: „der Wahrheit, wie er sie erkennt, ge treu". Aufgeklärte Toleranz und religiöse Differenz bei Christian Wilhelm Dohm. In: Zeitschrift für Religions- und Zeitgeschichte 54 (2002), S. 326–351.

21 Mordechai Breuer, Michael Graetz: Deutsch-jüdische Geschichte der Neuzeit, Bd. 1: Tradition und Aufklärung 1600–1780, München 1996, S. 151.

22 Schröder: Der Kaufmann von Venedig, Soufflierbuch (wie Anm. 1), IV.4, S. 126/87.

Ein weiterer Faktor, der einer philosemitischen Interpretation entgegenwirkt, ist die Gestaltung der Szene zwischen Tubal und Shylock, in der Tubal Neuigkeiten über den Verbleib von Jessica und Antonios Schiffen und dessen Kassierer liefert, da sie der generellen Tendenz des Stückes, das Judentum Shylocks nicht explizit als eine ihn diskreditierende Eigenschaft darzustellen, in eklatantem Gegensatz gegenübersteht. Diese Szene wirkt unvereinbar mit der sonstigen Charakterisierung und, wie sich später zeigen wird, der insgesamt eher ernsthaften Darstellung Shylocks auf der Bühne, denn sie bedient bei beiden Figuren klassische jüdische Bühnenklischees:

> Ach, Tubal! Kömmst Du ehrlicher Tubal? Nu? meine Tochter? meine Dukaten? – O weh mir! warum siehst Du so finster? Auh! – Auh! – Auh![23]

Gleich dieser erste Ausruf Shylocks, dessen letzte Worte als „karikierende Nachahmung orientalischen Wehklagens"[24] identifiziert werden können, stimmt auf den Rest der Szene ein, der nicht weniger grotesk wirkt. Auch Tubal wehklagt mehrmals auf diese Weise – so z. B. über seinen schmerzenden, bei Shakespeare nicht existenten Buckel – und Shylocks schon bei Shakespeare schnelle Gefühlsumschwünge zwischen Wut einerseits, wenn er von Jessicas und Lorenzos Verprassen seines Geldes hört, und Freude andererseits, wenn er von Antonios Verlusten erfährt, sind hier noch heftiger als im Originaltext.

Die Veränderungen an dieser Szene, die nur einen lächerlichen Effekt haben können, lassen sich als Konzession an das Publikum erklären, das Komik erwartete, denn ein Stück mit prominenten Judenrollen, aber ohne die gängigen Bühnenklischees, war für das Hamburger Publikum der Zeit ungeeignet, bedenkt man, wie es explizit antijüdischen Vorurteilen entgegenwirkende Stücke rezipierte.[25] So wurde z. B. die Hamburger Erstaufführung von Josef von Pauersbachs *Der redliche Bauer und großmüthige Jud oder der glückliche Jahrtag* 1776, nur ein Jahr vor der Erstaufführung des *Kaufmann von Venedig*, ausgepfiffen und so laut und insistent von den Unmutsbekun-

---

23 Ebenda, I.9, S. 62.
24 Häublein (wie Anm. 2), S. 273.
25 Carl Ludwig Costenoble erklärt sich diese Szene in seinem Tagebuch ebenfalls als Publikumskonzession. Vgl. Carl Ludwig Costenoble: Carl Ludwig Costenobles Tagebücher von seiner Jugend bis zur Übersiedlung nach Wien (1818), Bd. 1: Auf Grundlage der Originalhandschrift mit Einl. u. Anm. hrsg. v. A. von Weilen, Berlin 1912, S. 39; zit. nach: Monty Jacobs: Deutsche Schauspielkunst. Zeugnisse zur Bühnengeschichte klassischer Rollen. Gesammelt v. Monty Jacobs. Neu bearb. u. hrsg. v. E. Stahl, Berlin 1954, S. 345.

dungen der Zuschauer gestört, dass die Vorstellung vorzeitig abgebrochen werden musste. Das Stück wurde danach auf dem Stadttheater nicht wieder aufgeführt.[26]

Der als Idealfigur konzipierte Protagonist Moses Mellheim erfüllte die zeitgenössischen Erwartungen an eine komische Judenrolle nicht, und das Hamburger Publikum konnte sich nicht für die Widerlegung antijüdischer Vorurteile erwärmen, die das Stück ihm stattdessen bot. Die Tatsache, dass Lessings *Nathan der Weise* erst 1803, 20 Jahre nach der Uraufführung in Berlin, sein Debüt auf der Hamburger Bühne gab,[27] dürfte ebenfalls mit dem Geschmack des Publikums im Zusammenhang stehen. Sein Biograph Meyer schreibt, Schröder habe geglaubt, „das Stück werde für die Menge keinen Reiz haben"[28].

Auch Lessings früheres judenfreundliches Stück *Die Juden* war in Hamburg wenig erfolgreich; es wurde 1771 drei Mal, danach nicht wieder aufgeführt.[29] Wahrscheinlich ist, dass sich Schröder bei der Bearbeitung des *Kaufmann von Venedig* an diese Misserfolge erinnerte und einem ähnlichen, auch finanziell enttäuschenden Ergebnis durch die Verwendung gängiger Bühnenklischees zumindest in dieser einen Szene vorzubeugen suchte.

Im Zusammenhang mit dieser Szene fällt weiterhin auf, dass Schröder Shylocks Monolog, in dem er die Gemeinsamkeiten von Juden und Christen als menschlichen Wesen – auch in Bezug auf Rache – postuliert, nach hinten verschoben hat. Er findet erst nach der Szene mit Tubal statt, in der Shylock unverhohlene Freude über den Verrat an Antonio und dessen bevorstehenden Tod zeigt, und wirkt daher eher wie eine Rechtfertigung für Shylocks grausame Rache als wie ein Plädoyer für Toleranz, das Mitleid für den zu Unrecht von Antonio schlecht behandelten Juden und den von Salarino und Solanio wegen der Flucht und des Diebstahls seiner Tochter verhöhnten Vater evozieren könnte.

---

26 Vgl. Johann Friedrich Schütze: Hamburgische Theater-Geschichte, Hamburg 1794, S. 450. Als einzige Aufführung des Stücks auf dem Hamburger Stadttheater wird die Erstaufführung vom 22.7.1776 verzeichnet. Vgl. Hamburgische Addreß-Comtoir-Nachrichten 1776, 57 (22.7.1776), S. 455.

27 Vgl. Theaterzettel v. 21.12.1803.

28 Friedrich Ludwig Wilhelm Meyer: Friedrich Ludwig Schröder. Beitrag zur Kunde des Menschen und des Künstlers. Erster Theil, Hamburg 1819, S. 321.

29 Vgl. Hamburgische Addreß-Comtoir-Nachrichten 1771, 47 (20.6.1771), S. 384, 47 [sic] (24.6.1771), S. 393, 75 (26.9.1771), S. 608.

III. Schröders Darstellung Shylocks auf der Bühne

Auch die schauspielerische Darstellung Shylocks auf der Hamburger Bühne war nicht frei von Ambivalenzen, doch lässt sich im Zusammenhang mit dem Text eine differenzierte Interpretation der Figur ableiten. In Hamburg wurde Shylock während seiner ersten und zweiten Direktionszeit von Friedrich Ludwig Schröder selbst gespielt.[30] Leider liegen der Forschung keine bildlichen Zeugnisse und nur zwei zeitgenössische Beschreibungen seiner Interpretation vor. Carl Ludwig Costenoble findet in seinem Tagebuch sowohl lobende als auch kritische Worte:

> Er gab ihn durchaus ohne Anklang eines gemein jüdischen Dialekts, trat stolz und sich seines Reichtums bewußt auf, so daß sich in der Folge seine ganze Darstellung großartig gestaltete. Nur behagte mir erstens nicht, daß er in der Tracht eines polnischen Juden mit einem an beiden Seiten aufgekrempelten Hute erschien und so bis zu Ende spielte [...].[31]

Schröder verzichtete also auf die Nachahmung des Jiddischen, die zu dieser Zeit zur Kennzeichnung gerade komischer Judenrollen oft üblich war und derer sich z. B. Iffland in Mannheim und Berlin bediente,[32] und spielte einen selbstsicheren reichen Juden, der, so könnte man interpretieren, sich mit den Venezianern auf einer gesellschaftlichen Stufe stehend empfand. Es ist nicht bekannt, ob Schröder für eine derartige Darstellung Vorbilder unter den sephardischen Großhändlern Hamburgs hatte, doch ist dies im Hinblick auf den natürlichen Schauspielstil, dem er sich verpflichtet sah und der die Beobachtung und Nachahmung von Menschen als Grundlage der Schauspielkunst auf der Bühne postulierte, nicht auszuschließen.[33] Unklar ist ebenfalls, warum Schröder das Kostüm eines polnischen, also aschkenasischen Juden wählte, denn gerade bei einem sephardischen Vorbild für seine schauspielerische Darstellung wäre dies eine Inkonsistenz. Doch könnte die Kostümwahl bühnenpraktische Gründe gehabt und für das Publikum, das überdies im täglichen Leben, wenn überhaupt, eher mit der in Hamburg zahlenmäßig größeren Gruppe der aschkenasischen Juden zu tun hatte, als charakteristisches Erkennungszeichen gedient haben.

---

30 Seine Besetzung der Rolle kann zweifelsfrei für 1777 sowie für 1788–1795 nachgewiesen werden; vgl. Schütze (wie Anm. 26), S. 461; Theaterzettel v. 16.10.1788–19.01.1795.

31 Costenoble, S. 39, zit. nach Jacobs (wie Anm. 25), S. 345.

32 Vgl. z. B. Max Martersteig (Hrsg.): Protokolle des Mannheimer Nationaltheaters unter Dalberg aus den Jahren 1781 bis 1789, Mannheim 1890, S. 224; Häublein (wie Anm. 2), S. 296 ff.

33 Vgl. z. B. Heinz Kindermann: Conrad Ekhofs Schauspieler-Akademie, Wien 1956, S. 63 f.

Das zweite Zeugnis stammt von Johann Friedrich Schütze, der über Schröders Shylock von 1777 in seiner *Hamburgischen Theater-Geschichte* schreibt:

> Schröder errang als Jude Shylok neue Lorbeern in dem Kranze seines Ruhmes. Eine trefliche Nachahmung jüdischer Sitte und Benehmens, mit dem feinsten Beobachtungsgeiste der Judennatur abgelauscht. Sprachton, Händeschlagung und Geberdung im Handel und Wandel, hatte dieser große Nachahmer der menschlichen Natur und Sitte sich eigen zu machen und zu veredeln gewust.[34]

In dieser Beschreibung wird die Gefahr der Vermischung von realem Vorbild und Bühnenfigur deutlich, denn wo der Zuschauer auf der Bühne die „Judennatur" zu entdecken glaubt, besteht die Möglichkeit, dass „auch Handeln und Charakter Shylocks als Mimesis der ‚Judennatur' verstanden werden".[35] Schützes Beschreibung verdeutlicht hier exemplarisch die problematische Interdependenz von bühnenpraktischen Gegebenheiten, Publikumserwartungen und Alltagserfahrungen, die vom Zuschauer undifferenziert miteinander vermischt werden und ein verzerrtes Bild von den jüdischen Mitmenschen entstehen lassen. Doch deutet das Wort „Veredelung" darauf hin, dass Schröder trotz der ins Lächerliche geschriebenen Szene mit Tubal insgesamt keine Harlekinade in jüdischen Kleidern gab.

Darüber hinaus wandte sich Schröder gerade in der Zeit der Erstaufführung des *Kaufmann von Venedig* vom komischen Rollenfach dem Fach der Charakterrollen zu und war generell bemüht, dem Zuschauer auch bei negativen Figuren ein gewisses Potential zur Identifikation zu bieten, was als Indiz für eine insgesamt ernsthafte Darstellung Shylocks gedeutet werden kann.[36] Dafür allerdings, dass er die Figur „an die Grenze des Tragischen gespielt hat"[37], wie Hans-Peter Bayerdörfer es ausdrückt, gibt es keinen Beleg. Auch bietet sich der Text für eine solche Interpretation nicht an: Shylock ist trotz bzw. gerade wegen Antonios Schuldeingeständnisses zu sehr Antagonist, als dass er einen wirklich tragischen Eindruck hervorrufen könnte.

---

34 Schütze (wie Anm. 26), S. 461.
35 Goerden (wie Anm. 8), S. 131.
36 Vgl. Häublein (wie Anm. 2), S. 277.
37 Hans-Peter Bayerdörfer: „Harlekinade in jüdischen Kleidern?". Der szenische Status der Judenrollen zu Beginn des 19. Jahrhunderts. In: H. Denkler, H.-O. Horch (Hrsg.): Conditio Judaica: Judentum, Antisemitismus und deutschsprachige Literatur; interdisziplinäres Symposium der Werner-Reimers-Stiftung Bad Homburg, Bd. 2: Vom 18. Jahrhundert bis zum ersten Weltkrieg, Tübingen 1989, S. 92–117, hier S. 103.

Es lohnt sich, auch einen kurzen Blick auf die Besetzung des Tubal in Hamburg zu werfen: Ein „Herr Michaud" wird auf den Theaterzetteln von 1788–1795 als Besetzung Tubals angegeben,[38] über dessen Rollenfach am Hamburger Stadttheater Schütze schreibt: „Michaud, komische Bediente, höchstens in ein paar niedrigkomischen Rollen, Dümmlingen brauchbar".[39] Die Besetzung Tubals mit einem Schauspieler aus dem komischen Rollenfach gliedert sich nahtlos in die Tradition der burlesk-komischen jüdischen Nebenrollen ein und bekräftigt die Annahme, Schröder habe dem Publikum zumindest an dieser Stelle die gewohnte vergnügliche Kost bieten wollen.

IV. Textänderungen im Laufe der Aufführungsgeschichte

Im Laufe der 45 Jahre, in denen sich das Stück, wenn auch mit größeren zeitlichen Lücken, auf der Hamburger Bühne hielt, kam es besonders nach 1791 zu textlichen Veränderungen, die die Frage nach der Bearbeitung als einer philosemitischen weiter legitimiert haben dürften.[40] Betrachtet man die Entwicklung des Diskurses um die jüdische Emanzipation in Hamburg, so überrascht dieser Zeitpunkt nicht. Erst ab den 1790er Jahren entstand auch dort ein allgemeineres Bewusstsein für die Problematik, und erst zu Ende des ersten Viertels des 19. Jahrhunderts öffnete sich die Hamburger Gesellschaft ihren jüdischen Mitgliedern auch auf der gesellschaftlich-sozialen statt wie bisher nur auf der geschäftlichen Ebene.[41]

Maßgeblich für die Frage nach der Darstellung Shylocks im Kontext der fortschreitenden Debatte ist besonders das gesteigerte Bemühen, ihn mehr als Individuum denn als Juden darzustellen. So wird z. B. nach 1791 im vierten Akt insgesamt 20 Mal die Bezeichnung „Jude" gestrichen; 11 Mal wird sie durch „Schylock" ersetzt, 9 Mal entfällt sie ersatzlos. Die Entwicklung eines Bewusstseins für die Problematik Shylocks wird besonders an dieser Textveränderung sichtbar; unklar bleibt jedoch, warum nicht auch im restlichen Stück das Wort „Jude" entfernt bzw. durch Shylocks Namen ersetzt

---

38 Vgl. Theaterzettel v. 16.10.1788–13.1.1795.

39 Schütze (wie Anm. 26), S. 525.

40 Diese Datierung ist möglich, da die fraglichen Veränderungen sich im Druck von 1791 noch nicht finden, also nach der Anfertigung desselben in die Manuskripte eingearbeitet worden sein müssen.

41 Vgl. Arno Herzig: Die Juden in Hamburg 1780–1860. In: A. Herzig (Hrsg.): Die Juden in Hamburg 1590 bis 1990, Hamburg 1991, S. 61–76, hier S. 62–67.

wird – auch hier wird die Inkonsistenz deutlich, die sich durch die gesamte Bearbeitung zieht.

Die nach 1791 stattfindenden Änderungen können bis auf eine Ausnahme nicht genau datiert werden; bei dieser Ausnahme handelt es sich allerdings um eine der hervorstechendsten Veränderung am Text: An drei verschiedenen Stellen des Soufflierbuches befinden sich nachträglich eingeheftete Bögen, auf denen vollständige Szenen umgeschrieben bzw. ergänzt wurden, die in ihrer neuen Fassung der 1799 publizierten Schlegel'schen Versübersetzung folgen. Es handelt sich hier ausnahmslos um Textstellen, die den Text und somit die Charakterisierung Shylocks betreffen; besonders signifikant ist die Veränderung der Szene mit Tubal, der das Burleske gänzlich genommen wurde. Sowohl Tubals als auch Shylocks lächerlich wirkendes Wehklagen sind gestrichen, ebenso andere diskreditierende Details, die Schröder hinzuerfunden hatte: Weder wird Shylocks Geiz betont, indem er Tubal das leere Versprechen einer finanziellen Belohnung macht, noch verkündet er, er könne den Verlust Jessicas verschmerzen.

Darüber hinaus ist die ursprüngliche Szenenfolge wiederhergestellt: Shylocks Monolog über Christen und Juden findet sich nun wieder vor der Szene mit Tubal und der Nachricht von Antonios Zahlungsunfähigkeit und wirkt daher nicht mehr wie eine Rechtfertigung seiner Rache. Diese nachträglich eingefügten, nach Schlegel geänderten Szenen scheinen zunächst dazu zu dienen, Shylock im Vergleich zu der bis mindestens 1795 verwendeten Fassung der Bearbeitung insgesamt weniger niederträchtig darzustellen und ihn dem Publikum ein größeres Potential zur Empathie als zuvor bieten zu lassen. Allerdings ist diese Veränderung höchstwahrscheinlich den Gastauftritten Ludwig Devrients geschuldet, der sowohl 1816 als auch 1822 den Shylock am Hamburger Stadttheater spielte.[42] In einer Rezension der *Deutschen Blätter für Poesie, Litteratur, Kunst und Theater* findet sich folgende Aussage über eine Hamburger Aufführung des *Kaufmann von Venedig* im Jahr 1822:

> [W]undern Sie sich nicht, daß Devrient, der Gast, den Shylock nach Schlegel sprach; das ganze übrige Personal aber in einer breiten Prosa herumarbeitete, die zehnmal mehr an Gottscheds als an Göthes Jahrhundert erinnerte.[43]

Da Devrient seit 1815 den Shylock in Berlin nach der Schlegel'schen Übersetzung gab, liegt die Vermutung nahe, dass er Shylocks Text in der ihm

---

42 Vgl. Theaterzettel v. 10.5.1816 und v. 16.8.1822.
43 Deutsche Blätter für Poesie, Litteratur, Kunst und Theater 1823, XII (21.1.1823), S. 48.

geläufigen Fassung bereits 1816 mit nach Hamburg brachte.[44] Ob dieser Entwicklung allein eine Forderung Devrients, den gewohnten Text beizubehalten, zugrunde liegt – was am wahrscheinlichsten ist – oder ob dies auch einem vielleicht ohnehin vorhandenen Wunsch der Direktion entgegenkam, die Figur Shylock mit mehr Identifikationspotential auszustatten, ist nicht zu klären.

Abschließend noch ein kurzer Hinweis auf ein Textzeugnis, das für Verwirrung sorgen könnte: In der Hamburger Staats- und Universitätsbibliothek findet sich ein Druck des *Kaufmann von Venedig*, herausgegeben 1804 in Wien unter dem Titel: *Der Kaufmann von Venedig. Ein Lustspiel in fünf Aufzügen: Für das Hamburger Theater bearbeitet von Schröder*.[45] Auf den ersten Blick scheint es sich um eine signifikante Umarbeitung der Schröder'schen Bearbeitung hin zu mehr Originaltreue zu handeln: Die zuvor als aktive Figur gestrichene Jessica nimmt wieder am Geschehen teil, was Shylock auf der Bühne als Vater mehr Identifikationspotential bieten würde; die Szenenfolge stimmt mit dem englischen Original überein, und der gestrichene V. Akt ist wieder vorhanden. Doch eine genauere Untersuchung enthüllt die Problematik dieses Drucks, bei dem es sich nicht um eine Bearbeitung des Stückes für die Bühne handelt, sondern der vielmehr, inklusive sämtlicher Regieanweisungen, Wort für Wort der Übersetzung Johann Joachim Eschenburgs gleicht. Nur in kleinstem Umfang wurde versucht, den Text mehr wie eine für das Theater eingerichtete Bearbeitung aussehen zu lassen: Nach Ende des I.–IV. Aktes findet sich der bei Eschenburg nicht vorhandene Regiezusatz: „(Der Vorhang fällt.)"[46] Das Prädikat „Schröder", so scheint es, hat als reine Werbemaßnahme des Herausgebers gedient.

V. Fazit

Zusammenfassend lässt sich feststellen, dass die Schröder'sche Bearbeitung des *Kaufmann von Venedig* und auch die Bühnendarstellung des von Schröder gespielten Shylock bereits seit der Erstaufführung zwar als weniger judenfeindlich als zeitgenössische Bearbeitungen bzw. Darstellungen – gerade im 18. Jahrhundert – gelten können und dass sich im Laufe der Jahre ein dezi-

---

44 Vgl. Morgenblatt für gebildete Stände 1815, 141 (14.6.1815), S. 564.
45 Friedrich Ludwig Schröder: Der Kaufmann von Venedig. Ein Lustspiel in fünf Aufzügen: Für das Hamburger Theater bearbeitet von Schröder, Wien 1804.
46 Ebenda, S. 25, 58, 88, 111.

diertes Bewusstsein für die Problematik der Figur im Lichte der beginnenden jüdischen Emanzipation entwickelt hat und sich auch in den Veränderungen des Textes widerspiegelt.

Aufgrund der Inkonsistenz der Umsetzung, theaterpraktischer Gegebenheiten wie der Rücksichtnahme auf den Publikumsgeschmack und letztlich nicht vollständig zu klärender Fragen nach den Motiven für manche Textänderungen, sowohl gegenüber dem Originaltext als auch hinsichtlich der Bearbeitungsgeschichte des Stückes, kann man sie jedoch nicht als philosemitisch bezeichnen.

Dramatische Fremdvölkerkunde:
Schröders Bearbeitung von George Colmans Singspiel „Inkle und Yarico"

I.

„Will man ein Shakspearisch Stück sehen, so muß man wieder zu Schröders Bearbeitung greifen".[1] Mit diesen Worten verneigt sich der Theaterleiter Goethe in einem 1815 entstandenen, aber erst 1826 publizierten Nachtrag zu *Shakespear und kein Ende!* vor seinem großen Hamburger Kollegen und tritt damit energisch all' jenen entgegen, die „Shakespear auf der deutschen Bühne Wort für Wort aufführen" lassen wollten, ohne jede Kürzung oder Bearbeitung. Dieser Position erteilt Goethe aus bühnenpraktischer Perspektive eine klare Absage, Shakespeares Ende wäre dann schon nach „wenigen Jahren"[2] erreicht.

Schröder hingegen „hielt sich ganz allein ans Wirksame, alles andere warf er weg".[3] Schon in *Dichtung und Wahrheit* (3. T., 1814) lobt Goethe Schröders Adaptionen englischer Lustspiele, die im Original meist ins „Weite", „Grenzenlose" tendieren und oft auf „Mißhandlung von Personen" beruhen:

Schröder hat an diesen Dingen mehr getan als man gewöhnlich weiß; er hat sie von Grund aus verändert, dem deutschen Sinne angeähnlicht, und sie möglichst gemildert.[4]

Friedrich Ludwig Schröder hat Shakespeare wie kein anderer durch seine Textfassungen, Inszenierungen und eigenen Rollendarstellungen in Deutsch-

---

1   Johann Wolfgang: Goethe: Sämtliche Werke nach Epochen seines Schaffens. Münchner Ausgabe, hrsg. v. Karl Richter u. a., 21 Bde., München 1985–1998, Bd. 11.2, S. 185; fortan zitiert: MA und Angabe des Bandes.
2   Ebenda.
3   Ebenda, S. 184.
4   MA 16, S. 602.

land bekannt gemacht.[5] Nach dem legendären *Hamlet* (1776) kamen in rascher Folge *Othello* (1778), *Der Kaufmann von Venedig* (1778), *Maß für Maß* (1778), *König Lear* (1778), *Heinrich IV.* (1779) und *Macbeth* (1779) auf die Bühne in Hamburg[6] bzw. durch Gastspiele z. B. in Berlin oder auf das Burgtheater in Wien, dem Schröder 1780–1785 als Direktor vorstand. Goethe hat ihm in der Gestalt Serlos ein geheimes Denkmal im *Wilhelm Meister* gesetzt. Wilhelms Übersetzung des *Hamlet* für Serlos Wandertruppe werden von Diskussionen mit dem Prinzipal begleitet, der das Stück für die Bühne einrichtet und kürzt. Serlo spricht dem textgläubigen Wilhelm allen Mut zu, in einem Trauerspiel alles, „was eben nicht gehen wolle noch könne, abzustreichen, mehrere Personen in Eine zu drängen", um die Sache so überhaupt erst bühnentauglich zu machen.[7] Lessing empfiehlt im 12. Stück der *Hamburgischen Dramaturgie* ebenfalls, man müsse „die englischen Stücke von ihren Episoden erst entladen, wenn wir unsere Bühne glücklich damit bereichern wollen".[8] Dank solcher Straffungen währten Schröders Bearbeitungen nur in Ausnahmefällen länger als zwei Stunden und beteiligten in der Regel nur sechs bis acht Personen am Spiel; auf dem Deckblatt erhaltener Bühnenmanuskripte ist die Spieldauer für jeden einzelnen Akt oft minutengenau angegeben, was interessante Rückschlüsse auf das zeitgenössische Sprechtempo erlaubt.[9]

Neben Shakespeare bearbeitete Schröder eine lange Reihe weiterer englischer Dramen. Damit kommt er Lessings Urteil aus dem 17. Literaturbrief entgegen, dass der englische Geschmack den Deutschen viel näher stehe, „daß das Große, das Schreckliche, das Melancholische, besser auf uns wirkt

---

5   Vgl. Nina Birkner: Hamlet auf der deutschen Bühne – Friedrich Ludwig Schröders Theatertext, Dramentheorie und Aufführungspraxis. In: C. Zelle (Hrsg.): Das achtzehnte Jahrhundert 31 (2007), H. 1, S. 13–30.

6   Vgl. die folgenden Aufsätze: Jacqueline Malchow: Der Hamburger Kaufmann von Venedig. Übersetzung, Bearbeitung und Inszenierung von Schröder bis Schlegel; Martin Jörg Schäfer: Schröders und Bocks *King Lear*-Bühnenadaptionen der 1770er. Eschenburgs Kommentar als dramaturgischer Baukasten. Beide Beiträge in: B. Jahn, C. Maurer (Hrsg.): Zenck Bühne und Bürgertum. Das Hamburger Stadttheater (1770–1850), Frankfurt a. M. u. a. 2016, S. 489–516, 517–539.

7   MA 5, S. 293.

8   Gotthold Ephraim Lessing: Werke und Briefe in 12 Bdn., hrsg. v. Wilfried Barner u. a., Bd. 6, Frankfurt a. M. 1985, S. 245.

9   Paul F. Hoffmann: Friedrich Ludwig Schröder als Dramaturg und Regisseur, Berlin 1939, S. 141 f.

als das Artige, das Zärtliche, das Verliebte" und Regelhafte der Franzosen.[10] Ludwig Tieck hebt in seiner langen, wohlwollenden Einleitung zur vierbändigen Ausgabe von Schröders *Dramatischen Werken* (1831)[11] einige wichtige Adaptionen aus dem Englischen hervor, zu denen noch weitere hinzukommen: Fanny Burneys Roman *Eveline, or a Young Lady's Entrance into the World* (*Victorine oder Wohlthun trägt Zinsen;* III), Susanna Centlivres *A Bold Stroke for a Wife* (*Die vier Vormünder*), Colley Cibbers *She would and she would not* (*Die Wankelmüthige, oder Der weibliche Betrüger,* II), George Colmans d. Ä. und David Garricks *The Clandestine Mariage* (*Die heimliche Heirat;* I), William Congreves *The Double-Dealer (Der Arglistige)* und *Love for Love (Die väterliche Rache, oder Liebe für Liebe),* John Crowns *Sir Courtly Nice, or it cannot be* (*Die unmögliche Sache;* I), Richard Cumberlands *The Brothers* (*Das Blatt hat sich gewendet;* III); George Farquhars *The Constant Couple* (*Der Ring;* II) und dessen Fortsetzung *Sir Harry Wildair* (*Der Ring, oder Die unglückliche Ehe durch Delikatesse;* IV), Henry Fieldings *The Wedding Day* (*Um sechs Uhr ist Verlobung;* III), John Fletchers *Rule a Wife and have a Wife* (*Stille Wasser sind tief;* II), Samuel Footes *The Author (Der Autor),* Oliver Goldsmiths *She Stoops to Conquer, or the Mistake of a Night* (*Irrthum auf allen Ecken;* III), Sophia Lees *The Chapter of Accidents* (*Glück bessert Thorheit;* II), Edward Moores *The Foundling* (*Wer ist sie?* IV) und *The Gamester* (*Beverley oder Der Spieler;* III), Arthur Murphys *All in the wrong* (*Die Eifersüchtigen oder Keiner hat Recht;* III), Frederick Pilons *The Deaf Lover* (*Der taube Liebhaber;* I), Richard Brinsley Sheridans *School for Scandal* (*Die Lästerschule*) sowie Thomas Southernes *Fatal Mariage* (*Die unglückliche Heurath;* II).

Johann Joachim Eschenburg, der Schröders Schauspiele in seiner *Dramatischen Bibliothek* (1793) „zu den gegenwärtigen Lieblingsstücken unsers Theaters" zählt, bemerkt zu den zahlreichen Adaptionen:

Seine eignen dramatischen Versuche sind zwar grösstentheils, was die Erfindung betrifft, Nachahmungen und Umbildungen; sie haben aber doch, durch die Vertauschung der

---

10 Lessing: Werke und Briefe (wie Anm. 8), Bd. 4, S. 500.

11 Friedrich Ludwig Schröders dramatische Werke, hrsg. v. Eduard von Bülow. Mit einer Einleitung von Ludwig Tieck. Erste vollständige Ausgabe, Berlin 1831, S. III–LXIV. Auf die in dieser vierbändigen Ausgabe enthaltenen Adaptionen aus der englischen Literatur wird in der folgenden Aufstellung mit der römischen Bandnummer verwiesen. Vgl. auch Else Pfenniger: Friedrich Ludwig Schröder als Bearbeiter englischer Dramen, Phil. Diss., Zürich 1919.

fremden und deutschen Sitten, und durch andre mit Einsicht getroffene Abänderungen, viel Eigenthümliches erhalten.[12]

II.

Im Folgenden soll die Eigentümlichkeit des Schauspiels *Incle und Jariko* untersucht werden, das 1788 als Bearbeitung von George Colmans (d. J.)[13] Singspiel *Inkle and Yarico* (1787) für das Sprechtheater entsteht und am 11. und 13. März 1788 in Hamburg aufgeführt wird, mit Schröder in der Rolle des Gouverneurs *(vgl. Abb. 1)*. Im Druck erscheint das Stück 1794 in der *Sammlung von Schauspielen für's Hamburgische Theater*.[14] Schröder hatte schon zu Beginn seiner Hamburger Zeit zwischen 1770 und 1777 *Incle und Yarico* mehrfach als pantomimisches Ballett choreographiert.[15]

Colmans Oper war in England eines der am häufigsten gespielten Stücke überhaupt. Schon in den ersten fünf Wochen seit der Uraufführung vom 4. August 1787 am Heymarket Theatre in London, das Colman seit 1789 leitete, brachte sie es zu 20 Aufführungen. Dann wurde das Stück auch an Covent Garden inszeniert und bis 1800 insgesamt 164 Mal in London gegeben. Diesen ungeheuren Erfolg begleiteten 11 unterschiedliche Ausgaben.[16] Zu dem großen Interesse bemerkt der berühmte Schauspieler John Philip Kemble, dessen Frau eine erfolgreiche Darstellerin der Yarico war, in seinen Erinnerungen:

---

12 Johann Joachim Eschenburg: Dramatische Bibliothek, eine charakteristische und mit Proben ihrer Schauspiele begleitet Anzeige der vorzüglichsten dramatischen Dichter älterer und neuerer Zeit, Berlin, Stettin 1793, S. 365 f.
13 Tieck (wie Anm. 11, S. LVII) schreibt das Stück fälschlich Georg Colman d. Ä. (1732–1794) statt d. J. (1762–1836) zu.
14 Incle und Jariko. Ein Schauspiel in drey Aufzügen. Nach dem Englischen des George Colman. In: Sammlung von Schauspielen für's Hamburgische Theater, Bd. 4, Schwerin: Bödner 1794, S. 1–80. Fortan zitiert nach diesem Erstdruck: IuJ. In der vierbändigen Werkausgabe (wie Anm. 11) findet sich das Stück in Bd. IV, S. 131–168.
15 Die Datenbank *Bühne und Bürgertum. Das Hamburger Stadttheater 1770–1850* weist für den Zeitraum von 1770 (also noch unter Ackermanns Direktion) und 1777 12 Aufführungen nach: <http://www.stadttheater.uni-hamburg.de/>, zuletzt: 1.12.2016.
16 Vgl. die kommentierte Textsammlung von Frank Felsenstein (Hrsg.): English Trader, Indian Maid. Representing Gender, Race, and Slavery in the New World. An Inkle and Yarico Reader, Baltimore, London 1999, S. 167–169; George Colman the Younger and Thomas Morton: Plays, hrsg. v. Barry Sutcliffe, Cambridge u. a. 1983, S. 24.

Mit hoher Obrigkeitlicher Bewilligung

wird heute,

Donnerstags, den 13 März, 1788,

aufgeführt:

Incle und Yarico,

ein Schauspiel in drey Aufzügen, nach dem Englischen
des jüngern Collmann.

Personen:

Sir Christopher Carrey, Gouverneur von Barbados.	Schröder.
Narcissa, seine Tochter.	Madame Eule.
Incle, ein Kaufmann.	Herr Zuccarini.
Medium, sein Onkel.	Herr Dengel.
Capitain Campley.	Herr Klingmann.
Patty, Narcissens Mädchen.	Madame Löhrs.
Trudge, Incles Handlungsdiener.	Herr Langerhans.
Jarico, ⎫ Indianerinnen.	Demoiselle Kallmes.
Wowski, ⎭	Madame Langerhans.
Ein Steuermann.	Herr Eule.
Pflanzer.	
Matrosen.	
Indianer.	
Bediener des Gouverneurs.	
Ein Kellner.	

Hierauf folgt:

Der schwarze Mann,

eine Posse in zwey Aufzügen, nach dem Französischen,
von Gotter.

Personen:

Johnson, ein Engländer.	Herr Löhrs.
Mistriß Johnson, dessen Frau.	Madame Eule.
Betty, ihr Kammermädchen.	Madame Klingmann.
Flickwort, ein Theater-Dichter.	Herr Zuccarini.
Quick, ein Wirth.	Herr Eule.
Frau Quick, dessen Frau.	Madame Kallmes.
Friz, ihr Kind.	
Peter, ⎫	
Hanns, ⎬ Aufwärter.	
Christoph, ⎭	

Erster Rang, 2 Mark. Zweiter Rang, 1 Mark 8 Schillinge. Parterre, 1 Mark.
Gallerie, 8 Schillinge.

Logen sind nur bey dem Cassirer im Opernhofe, Vormittags von 10 bis 1 Uhr, zu
bestellen.

Jedes Billet ist nur für den Tag gültig, an dem es gelöset wird.

Nur die Bediente, die ihre Herrschaften begleiten, haben freyen Eintritt.

Der Ordnung wegen kann Niemand, weder bey den Proben, noch unter der Vorstellung,
aufs Theater gelassen werden.

Der Anfang ist präcise um 6 Uhr.

F. L. Schröder.

Abb. 1.

The interest in some degree was caught from the original tale in the Spectator, but carried home to every heart by the happiest skill: and the additional characters, whether solid or whimsical, were so judiciously conceived by their author, and so admirably sustained by their performers, that it is highly probable, this piece will continued to be acted, when many of his more laboured compositions are only known in the closet. So much superior in point of dramatic effect is a piece founded on a simple and well-known story, to the untried inventions of the richest fancy.[17]

Wie Kemble andeutet, ist der literarisch weitverbreitete, historische Stoff tatsächlich für die große Aufmerksamkeit verantwortlich. Der empörende Fall aus der britischen Kolonialgeschichte, der im deutschsprachigen Raum u. a. von Johann Jakob Bodmer, Christian Fürchtegott Gellert, Salomon Gessner und Friedrich Carl von Moser aufgegriffen wird,[18] erzählt von einem in Amerika gestrandeten und von einer Einheimischen geretteten Europäer, der sie trotz der entstandenen Liebesbande – und in manchen Versionen auch eines gemeinsamen Kindes – auf der Rückreise in der englischen Karibikkolonie Barbados aus Habgier als Sklavin verkauft. Im Kontext des kulturkritischen Postkolonialismus sowie der völkerkundlichen literarischen Anthropologie hat der Fall unter den Namen Inkle und Yarico großes Interesse gefunden,[19] liefert er doch ein verbürgtes Beispiel für das Stereotyp vom sittlichen Naturzustand ‚Edler Wilder' im Kontrast zur Verrohung vermeintlich zivilisierter europäischer Kolonialisten.

Dem von Kemble erwähnten Artikel Richard Steeles in der Wochenschrift *The Spectator* (1711) – übersetzt von Luise Adelgunde Victorie Gottsched in *Der Zuschauer* (1739) – gehen zwar noch Reiseberichte von Jean Mocquet *Voyages en Afrique, Indes orientales et occidentales* (1617) und von Richard Ligon *A True and Exact History of the Island of Barbados* (1657) voran, doch bleibt der *Spectator* die literarische Hauptquelle.[20] Im *Spectator* wird „die Historie von Inkle und der Yarico" von einer Dame als Exempel nach Ligons Bericht erzählt, um dadurch Vorurteile über die Unbeständigkeit und Leichtsinnigkeit des weiblichen Geschlechts zu widerlegen.

---

17 James Boaden: Memoirs of the Life of John Philip Kemble, Philadelphia 1825, S. 209.
18 Vgl. Florian Gelzer: Inkle und Yarico in Deutschland: Postkoloniale Theorie und Gattungsgeschichte im Konflikt. In: German Quarterly 77 (2004), S. 125–144.
19 Vgl. Felsensteins Textsammlung (wie Anm. 16).
20 Vgl. Isabel Kunz: Inkle und Yariko. Der Edle Wilde auf den deutschsprachigen Bühnen des ausgehenden 18. Jahrhunderts, Diss., München 2007, S. 21–44 (online Universitätsbibliothek München).

Der etwa 20-jährige Kaufmann Inkle, der im Sommer 1647 vor Amerikas Küste im Sturm Schiffbruch erleidet, sich aber im Unterschied zu seinen Mitreisenden vor den Angriffen von Eingeborenen in die Wälder retten kann, wird von Anfang an durch seine Profession als charakterlich determiniert vorgestellt: Er sei von seinem Vater von früh auf „zu einem vollkommenen Rechenmeister" und damit zum „Gewinnste" und zur starken „Begierde zum Nutzen" erzogen worden.[21] Diese ‚Anlage' fungiert in dem kurzen Text als Harmatia und Entlastung zugleich. Sie soll den menschenverachtenden Verrat und Verkauf der schwangeren Yarico, die sich auf den ersten Blick in Inkle verliebt hatte, ihn errettete und dafür die Ehe von ihm versprochen bekam, nachvollziehbar herleiten, so empörend und abwegig der vorgeschützte – offenbar puritanisch motivierte[22] – Zeit- und Zinsverlust auch immer sein mag.

Auch Gellert rückt in seinem Erzählgedicht *Inkle und Yariko* „Die Liebe zum Gewinnst" in dem durch „Schwerdt" und „Geiz" zum Christentum bekehrten Amerika ins Zentrum des Geschehens.[23] In der Schlusssentenz wird der größte Bösewicht aller Zeiten in belehrend-moralisierendem Ton für seine Untaten angeprangert. Colmans Dramatisierung des kurzen Prosastücks von Steele sowie Schröders nachfolgende Adaption bieten weniger aufdringliche Morallehren, da die tragische Handlung am Ende in eine Verwechslungskomödie gewendet wird. Beim Versuch, Jariko auf Barbados in die Sklaverei zu verkaufen, gerät Incle nämlich ausgerechnet an Sir Christopher Carrey, den Gouverneur der britischen Karibikinsel, der ihm aufgrund seines guten kaufmännischen Rufs die eigene Tochter zur Frau geben wollte.[24] Nun lernt der aufrechte Sir Christopher seinen prospektiven Schwieger-

---

21 Der Zuschauer 1 (1739), 11. Stück, S. 49–54, hier S. 52. Das englische Original zeigt Felsenstein (wie Anm. 16, S. 84 f.) als Faksimile.

22 Die geistigen Grundlagen für Max Webers Studie *Die protestantische Ethik und der Geist des Kapitalismus* (1904/05) finden sich bereits in englischen Romanen der Frühaufklärung, etwa Daniel Defoes *Robinson Crusoe* (1719). Vgl. Ian Watt: Der bürgerliche Roman. Aufstieg einer Gattung: Defoe – Richardson – Fielding, Frankfurt a. M. 1974.

23 Christian Fürchtegott Gellert: Inkle und Yariko. In: Ders.: Gesammelte Schriften. Kritische, kommentierte Ausgabe, hrsg. v. Bernd Witte, Bd. 1, Berlin, New York 2000, S. 70–74, 289, hier S. 70 (VV. 1, 9 f.).

24 Für Colman ergab sich diese Pointe eher zufällig aus der dramaturgischen Logik, vgl. Colman (wie Anm. 16), S. 23: „Critics have been pleased to observe that it was a good hit when I made Inkle offer Yarico for sale to the person whom he afterwards discovers to be the intended father-in-law. – The hit, good or bad, only occur'd to me when I came to

sohn auf der Straße jedoch als „einen Bösewicht" kennen, „dessen schändlicher Geiz auch den kleinsten Funken von Menschlichkeit oder Ehre erstickt" (IuJ, 75). Ohne sich rasch zu erkennen zu geben, erteilt Sir Christopher Inkle eine Lehre, gerade weil er „kein gemeiner Sklavenhändler" ist und sich rühmt, ein Engländer zu sein. Denn „Engländer hauptsächlich sollten sich des verdammten Handels schämen", ermahnt der Gouverneur seinen Landsmann (IuJ, 64).

Dieser besondere historische Kontext ist der Lektüre des Stücks voranzustellen, um abschätzen zu können, von welchem Interesse es für ein Hamburger Theaterpublikum der Zeit gewesen sein könnte. Die Erstaufführung des Originals fällt 1787 mit der beginnenden Kampagne gegen den Sklavenhandel zusammen. 1789 stellte William Wilberforce, der Kopf der Bewegung, zusammen mit dem Premierminister William Pitt einen entsprechenden Gesetzesantrag, der sich erst 1807 als „Slave Trade Act" im Parlament durchsetzen ließ. Colmans Oper ist also durchaus als Beitrag zu einer aktuellen politischen Debatte zu verstehen. Dass diese Stimme sehr wohl gehört wurde, zeigt etwa James Gillrays Karikatur *Wouski* vom Januar 1788 *(vgl. Abb. 2)*:

Zu sehen ist Prinz William Henry – Kapitän der Fregatte Pegasus und später der englische König William IV. (1830–37) – in verliebter Umarmung mit einer afroamerikanischen Schönheit. Sie trägt den Namen von Jarikos indianischer Freundin Wowski, die sich im Stück mit Incles treuem Diener Trudge [to trudge = stapfen, trotten] verbindet. Die Unterzeile der Karikatur kommentiert das dargestellte ungleiche Verhältnis mit den ironischen Worten: „Free as the forest birds we'll pair together / Without rememb'ring who our fathers were. / And in soft murmurs interchange our souls".

Für deutsche Verhältnisse liegt dieser historische Kontext von Kolonialismus und Sklavenhandel naturgemäß fern. Starkes Interesse an solchen Themen scheint aber dennoch vorhanden gewesen zu sein, zumal in einer internationalen Handelsmetropole wie Hamburg, dessen Hafen als deutsches Eingangstor für „captive Africans" diente.[25] Anders ist das hohe Aufkommen und der Erfolg von Dramen wie August von Kotzebues *Die Neger-*

---

that part of the Piece in which it is introduced, and arose from the accidental turn which I have given to previous scenes."

25 Zu dieser kolonialen Rolle wie zur konkreten Darstellung Schwarzer auf der Bühne vgl. Wendy Sutherland: Staging Blackness and Performing Whiteness. In: Eighteenth-Century German Drama Surrey und Burlington 2016, S. 177 (Kapitel zu Ernst Lorenz Rathlefs *Die Mohrinn zu Hamburg*).

sklaven (1792) nicht zu erklären, das übrigens unter genau dem gleichen Titel von drei weiteren Stücken von Franz Guolfinger von Steinsberg (1779), Karl Anton Gruber zu Grubenfels (1790) und Karl Freyherr von Reitzenstein (1794) flankiert wird.[26]

Abb. 2.

In einem der frühesten deutschen Sklavenstücke überhaupt steht sogar Hamburg im Zentrum: Ernst Lorenz Michael Rathlefs *Die Mohrinn zu Hamburg* (1776) entwickelt eine gegen Widerstände verteidigte Liebe zwischen dem Bürgerssohn Gorden und der aus Guinea stammenden Cadige, die allerdings durch eine Cousine Gordens und einen früheren Verehrer Cadiges aus Sklaventagen gefährdet wird.[27]

In jedem Falle lösen solche kulturverbindende menschliche Beziehungen, die noch dazu mit Loyalitäten und moralischen Entscheidungen zu tun haben, unterschiedliche Reaktionen beim Publikum aus. Christoph Daniel

---

26 Sie werden im Verbund von insgesamt 20 Sklavenstücken, die allesamt ein erstaunlich positives Bild fremder Völker zeichnen, untersucht von Barbara Riesche: Schöne Mohrinnen, edle Sklaven, schwarze Rächer. Schwarzendarstellung und Sklaventhematik im deutschen Unterhaltungstheater (1770–1814), Hannover 2010.

27 Ebenda, S. 121 f., 243–247, 296 f. u. ö.

Henning demonstriert das auf einem Kupferstich, der im Hintergrund eine
Illustration zu Gellerts Gedicht *Inkle und Yarico* auf einer Staffelei ausstellt,
im Vordergrund aber vier unterschiedliche Gefühlsregungen als Folge der
Bildbetrachtung zeigt *(vgl. Abb. 3)*.[28] Von links nach rechts drücken die Damen ratlose Verlegenheit, wütende Empörung, neugieriges Interesse und
tränenreiche Rührung aus. Ein ähnliches Spektrum an Gefühlen dürfte auch
Schröders Fassung von *Incle und Jariko* hervorgerufen haben.

Abb. 3 (© Herzog August Bibliothek, Sign.: Graph. A1: 1012).

Von den ersten Szenen an zeigt sich Incle, der mit seinem Onkel Medium
und seinem Diener Trudge als Teil einer keineswegs gestrandeten englischen
Schiffsbesatzung in den amerikanischen Wäldern zu sehen ist, als skrupellos
gewinnorientierter Kaufmann. Sein wörtlich aus dem Original übernomme-
nes Credo lautet: „Aufklärung ist Vortheil, und Vortheil ist Gewinn. Dies

28 Der großformatige Kupferstich (185 x 277 mm) befindet sich in der Herzog August Biblio-
    thek Wolfenbüttel. Der Abdruck erfolgt mit freundlicher Genehmigung der HAB. Über
    die lateinische Subscriptio (nicht alle erschrecken in gleicher Weise über so große Un-
    glücksfälle) ist das Bild mit einem anderen Blatt der Zeit verbunden, das von einem Nach-
    ahmer Daniel Chodowieckis stammt und vier Männer in unterschiedlichen Gemütszustän-
    den (v.l.n.r.: Phlegmatiker, Melancholiker, Sanguiniker, Choleriker) vor dessen berühmtem
    Bild *Der große Calas* (1767) zeigt. Abb. in: Jens-Heiner Bauer: Daniel Nikolaus Chodowiecki.
    Das druckgraphische Werk, Hannover 1982, S. 315 (Nr. N 24).

heißt, gut übersetzt: Nimm jeden Vortheil zum Gewinn in Acht" (IuJ, 6), auch Sklavenhandel wird dabei ausdrücklich von Incle erwogen. Die drei „Herumstreicher" (IuJ, 10) – inzwischen von einigen „Wilden" verfolgt – werden von der englischen Mannschaft an Land einfach zurückgelassen. Im fünften Auftritt entfernt sich ihr Schiff unter vollen Segeln. Auf der Suche nach einem sicheren Unterschlupf entdecken die drei Ausgesetzten die Höhle von Jariko und Wowski. Gegenüber Colmans Original können sich die beiden Indianerinnen bei Schröder weniger effektvoll vorstellen, weil Jarikos in der Oper sogleich angestimmtes Lied im Schauspiel – wie alle Arien, Rezitative und Duette – entfällt. Incles erleichterter Ausruf: „Unsre Sprache!" (IuJ, 16) folgt hier – statt auf einen 14 Verse umfassenden Gesang – lediglich auf wenige dürre Worte.

Während bei Gellert und in anderen Fassungen die gemeinsame Sprache erst im Liebesspiel erlernt wird, sind die Indianerinnen bei Colman / Schröder bereits früher mit Europäern und dem Englischen in Berührung gekommen. Bei Gellert stehen hingegen die unverdorbene Vertraulichkeit und unverstellte Natur im Vordergrund, Yariko „zeigt durch Zärtlichkeit, mit jedem neuen Tage, / Was für ein treues Herz in einer Wilden schlage" (VV. 43 f.).[29] An die Stelle der im Gedicht detailliert ausgeführten Liebesbeweise tritt bei Colman / Schröder lediglich die Verlobungsformel „nothing shall part us":[30] „Ich will Dir mein Leben schuldig seyn, und so lang' es währt, soll nichts uns scheiden." (IuJ, 18). Insofern ist es nachvollziehbar, wenn der Gießener Professor für Rhetorik und Poesie Christian Heinrich Schmid in einem ausführlichen Vergleich von 17 Bearbeitungen des Stoffes über Schröders „Verdeutschung" bemerkt: „Dem Karakter der Yariko fehlt hier die liebenswürdige Schwärmerey, die sie in der wahren Geschichte hat."[31]

Schon im zweiten von drei Akten verlagert sich das Geschehen bei Schröder nach Barbados in das Haus des Gouverneurs Sir Christopher Carrey. So geht zugleich die koloniale Handlung aus dem *Spectator* in ein rührendes Familienstück und Liebesdrama über. Neu eingeführt wird Narcissa, die Tochter des Gouverneurs, die als Incles künftige Braut mit ihm auf dem gleichen Schiff von England nach Amerika reiste, sich auf der Überfahrt

---

29 Gellert: Inkle und Yariko (wie Anm. 23), S. 71.

30 Colman: Inkle and Yarico (wie Anm. 16), S. 76.

31 Christian Heinrich Schmid: Ueber die Dichter, welche die Geschichte von Inkle und Yariko bearbeitet haben. In: Deutsche Monatsschrift 1799, S. 145–161, hier S. 159 f.

aber heimlich in den Kapitän Campley verliebt hat. Während der vermögende Kaufmann Incle auf dem Festland zurückgelassen wird, gelingt es Narcissa, bei ihrem Vater Kapitän Campley unter Aussparung von dessen Namen als künftigen Schwiegersohn einzuführen und so den Segen zu erlangen. Im Unterschied zu dem „reiche[n] Schurke[n]" Incle rühmt sich Campley, ein „Millionair an Ehrlichkeit" (IuJ, 29) zu sein.

Wie Campley oder Incles Onkel Medium – „Mitglied der menschen-freundlichen Gesellschaft" (Royal Human Society) (IuJ, 46) – dient der Handlungsdiener Timotheus Trudge als Kontrastfigur zu dem kleinmütigen, geizigen Kaufmann Incle. Trudges Liebe und Loyalität gegenüber seiner Er-retterin Wowski kennt keinerlei Zweifel. Einen kolonialen Pflanzer, der ihn zum Verkauf seiner Braut anstiften will, nennt er „Meister Schwarzmarkt" oder „Herr Farbenkaufmann" und hält ihm entgegen: „Hätte Euer Gesicht die Farbe Eures Herzens, Ihr wäret weit schwärzer als Wowski." (IuJ, 36 f.) Was Trudge als seine selbstverständliche christliche Pflicht versteht, findet in Incles knapper Fallgeschichte nur noch ein pathetisches Echo:

> Der Zufall warf mich in meiner Ueberfahrt unter ein wildes Volk – verlassen – – ohne Waffen – abgeschnitten von meinen Gefährten, mein Leben jedem Zufall feil. Dieser Per-son [Jariko] bin ich dessen Erhaltung schuldig. – – – […] Ich bin ihr also alles schuldig. (IuJ, 38 f.)

Doch diese Schuldigkeit ist rasch vergessen, ein zweiter Pflanzer wischt im Handstreich alle Bedenklichkeiten als „Possen!" (IuJ, 39) weg.

Gegenüber dem *Spectator* spitzt Colman den dramatischen Konflikt ge-schickt zu: Die Geliebte und Lebensretterin wird von Incle nicht bloß aus schnöden pekuniären Rücksichten geopfert, sondern weil sie einer Verbin-dung mit der Gouverneurstochter Narzissa im Wege steht. Sie würde Incles gesellschaftliche Stellung nicht wie Yariko gefährden, sondern ihm den Zu-tritt zum niederen Adel der Gentry verschaffen. So ist die eigennützige Con-clusio rasch gezogen: „Mein Interesse, meine Ehre, mein Versprechen, alles fordert diese Trennung" (IuJ, 41). Incles Diener Trudge kann diese undank-bare Kaltherzigkeit hingegen nicht begreifen, eine Trennung von Wowski würde ihn unweigerlich „im Tollhause an die Kette" (IuJ, 60) legen.

Erst im dritten Aufzug gelangt das Stück zu seinem völkerkundlichen Kern. Sir Christopher wäre bereit, Jariko für seine Tochter zu erwerben und so vor grausameren Formen der Sklaverei zu bewahren, vorurteilsfrei ist die-ser vermeintliche Menschenfreund deshalb aber noch lange nicht. Incles Versicherung, Jariko sei nicht „gemeiner Art", schenkt er gerne Glauben und ist erleichtert, für seine Tochter ein Mädchen zu gewinnen, das „nicht von der gewöhnlichen dicken, flachnasigten, dummen Art" sei (IuJ, 63). Doch zu dem Handel, den Robert Pollards Kupferstich von 1788 im prägnantesten Augenblick des Verrats in Szene setzt *(vgl. Abb. 4)*, kann und darf es nicht kommen. Der inkognito auftretende Gouverneur erkennt nämlich nach und nach den „fühllose[n] Bösewicht" (IuJ, 66) in Incle, der sich Schritt für Schritt als Mensch und erst Recht als künftiger Schwiegersohn disqualifiziert.

INKLE *AND* YARICO.

Abb. 4 (© Trustees of the British Museum, Sign.: 1998,0426.19).

Diese Entlarvung erreicht in III, 7 ihren Höhepunkt. Unter den Augen des weiterhin verdeckt agierenden Sir Christopher, der sich erst am Ende der Szene als Gouverneur und damit als Incles „Richter" und „Ankläger" zu erkennen gibt (IuJ, 73), unternimmt Incle einen unhaltbaren Versuch: Jarikos selbstlose Liebe und Opferbereitschaft – „Ich verlor meine Freunde, mein Vaterland, das mir theuer ward, da es Dir Schutz gab" (IuJ, 70) – will er rational hintertreiben. Incle pocht dazu auf die angeblich unüberbrückbare kulturelle Differenz, die alle naturrechtlichen und anthropologischen Grundsätze außer Kraft setzen soll:

> Jariko, meine Landsleute und die Deinen sind so verschieden an Sitten und Gemüthe, als an Farbe. Wir können nicht in Höhlen und Wäldern leben. Es wäre unser größtes Unglück, wenn wir unsern Unterhalt in Verfolgung der Thiere suchen müssten. Du stehst itzt zwischen meinem Glück und mir; ich weiß, Dir ist mein Wohl theuer, und dies erfordert unsre Trennung. (IuJ, 70)

Die Angst eines weißen englischen Mannes vor sozialer Ausgrenzung aufgrund einer gesellschaftlich wenig tolerierten Verbindung mit einer indigenen Frau war sicher nicht unberechtigt. Colman steigert den Kontrast zwischen der ‚edlen Wilden' und dem ehrlosen Bösewicht aber so stark, dass bestehende eurozentrische Vorurteile im Publikum vielleicht zu entkräften waren und eine kulturvereinigende Humanitätsidee in den Vordergrund treten konnte. Ähnliches dürfte für Schröders Hamburg gelten, das zwar noch über einen sehr viel kleineren Anteil an außereuropäischen Menschen als London verfügte, durch die lebendigen internationalen Handelsbeziehungen aber doch eine größere Offenheit gegenüber allem Fremden voraussetzen konnte als das in den meisten anderen Kleinterritorien des Reiches der Fall war. Entschieden befördert wurde diese Weltoffenheit durch die seit 1724 erscheinende Zeitung *Hamburgischer Correspondent*, die auch regelmäßig aus den Kolonien und über die nordamerikanische Unabhängigkeit berichtete.[32]

Mit der Erwartung eines aufgeklärten Publikums konnte Schröder sein Stück ohne Risiko von Missverständnissen heiter beenden. Sir Christopher, der gestrenge öffentliche Richter des gierigen Kaufmanns Incle – „Hier steht der Gouverneur! Hier steht Dein Richter und Dein Ankläger" (IuJ, 73) – verwandelt sich im Privaten in den liebenden, verzeihenden Vater des bürgerlichen Trauerspiels. Die Familiencamouflage wird aufgedeckt, Kapitän Campley, der sich aktiv keines Identitätsschwindels schuldig machte und der Namensverwechslung mit Incle aber auch nicht widersprach, wird ebenso entlastet wie die Gouverneurstochter Narzissa, die den getäuschten väterlichen Segen schweigend hinnahm, weil Widerspruch sich schließlich nicht

---

32 Vgl. Brigitte Tolkemitt: Der Hamburgische Correspondent. Zur öffentlichen Verbreitung der Aufklärung in Deutschland, Tübingen 1995, S. 52–64.

gehöre. So wendet Betrug sich in Glück, Sir Christopher ist entsprechend erleichtert, „einen Bösewicht aus meiner Verwandtschaft gedrängt [zu] haben, dessen schändlicher Geiz, auch den kleinsten Funken von Menschlichkeit oder Ehre erstickt" (IuJ, 75).

Um das Stück aber nicht bloß operettenhaft harmonisch mit der Ehe Camplay–Narcissa enden zu lassen, folgt Schröder Colmans didaktischer Umerziehung Incles zu einem besseren Menschen. Seine Verteidigung würde vor keiner moralischen Instanz einen Schuldspruch wegen Sklavenhandel abwenden, sie könnte höchstens Anlass für mildernde Umstände bei der Urteilsfindung geben. Incle beruft sich allein auf die Erziehung durch seinen Vater, die ausschließlich an den Prinzipien der Selbstliebe, Klugheit und Gewinnmaximierung orientiert war. Doch mangelnde oder fehlende moralische und rechtliche Grundsätze bewahren so wenig vor Strafe wie deren Verwerfung *nach* der Tat. Bei Colman bekennt Incle:

> This trial was too much. Nature, 'gainst habit combating within me, has penetrated to my heart, a heart, I own, long callous to the feelings of sensibility. But now it bleeds, and bleeds for my poor Yarico. Oh, let me clasp her to it whilst 'tis glowing, and mingle tears of love and penitence. *(embracing her)*[33]

Schröder spricht lediglich von Incles innerem „Kampf", nicht von „trial" wie Colman, der damit den improvisierten Gerichtshof im Hause des Gouverneurs treffender erfasst. Schröder hingegen lässt Incles Gelöbnis von Reue und Entsagung von Trudge durch eine variierte Ecce homo-Formel begrüßen: „es ist ein Mensch geboren worden!" Und Sir Christopher greift diesen vergebenden Urteilsspruch auf: „es ist ein Mensch geboren worden – und bey Gott! ich will Dein Pathe seyn" (IuJ, 79).

III.

Als Goethe 1791 Schröder brieflich um Übersendung seiner Theatergesetze bittet, nennt er ihn einen „Meister in seiner Kunst";[34] ob seine eingangs zitierte hohe Wertschätzung für dessen Bearbeitungen aus dem Englischen

---

33 Colman: Plays (wie Anm. 16), S. 109.
34 Brief an Schröder v. 6.4.1791. In: Weimarer Ausgabe (WA), IV. Abt., Bd. 9, S. 256.

auch im vorliegenden Fall zutrifft, bleibt indes fraglich. Der sehr weitverbreitete Stoff von Inkle und Yarico war – der Charakterisierung durch
den Goethe-Forscher Ernst Beutler zufolge – „ein symbolischer Akt der
Reue des alten Kontinents".[35] Am Vorabend der Französischen Revolution
wirkte das sicher hochaktuell, zumal in einer internationalen Handelsmetropole wie Hamburg. Bereits der 17-jährige Goethe hatte sich daran versucht,
den Plan einer Dramatisierung dann aber angesichts zu vieler „Schwierigkeiten" aufgegeben.[36] Der mit nur zwei Hamburger Aufführungen bescheidene
Erfolg von Schröders Bearbeitung dürfte kaum etwas mit dem Thema zu
tun haben. Auch nicht mit dem Unterhaltungsanspruch, auf den der Rezen-
sent Christian Friedrich Wilhelm Jacobs, Philologe in Gotha, anspielt, wenn
er eine größere „Wirkung auf ein geschmackvolles Publikum" vermisst. Jacobs Einwand, der „hier bearbeitete Stoff [werde] von dem Verf. bey weitem nicht seinem ganzen Reichthum nach benutzt"[37] und zu hastig präsentiert, trifft viel eher den Kern des Problems.

Der scheint in der Umwandlung eines Singspiels in ein Stück Sprechtheater zu liegen. Opern leben von der Musik und dem Gesang. Schröders
Bearbeitung bietet keinen ausreichenden Ersatz für die emotionale Qualität
der Musik. Außerdem sind hier die Anforderungen an die logische Kohä-
renz und dramatische Stimmigkeit der Handlungsführung andere. Auch
wenn die deterministische Begründung von Inkles Unmenschlichkeit aus
fehlgeleiteter Erziehung und die rasche Bekehrung des reuigen Sünders bei
Colman auch nicht viel wahrscheinlicher als bei Schröder wirkt, bleibt dem
Singspiel doch ein effektvolles Finale. In einem großen Wechselgesang ist
für jede Figur ein geradezu epigrammatisches Oktett vorgesehen, jeweils
unterbrochen von einer zunächst von Compley vorgesungenen Chor-
strophe:

---

35 Ernst Beutler: Inkle und Yariko. In: Ders.: Essays um Goethe, Leipzig 1941, S. 380–388,
    hier S. 380.
36 Vgl. Goethes Brief an seine Schwester Cornelia v. 13.10.1766: „J'ai commencé de former
    le Sujet d'Ynkle et d'Jariko pour le Theatre, mais j'y ai trouvé beaucoup plus de difficultés
    que je ne croiois, et je n'espere pas, d'en venir a bout." (WA IV, Bd. 1, S. 79).
37 Rezension der *Sammlung von Schauspielen für's Hamburgische Theater* (Bd. 4, 1794). In: Neue
    allgemeine deutsche Bibliothek 20.1 (1795), S. 125.

Come, let us dance and sing,
While all Barbadoes bells shall ring:
Love scrapes the fiddle string
        And Venus plays the lute;
Hymen gay, foots away,
Happy at our wedding day,
Cocks his chin and figures in,
        To tabor, life and flute.[38]

Der Erfolg von Colmans Oper scheint gerade in der Vereinigung von tragischen und komischen Zügen zu liegen, „moments of high pathos and broad
farce", deren Zusammenspiel eine „gothic musicalised tragicomedy" ergeben.[39] Durch Schröders Reduktion des Singspiels auf ein Schauspiel ist diese
empfindliche Balance, die wesentlich auf den eingefügten Songs beruht, gestört. Der höchst populäre und dem deutschen Publikum wahrscheinlich aus
vielen anderen Texten und zahlreichen Illustrationen bekannte Stoff, ver-
mochte so in Hamburg nicht in gleicher Weise zu begeistern wie in London.
Aufführungen in anderen Städten oder weitere Wirkungsdokumente haben
sich bisher nicht nachweisen lassen.

---

38 Colman: Plays (wie Anm. 16), S. 110.
39 Vorwort von Barry Sutcliffe, ebenda, S. 31.

Schröders Feigenblatt:
Entdeckungen zu Bühnenbearbeitungen
aus dem Französischen

Charlotte Ackermann war eine berühmte Schauspielerin, die bis zum Zeitpunkt ihres frühen Todes mit 17 Jahren nachweislich in über 100 verschiedenen Rollen aufgetreten ist.[1] Ihr Tod bot Anlass, die Börse auszusetzen
und das Stadttheater in Hamburg für mehrere Tage schwarz zu verhängen.
Zu den Aufführungen erschien das Publikum in Trauerkleidung.

Bis heute ist nicht geklärt, ob ihr Stiefbruder, der Theaterleiter Friedrich
Ludwig Schröder, ihren Tod mitverschuldet hat. Man weiß, dass er Anstoß
daran nahm, wie Charlotte ihre körperlichen Reize auf der Bühne einsetzte.
Am Vorabend ihres Todes gab es einen heftigen Streit zwischen Charlotte
und Friedrich Ludwig. Er beanstandete ihr allzu freizügiges, weil zu viel Bein
zeigendes Kostüm. Überdies kritisierte er, dass ihr Rock aus feiner Seide und
nicht, wie er es vorgesehen hatte, aus einfacher Wolle bestand.[2] Infolge dieses Streits soll sich Charlotte, erhitzt und in besagtem Kostüm, halb ent-
blößt, eine Erkältung zugezogen haben, die ihr zum Verhängnis wurde und
ihren Tod am darauffolgenden Tag zur Folge hatte.

Inwieweit diese Schilderung wirklich zutrifft, ist nicht mit letzter Sicherheit zu belegen.[3] Sie illustriert aber einen Zug, der auch in Schröders Bühnen-

---

1   Vgl. Hans-Werner Engels: Charlotte Maria Magdalena Ackermann. In: F. Kopitzsch,
    D. Brietzke (Hrsg.): Hamburgische Biografie, Hamburg 2003, S. 17; Friedrich Ludwig
    Wilhelm Meyer: Friedrich Ludwig Schröder: Beitrag zur Kunde des Menschen und des
    Künstlers, erster Theil, Hamburg 1819, S. 278–281; Jacqueline Malchow: Schauspielerin-
    nen im 18. Jahrhundert. Zwischen Kunst und Käuflichkeit. In: A. Bothe, D. Schuh
    (Hrsg.): Geschlecht in der Geschichte. Integriert oder separiert? Gender als historische
    Forschungskategorie, Bielefeld 2014, S. 151–173, hier S. 162.
2   Vgl. Friedrich Ludwig Schmidt: Denkwürdigkeiten des Schauspielers, Schauspieldichters
    und Schauspieldirectors, erster Theil, Hamburg 1875, S. 253.
3   Unterschiedliche Gründe für den Tod der Schauspielerin von Krankheit bis Selbstmord
    referiert Herbert Eichhorn: Konrad Ernst Ackermann. Ein deutscher Theaterprinzipal.

bearbeitungen zum Tragen kommt. Der Theaterleiter bearbeitete Dramentexte, die er zur Aufführung bringen wollte, häufig so, dass bestimmte eroti-
sche oder zweideutige Passagen gar nicht erst auf die Bühne kamen. Ein
Beispiel hierfür bietet das Lustspiel *Der weibliche Hauptmann* von Montfleury.
Gegenüber Friedrich Wilhelm Gotter, der das Stück für die Aufführung in
Hamburg übersetzt hatte, äußerte sich Schröder über die „kleinen" Änderungen, die er vornehmen musste. So habe er über eine Szene, die „ein bischen frey" gewesen sei, „ein Feigenblatt gedeckt".[4] Wichtiger als Werktreue
gegenüber dem Original ist hier die Schicklichkeit des Bühnengeschehens.[5]
Diese erfordert bei bestimmten Szenen geradezu den Eingriff des Bearbei-
ters, um ein moralisch unanfechtbares Stück auf die Bühne zu bringen.

Auch wenn es um Engagements ging, schätzte Schröder offensichtlich
die Moral manches Mal höher ein als das schauspielerische Können. So
schreibt er in einem Brief an Gotter, dass er den Schauspieler Johann Ernst
Dauern, ungeachtet der Talente, allein wegen „seiner Moralität"[6] engagieren
wolle. Moral ist für Schröder also in mehrfacher Hinsicht maßgeblich.

Ein Beitrag zur Theatergeschichte im deutschen Sprachraum, Emsdetten 1965, S. 167 f.
Die Selbstmordthese wird u. a. von Hermann Uhde verworfen, vgl. H. U.: Charlotte
Ackermann. Erinnerungsblatt zu ihrem 100jährgen Todestage (10. Mai 1875), enthalten
im Anhang. In: Gesammeltes Mitleiden beym Ableben der jüngern Demoiselle Charlotte
Ackermann, hrsg. v. Ernst Lorenz Michael Rathlef, Hamburg 1775.

4   Vgl. Brief v. Friedrich Ludwig Schröder an Friedrich Wilhelm Gotter v. 9.5.1777. In:
     Schröder und Gotter. Eine Episode aus der deutschen Theatergeschichte. Briefe F. L.
     Schröders an Friedrich Wilhelm Gotter. 1777 und 1778, hrsg. v. Berthold Litzmann,
     Hamburg, Leipzig 1887, S. 43–47, hier S. 44: „Zwischen Mad. Schwarz und Käthchen, die
     ein bischen frey ist, habe ich ein Feigenblatt gedeckt."; zur Diskussion steht der III. Akt,
     erste Szene in der geplanten Aufführung am 2.12.1776. Den Begriff des ‚Feigenblatts'
     verwendet Schröder nicht nur, wie hier, im Sinne einer sprachlichen Überdeckung des
     Obszönen, sondern auch innerhalb einer Dramenübersetzung für eine Figur, die es einer
     anderen ermöglicht, ungestört das eigene unanständige Verhalten fortsetzen zu können. So
     heißt es in seiner Übersetzung von *Stille Wasser sind tief* (nach Beaumont und Fletchers *Rule a
     Wife and have a Wife*). In: Schröder: Werke, hrsg. v. Eduard von Bülow, Bd. 2, S. 319–384,
     hier S. 355: „HAUPTMANN: Der Mann ist ein Simpel, und sie nahm diesen Simpel nur, um
     ungescheuter zu thun, was sie will – ein Feigenblatt für den übeln Ruf, den sie sich bei ihrer
     Aufführung bald zugezogen hätte".

5   Auch einen Ausdruck wie „Hörnerträger" hat Schröder „etwas umschrieben", denn
     „Hörner können die Hamburger nicht ausstehn"; vgl. Brief v. Schröder an Gotter v.
     9.5.1777. In: Schröder und Gotter (wie Anm. 4), S. 44.

6   Brief v. Schröder an Gotter v. 3.6.1777, Hamburg. In: Schröder und Gotter (wie Anm. 4),
     S. 47–50, hier S. 48: „Mislingt es mir Dauern zu bekommen, den ich seiner Moralität we-
     gen, wenn ich auch seine Talente nicht erwegen wolte, allen existirenden Schauspielern

Dass moralische Ansprüche auch Schröders Übersetzungen und Bühnenbearbeitungen aus dem Französischen wesentlich gelenkt haben, soll im Folgenden am Fallbeispiel eines französischen Dramas dargelegt werden. Der Vergleich des Originals mit der Übersetzung Schröders wird zeigen, wie sich bürgerliche Moralvorstellungen auf die Bearbeitung auswirkten. Im Zentrum steht *Le jaloux sans amour* von Barthélemy Imbert. Er verfasste das Theaterstück für die Comédie-Française in Paris, wo es erstmals am 8. Januar 1782 aufgeführt wurde. Schröders Bearbeitung *Der eifersüchtige Ungetreue* kam am 15. Juli 1782 nur ein halbes Jahr nach der Uraufführung in Paris auf die Bühne des Hamburger Stadttheaters.[7] Es wird zu untersuchen sein, inwiefern das Setting des Stücks, bestimmte Figuren und Figurengruppen sowie Intrigenführung und Auflösung des Dramas in Original und Bearbeitung, sich voneinander unterscheiden. Allein die Titeländerung vom ‚Eifersüchtigen ohne Liebe‘ zum *Eifersüchtigen Ungetreuen* ist ein Indiz für erhebliche Akzentverschiebungen.

Im Zentrum des Geschehens dieses vermutlich kaum bekannten Stücks von Imbert steht der Comte d'Orson, der eine Mätresse hat, in die er verliebt ist, und eine Ehefrau, auf die er eifersüchtig ist. Ein Freund des Comte d'Orson, der Chevalier d'Elcour, möchte mit Hilfe des Dienerpaares Frontin und Lisette herausfinden, wer die Mätresse seines Freundes ist, und ihn, nach der Bloßstellung, von diesem Verhältnis abbringen. Zum anderen will er seinem Freund vor Augen führen, dass dieser grundlos auf seine Frau eifersüchtig ist. Der Comte d'Orson verdächtigt seine Ehefrau, ein Verhält-

---

vorziehe, herzubekommen, so will ich schon andre Mittel finden, und muß sie finden." Dauer ging 1775 nach Gotha und gehörte seit 1779 dem Wiener Burgtheater an.

7 Am 15.7.1782 wurde, so die Datierung der erhaltenen Hamburger Theaterzettel in der Datenbank *Bühne und Bürgertum: Das Hamburger Stadttheater 1770–1850*, Imberts *Der eifersüchtige Ungetreue* in der Bearbeitung von Schröder zum ersten Mal aufgeführt, anschließend am 18.7., 4.9. und 1.11.1782 sowie am 18.7.1787. Schröder übersetzte das Stück für das Burgtheater, damals noch k.k. Theater nächst der Burg, und erhielt dafür ein Gehalt von 100 Gulden; vgl. Dieter Hadamczik: Friedrich Ludwig Schröder in der Geschichte des Burgtheaters, Berlin 1961, S. 95. Am 12.8.1782 wurde *Der eifersüchtige Ungetreue* (nach Hadamczik: *Die eifersüchtigen Ungetreuen*) am Wiener Burgtheater in Szene gesetzt. Die gedruckten Bühnenfassungen für Hamburg und Wien weisen keine Unterschiede auf; vgl. die hier zugrundegelegte Ausgabe und Friedrich Ludwig Schröder: Der eifersüchtige Ungetreue. Ein Lustspiel in drey Aufzügen nach dem Französischen des Imbert. Zu finden beim Logenmeister, Wien 1782. Da Schröders Bearbeitung zunächst in Hamburg und erst kurz darauf in Wien auf die Bühne kam, hatte er möglicherweise das eher bürgerliche Hamburger Publikum und nicht das adlig-höfische des Wiener Burgtheaters im Blick, vielleicht aber bedachte er auch von Beginn an beide Adressatengruppen.

nis mit einem anderen Mann zu haben. Sie aber übt nur eine Komödie für seinen Geburtstag ein und trifft sich deshalb heimlich mit einem Mann und anderen Mitwirkenden zu gemeinsamen Proben. In dem Stück wird die falsche, weil nicht auf Liebe basierende Eifersucht des Comte d'Orson kritisiert, die auch den Titel des Stücks begründet: *Le Jaloux sans amour*. Am Schluss, nachdem der Comte d'Orson vom Einstudieren der Komödie erfahren hat, sieht er die Fehlerhaftigkeit seiner tyrannischen Eifersucht ein. Er wendet sich außerdem seiner Ehefrau wieder zu und von der Mätresse ab und versichert, dass er allenfalls noch aus Liebe eifersüchtig werden würde – wobei diese Liebe dann seine Eifersucht entschuldige, im Gegensatz zur ,falschen' Eifersucht, die ihn bisher leitete.

Dieses Handlungsgerüst ist bei Imbert eine Folie für jede Menge komischer Szenen und Verwicklungen, für die vor allem der Marquis de Rinville, ein komischer Alter, verantwortlich ist, auf den hier nicht näher eingegangen werden soll. Daneben ist das Dienerpaar, Frontin und Lisette, an zahlreichen komischen und sprachkomischen Szenen beteiligt. Die beiden sind dem Comte und der Comtesse zugeordnet und außerdem miteinander verheiratet, so dass das Thema Ehe auf der Dienerebene zusätzlich komisch gespiegelt wird. Das Original kritisiert vor allem die Eifersucht, mit der Comte d'Orson seine Frau quält, während die Freuden der Untreue in gewissen Maßen toleriert werden.[8]

Bei Schröders Bearbeitung hingegen weist schon der Titel auf eine Akzentverschiebung hin, da nur hier von Untreue explizit die Rede ist. Im gesamten Stück nimmt Schröder nicht nur Umbenennungen und größere Streichungen vor, sondern er fügt auch Passagen hinzu. Im Folgenden wird es zunächst um den Umgang mit den Namen und Orten gehen, bei denen Formen der kulturellen Einbürgerung den Ton angeben. Im zweiten Abschnitt steht die Umformung der Komödie von einem witzigen Konversationsstück zu einer Rührkomödie mit moralischer Tendenz im Zentrum. Diese geht mit der Verstärkung einer Figur, dem bereits erwähnten Freund des Grafen, Chevalier d'Elcour bzw. Graf Westhelm, einher. Ferner werden die Passagen, die die Dienerfiguren betreffen, deutlich reduziert. Im letzten Teil werden zunächst die weiblichen Dienerfiguren mit Blick auf das Rollen-

---

8   Barthélemy Imbert: Le Jaloux sans amour. Comédie en cinq actes et en vers libres. Paris
     1804 (Théâtre Moderne, ou Recueil de Pièces dont les Auteurs n'ont pas encore publié
     leur Théâtre), S. 29; fortan zitiert: JA und Seitenangabe: „Je conçois les plaisirs d'un époux
     infidèle. / Mais je ne conçois pas les plaisirs d'un Jaloux.".

fach und im Anschluss die Hinzufügungen zu analysieren sein, die die Figuren der Mätresse und der Gräfin betreffen.

I. Umgang mit Namen und Orten: Einbürgerung versus Fremdhaltung

Die Grundfrage bei jeder Übersetzung ist der Umgang mit Eigennamen und Realien, denn an ihnen ist letzten Endes die nationale und kulturelle Verankerung des Geschehens ablesbar.[9] Zwar hat sich inzwischen die Tendenz durchgesetzt, Namen und damit auch fremde Kontexte beizubehalten,[10] allerdings wird auch noch im 20. Jahrhundert in die eigene Kultur übersetzt.[11]

Im 18. Jahrhundert findet sich die Praxis, Namen und Orte einbürgernd zu übersetzen, in jedem Fall noch häufig, so auch in der Schröder'schen Übertragung von Imberts Stück. Die französischen Titel und Namen werden durchweg durch deutsche ersetzt: Aus den d'Orsons werden die Sternheims, Chevalier d'Elcour ist Graf Westhelm. Die Schwester des Grafen, Mademoiselle d'Orson, wird als Henriette und nicht als Fräulein von Sternheim im Personenverzeichnis geführt und auch im Stück beim Vornamen genannt. Die Diener haben, wie im Original, nur Vornamen: Jacobine, Wilhelm und Ludwig. Aufschlussreich ist, dass Schröder schon bei den Namen nicht nur umbenennt, sondern auch hinzufügt: So hat die Mätresse des Grafen Sternheim, die nicht als Figur auftritt, von der aber häufig die Rede ist, im Original nur einen Vornamen: Sophie. Dieser wird von Schröder beibehalten. Zusätzlich verleiht er der Figur aber noch den Nachnamen Dollmann.[12] Wie Schröder die Stellung einer Mätresse bewertet, drückt sich hier

---

9 So Michel Ballard: Le Nom Propre en Traduction. In: Babel. Revue Internationale de la Traduction 39 (1993), S. 194–213, hier S. 194; zum Umgang mit Namen in Übersetzungen vgl. Jiří Levý: Die literarische Übersetzung. Theorie einer Kunstgattung, Frankfurt a. M. u. a. 1969, S. 84–98.

10 Vgl. Ballard (wie Anm. 9), S. 196: „On sait qu'il existe un principe général selon lequel on ne traduit pas les noms propres."; Peter Newmark: Approaches to translation, Oxford ⁴1986, S. 70: „The principle stands that unless a single object's or a person's name already has an accepted translation it should not be translated but must be adhered to."

11 Zum Umgang mit Eigennamen in Romanübersetzungen im 20. Jahrhundert, die ebenfalls noch häufig einbürgernd übersetzt werden, vgl. Anke Detken: Döblins *Berlin Alexanderplatz* übersetzt, Göttingen 1997, S. 28 f.

12 Vgl. Friedrich Ludwig Schröder: Der eifersüchtige Ungetreue. Ein Lustspiel in drei Aufzügen. Nach Imbert's *Jaloux sans amour*. In: F. L. S.: Dramatische Werke, hrsg. v. Eduard

schon in der Namenswahl aus, denn man kann ihn sprechend, in Anspielung oder Umkehrung des Adjektivs „mannstoll", verstehen, so dass der Status der Mätresse gewissermaßen schon im Namen angelegt ist.

Namenseinbürgerungen wie die eben beschriebenen sind im 18. Jahrhundert üblich, aber keine unumstößliche Regel. So zeigt ein Seitenblick auf *Figaros Hochzeit* von Beaumarchais, dass sogar Schröder selbst nicht immer derselben Strategie folgt. In *Figaros Hochzeit* behält er die Namen bei und übersetzt nur die wenigen sprechenden Namen einiger Nebenfiguren adäquat ins Deutsche, vermutlich um auch bei den deutschen Rezipienten, die möglicherweise kein Französisch verstehen, komische Effekte zu erzielen. So heißt der Ziegenhirt „Grippe-Soleil" in der Bearbeitung „Sonnengreif".[13] Auch den Schauplatz behält Schröder bei: Die Handlung vollzieht sich, wie im Original, in der Nähe von Sevilla.[14] Schröders Bearbeitung von Imberts Stück hingegen nimmt auch beim Ort Änderungen vor: Dort spielt sich das Geschehen nicht in Paris ab, sondern in einem nicht näher spezifizierten „Garten" (vgl. EU, 125).[15]

Ob einbürgernd übersetzt wird oder nicht, kann auch mit dem Bekanntheitsgrad der Stücke zusammenhängen. Anders als bei Beaumarchais' *Le Mariage de Figaro* handelt es sich bei Imberts Drama um ein sowohl zeitgenössisch als auch in langer Sicht wirkungsloses Drama, dessen Geschehen deshalb auch nicht einen bestimmten Ort ins Gedächtnis ruft und an diesen Ort gebunden ist. Anders als Beaumarchais besitzt Imbert keine Definitionsmacht, weder der Bekanntheitsgrad des Autors noch des Theaterstücks oder des Plots verankern dieses fest in Frankreich.

Ein zweiter Grund für die Beibehaltung des Geschehens in Spanien im Fall von Schröders *Hochzeit des Figaro* könnte mit der intendierten Fremdhaltung des Geschehens zusammenhängen, so wie dies im 19. Jahrhundert bei

---

von Bülow. Mit einer Einleitung v. Ludwig Tieck, Berlin 1831, Bd. 2, S. 123–158, hier S. 143, 144, 146; fortan zitiert: EU und Seitenangabe.

13   Vgl. Friedrich Ludwig Schröder: *Figaro's Heirath* und *Figaro's Reue*. Nach Beaumarchais' *La folle journée ou Le mariage de Figaro* und Parisaus *Le repentir de Figaro*. Kommentierte Edition der Handschriften von Nina und Gerhard Kay Birkner, Erlangen 2016, S. 14.

14   Ebenda.

15   Schröder nimmt auch in anderen Bearbeitungen Änderungen des Schauplatzes vor. Hoffmann meint bezüglich der Verlegung des Schauplatzes von einem öffentlichen Platz in einen Gasthof, den Schröder in Regnards *Zwillingsbrüdern* vornimmt, dass so die Neutralität des Ortes weiterhin gewährleistet sei, während die Vorgänge gleichzeitig „einer peinlich anmutenden Öffentlichkeit entrückt" seien; vgl. Paul Felix Hoffmann: Friedrich Ludwig Schröder als Dramaturg und Regisseur, Berlin 1939, S. 54.

den Demimonde-Stücken der Fall ist. Diese *pièce-camélias* sind wie der auf die Bühne gebrachte Roman *La dame aux camélias* von Alexandre Dumas (1848) fest an Frankreich gebunden und werden auch in der Übersetzung auf den französischen Raum bezogen. So können auch die Anzüglichkeiten im Stück leichter beibehalten werden, da das Geschehen deutlich als Fremdes markiert ist und deshalb nicht automatisch auf die eigene Gesellschaft bezogen wird.[16] Bei der vorliegenden Bearbeitung von Imberts Stück liegt der Fall anders, so dass auch die anzüglichen und den gesellschaftlichen Moralvorstellungen widersprechenden Passagen nicht einfach beibehalten werden.

II. Änderung der Dramenstruktur: Graf Westhelm und die Dienerfiguren

Im Unterschied zum Original beginnt die Bearbeitung Schröders mit einem Monolog des Grafen Westhelm. Thema dieses Monologs ist die Besserung von Graf Sternheim. Er habe sich, so Graf Westhelm, „der schändlichsten Untreue gegen seine Gemahlin schuldig" (EU, 125) gemacht. Das Ziel der von Westhelm geplanten Intrige wird hier klar benannt: „Ich will ihn bessern", stellt er fest. Es geht also in erster Linie um Moral und nicht, wie im Original, um die Aufdeckung einer Liebschaft mit einer schönen Unbekannten.

Demgemäß will Westhelm den Grafen Sternheim auch „kurieren" und von seiner „Krankheit" heilen. An Aufklärungskomödien erinnernd,[17] will er der Figur ihren ‚Fehler' durch eine Intrige vor Augen führen: Sternheim soll erkennen, dass die Mätresse seiner Liebe nicht wert ist und dass seine Ehefrau die schlechte Behandlung nicht verdient (vgl. EU, 125). Hier liegt eine aufschlussreiche Verschiebung des Konflikts vor, denn im Original bemitleidet der Chevalier d'Elcour die Comtesse d'Orson nicht in erster Linie, weil sie betrogen wird, sondern weil ihr Ehemann unbegründet eifersüchtig ist und ihr durch diese Eifersucht das Leben schwer macht.

---

16 Zur fehlenden Entsprechung der Demimonde-Stücke im deutschsprachigen Raum vgl. Anke Detken: Die Demimonde-Stücke und ihr Stellenwert im Spielplan Laubes am Wiener Stadttheater. In: A. Detken, Th. Unger, B. Schultze, H. Turk (Hrsg.): Theaterinstitution und Kulturtransfer II: Fremdkulturelles Repertoire am Gothaer Hoftheater und an anderen Bühnen, Tübingen 1998, S. 165–199, hier S. 172.

17 Zur Aufklärungskomödie und ihrem Vorbild der sächsischen Typenkomödie vgl. W. Barner, G. E. Grimm, H. Kiesel, M. Kramer: Lessing. Epoche – Werk – Wirkung, München ⁵1987, S. 127 f.

Beide Dramentexte sind bezüglich der Figurenanlage und der Dramenstruktur grundsätzlich gleich gestaltet, auch wenn das Original aus fünf Akten, die Bearbeitung, die Kürzungen vornimmt, hingegen nur aus drei Akten besteht. Die Dienerfiguren allerdings übernehmen in Original und Bearbeitung unterschiedliche Funktionen. Zunächst sind ihre Auftritte in Schröders Bearbeitung deutlich reduziert, und gerade an dramenstrukturell wichtigen Stellen werden sie in der Übersetzung weggekürzt. So fehlen gleich zu Beginn die Gespräche der Bediensteten untereinander, ihre Monologe sowie das Gespräch zwischen dem Diener Frontin und dem Chevalier d'Elcour. Die gesamte Eingangspassage hat vor allem expositorische Funktion. Diese kommt in der Bearbeitung Schröders vornehmlich dem Monolog Westhelms zu. Weil die Dienerfigur generell über intime Kenntnisse verfügt, wird ihr in Komödien häufig „die Exposition überlassen"[18]. Sie ist als *confident* oder *confidente* auch über dasjenige Geschehen bestens informiert, das sich vor Aufgehen des Vorhangs abgespielt hat.

Für die Struktur des Dramas und den Handlungsverlauf ist sie insofern immens wichtig. Zudem klärt der Dialog zwischen Frontin und dem Chevalier d'Elcour über die geplante Strategie und damit den zentralen Konflikt auf. Der Chevalier möchte „démasquer la Belle" (JA, 3), also herausbekommen, wer die Mätresse des Comte d'Orson ist, und dabei soll ihm der Diener des Comte helfen. Frontin hat eine handlungsvorantreibende Funktion; gleichzeitig baut sich eine gewisse Spannung auf: Wer ist die Mätresse? Kann man das Geheimnis des Comte lüften, und wie reagiert dieser darauf? Diese Aspekte spielen, wie oben gezeigt, in der Bearbeitung keine Rolle. Dort geht es, mit dem Monolog Westhelms, von Beginn an um die Besserung des untreuen Grafen Sternheim.

Neben der dramenstrukturellen Funktion der Dienerfiguren geht in der Bearbeitung mit ihnen auch ein Teil an Komik verloren. Bedienstete übernehmen häufig die Funktion, den belehrenden Ton von Lustspielen durch eine komische oder anzüglich komische Ebene abzuschwächen,[19] und Schröder konnten sie auch aus diesem Grund ein Dorn im Auge sein. Dass das komische Potential des Stücks im Original zu einem guten Teil auf das Konto der Dienerfiguren geht, zeigt etwa folgende Passage. Hier geht es Frontin, dem Diener des Comte d'Orson, vor allem darum, sich durch die

---

18 Rüdiger van den Boom: Die Bedienten und das Herr-Diener-Verhältnis in der deutschen Komödie der Aufklärung (1742–1767), Frankfurt a. M. 1979, S. 77.

19 Vgl. ebenda, S. 81 f.

doppelte Arbeit aufzuwerten, da er sich neuerdings um Ehefrau *und* Mätresse kümmern müsse:

> FRONTIN: […] Monsieur le Comte
> Ne me laisse pas vivre en homme désœuvré.
> De deux emplois ici je me vois honoré:
> Courir après Sophie, & garder la Comtesse;
> Avoir l'œil sur la femme, & servir la maîtresse (JA, 2).[20]

Ehefrau und Mätresse werden hier chiastisch zueinander in Beziehung gesetzt, und der Akzent liegt auch dadurch von Beginn an auf der Komik. Die Untreue des Comte d'Orson wird bei seinem Diener in doppelter Arbeit und doppeltem Gehalt aufgewogen.[21] Dieser frivole Ansatz, zwischen Ehebruch und finanziellen Vorteilen eine Komik zu generieren, fällt in Schröders Bearbeitung weg. Stattdessen fügt Schröder den Aspekt des ökonomischen Tauschhandels bei der Geschichte um die Mätresse hinzu, um die es in *III.2.* geht. Doch zunächst zur Funktion der weiblichen Dienerfiguren.

III.1. Die weibliche Dienerfigur Lisette / Jacobine: Koketterie versus Gemüt

Das Rollenfach der weiblichen Dienerfigur weist in Frankreich und Deutschland starke kulturelle Unterschiede auf. Die Soubrette ist ein "ausgesprochen französische[s] Fach", und zwar das der „verschmitzten, kokettierenden und intrigierenden Kammerzofe".[22] Während in Frankreich die Koketterie im Vordergrund steht, zeichnet sich die Soubrette auf der deutschsprachigen Bühne spätestens seit der Franziska in Lessings *Minna von Barnhelm* (1767) durch Gefühl aus. Sie hat, wie es in Doerrys Beschreibung

---

20 Übersetzung Anke Detken: „Der Graf lässt mich nicht als untätigen Mann leben ich habe die Ehre, hier zwei Beschäftigungen nachzugehen: Hinter Sophie herzurennen & die Gräfin zu bewachen; Ein Auge auf die Frau zu haben & der Mätresse zu dienen."

21 Vgl. JA, 70: „FRONTIN, *seul:* „Et d'ailleurs, raisonnons. Pour aimer sa maîtresse, / Il me paye assez bien; il faut noter ce point; / Mais, pour aimer sa femme, il ne me paîroit point."; zudem sei auch der Ehemann einer Doppelbelastung ausgesetzt: „FRONTIN: […] mon Maître n'a-t-il pas / Une peine égale á la nôtre? / Comme nous, il a deux emplois / Assez embarrassans: être tout-á-la-fois / Jaloux de l'une, amant de l'autre; / C'est employer son tems, je crois." (JA, 2).

22 Hans Doerry: Das Rollenfach im deutschen Theaterbetrieb des 19. Jahrhunderts, Berlin 1926, S. 23.

der Rollenfächer heißt, „ein Gemüt"[23]. Gleichzeitig kommt sie „ohne den intriganten Beigeschmack"[24] der französischen Soubrette aus. Ein solcher Unterschied zeichnet sich auch in den vorliegenden Dramentexten ab. Dieser Punkt zeigt, wie Schröder die französischen Figurenvorgaben ins eigene Rollenfach- und Theatersystem überträgt.[25]

In seiner Bearbeitung geht es auf der Dienerebene generell weniger um Sprachkomik und witzige Intrigen, die das französische Dienerpaar im Original auszeichnen, und mehr um die moralische Besserung von Graf Sternheim. Die hierfür notwendige Bloßstellung liegt nicht nur dem Freund, Graf Westhelm, am Herzen. Auch die Kammerzofe der Gräfin will die Ehe der Sternheims retten, indem sie den Grafen dazu bewegt, sein Verhalten zu ändern. Während Lisette im Original neben flatterhaften Liebhabern gegen eifersüchtige Ehemänner vorgehen will, ist von der Eifersucht als Makel der Ehemänner bei Schröder hier nicht die Rede.[26] Zudem ist der Impetus ein anderer, denn die Schröder'sche Kammerzofe tritt als moralische Instanz auf: Ihr dezidiertes Ziel ist es, den „gottlosen Mann" ihrer Gräfin zu strafen und den Männern damit „ein schönes Exempel zu geben" (EU, 138 f.). Um Sternheim zu bessern, nimmt sie das Geschehen in die Hand, so dass der Charakter ihrer Figur an Leichtigkeit verliert und an moralischem Gewicht gewinnt.

Jacobine hat das Geschehen über weite Strecken auch bühnentechnisch gesehen in der Hand, da sie ihm, in der Kulisse versteckt, beiwohnt und auch das Publikum in ihre Machenschaften einweiht (vgl. EU, 139–151). Während Lisette in der französischen Fassung am liebsten Gespräche führen möchte, die sie als unterhaltsam empfindet,[27] wird die Dienerfigur bei Schröder zur handelnden Instanz, die auch aktiv die Auseinandersetzung mit Graf Sternheim sucht.[28] Bei Schröder geht es, innerhalb der Fiktion, gewis-

---

23 Ebenda.
24 Ebenda, S. 24.
25 Zur Theorie und Geschichte des Rollenfachs vgl. Anke Detken, Anja Schonlau: Das Rollenfach – Definition, Theorie, Geschichte. In: A. D. (Hrsg.): Rollenfach im Drama, Tübingen 2014, S. 7–30.
26 Während Lisette von den „volages amans & des maris jaloux" spricht (JA, 75), also von flatterhaften Liebhabern und eifersüchtigen Ehemännern, werden die Ehemänner von Jacobine nicht näher spezifiziert (vgl. EU, 139).
27 Deshalb scheut sie das Zwiegespräch mit dem Comte d'Orson, da es, ausnahmsweise, nicht lustig zugehen werde – „C'est un triste service! il ennuie à la fin." (JA, 92).
28 Später stellt sie befriedigt fest: „(für sich.) Ja, ja, er beißt an." (EU, 152), und sie schreckt auch nicht davor zurück, dass der Graf dabei „zum Narren" (EU, 151) gehalten wird. Ja-

sermaßen ernster zu, und die Dienerfigur ist an dieser ernsten Handlung wesentlich beteiligt.[29] Dienerfiguren.

III.2. Moralische Umwertungen bei Ehefrau und Mätresse

Nach dem bisher Gesagten überrascht es kaum, dass auch die Figur der Mätresse in der Bearbeitung tendenziell anders bewertet wird als im Original. Zu diesem Zweck werden nicht nur Passagen gestrichen und geändert, sondern es finden sich auch relevante Hinzufügungen. Während der Figur der Sophie bei Imbert nicht zuletzt durch die Bezeichnung „la Belle" und „cette Beauté" ebenso positive Konnotationen auslöst und ihr etwas Anziehendes anhaftet,[30] kommt sie in Schröders Bearbeitung schlecht weg. Den sozialen Status der Mätresse, der im Original zumindest unklar bleibt, da man nur ihren Vornamen erfährt, vereindeutigt Schröder, denn Sophie Dollmann ist mit Sicherheit keine Adlige. Nur in der Bearbeitung ist außerdem von dem „Geschöpf" die Rede, „das sich zur Mätresse erniedrigt" (EU, 125). Zudem wird ihr Realitätsstatus auf mehrfache Weise abgeschwächt, denn auch Graf Sternheim zeigt einen tendenziell anderen Umgang mit seinem Verhältnis. In einem Gespräch mit seinem Freund Westhelm über die Geliebte fügt er etwa hinzu: „wenn ich eine hätte" (EU, 132). Darüber hinaus fehlen die plastischen und realistischen Beschreibungen der geplanten Zusammentreffen mit Sophie, die sich im Original finden.[31]

---

cobine treibt es mit dem eigenständigen Vorgehen beim Versuch, den Grafen zu bessern, fast zu weit, wie sie selbst feststellt: „[I]ch hab' es ein wenig zu weit getrieben." (EU, 152).

29 Wenn man bedenkt, dass selbst die Forschung sich noch im 20. Jahrhundert entrüstet über die Freizügigkeit ausländischer Komödien äußert, verwundert ein solcher kultureller Unterschied kaum; vgl. Else Pfenniger: Friedrich Ludwig Schröder als Bearbeiter englischer Dramen, Zürich 1919, S. 61, die sich in ihrer Studie abfällig über die „inhaltlich frechen Lustspiele" äußert, die Schröder übersetzt habe und die „mit cynischer Unverschämtheit die anstößigsten Laster dem Publikum vor Augen führen, sich lustig machen über Tugend und Sittlichkeit und in einem Wort das zügellose, ausschweifende Leben der Restaurationsepoche widerspiegeln"; vgl. Stephan Kraft: Identifikatorisches Verlachen – distanziertes Mitlachen. In: J. Birgfeld, C. D. Conter (Hrsg.): Das Unterhaltungsstück um 1800. Literaturhistorische Konfigurationen – Signaturen der Moderne, Hannover 2007, S. 208–229, hier S. 213.

30 Vgl. JA, 3, 74, 86, 88.

31 Bei Imbert ist davon die Rede, welche Vorsichtsmaßnahmen getroffen werden müssen, damit der nächtliche Besuch bei Sophie nicht bemerkt wird. Es geht darum, wie die Kutsche, die ihn nachts zu ihr bringen wird, fahren soll – „LE COMTE: Vous savez que sans bruit, / Il faut que mon Carosse, avant d'être chez elle? [...] / FRONTIN: Qui, Monsieur,

Schröder begnügt sich aber nicht mit diesen kleineren Umschreibungen des
Originals, sondern er greift auch in den Plot des Geschehens ein und macht
aus einer Andeutung im Original eine eigene Geschichte. Im Original ist die
Kontaktaufnahme eines adligen Libertins zu einer Mätresse, auf der Folie
der dargestellten Gesellschaft und des Rollenmodells der Mätresse, keine
große Angelegenheit. In Schröders Bearbeitung hingegen plant Westhelm
genau, wie er sich der Mätresse nähern kann, und er unterzieht sie einer regelrechten Prüfung. Westhelm stellt Sophie Dollmann auf die Probe, indem
er ihr als Geschenk eine Zitternadel zukommen lässt. Diese nimmt den
Schmuck an und gibt damit das Signal, dass sie mit Westhelm eine Affäre
eingehen würde. Westhelm kann seinem Freund Sternheim so vor Augen
führen, dass er auf eine Frau hereingefallen ist, der es nicht um wahre Liebe
geht, sondern die käuflich ist.[32] Diese Frage stellt sich so im Original nicht.
Die Requisite ,Zitternadel'[33] erinnert an Mariane in den *Soldaten* von
Lenz. Diese lässt sich von Desportes eine Zitternadel schenken. Sophie, die
sich allein wegen der materiellen Anreize auf einen anderen Mann einlassen
will, den sie, anders als Mariane in den *Soldaten,* gar nicht kennt, wird in der
Bearbeitung dadurch zu einem rein käuflichen Objekt.[34]

Schröders Bearbeitung vereindeutigt die Sympathielenkung nicht nur zu
Ungunsten der Mätresse, sondern auch zu Gunsten der Ehefrau. Die Gräfin

---

vous attende à cent pas." – und dass keine Lichter angezündet werden dürfen: „point de
flambeau" (JA, 52). Diese Details fehlen in Schröders Bearbeitung (vgl. EU, 151). In Lillos
Kaufmann von London verlegt Schröder die dargestellte Verführungsszene in die Vorgeschichte, so dass sie nicht direkt auf die Bühne kommt, so auch die Überredungsszene,
nach der Barnwell für die Geliebte Geld unterschlagen und in die Kasse seines Prinzipals
greifen will. Beides muss bei Schröder nicht auf die Bühne gebracht werden; vgl. Horst
Albert Glaser: Das bürgerliche Rührstück. Analekten zum Zusammenhang von Sentimentalität mit Autorität in der trivialen Dramatik Schröders, Ifflands, Kotzebues und anderer
Autoren am Ende des achtzehnten Jahrhunderts, Stuttgart 1969, S. 13.

32 Vgl. zur Zitternadel EU, 139, 141, 143 bzw. 144 zur Schmucknadel.

33 Während die Zitternadel in Lenz' *Die Soldaten* als Requisite auftaucht, ist hier, bei Schröder, nur von ihr die Rede, da sie ebenso wenig wie die Mätresse auf der Bühne erscheint.
Generell wird erwähnten Gegenständen und auf der Bühne erscheinenden Requisiten in
der Forschung bisher wenig Aufmerksamkeit geschenkt. Zu Funktion und Mehrdeutigkeit
der Requisiten bei Kleist vgl. Alexander Košenina: Kleists Requisiten: Anker in einer Welt
des Scheins. In: Y. Lü u. a. (Hrsg.): Wissensfiguren im Werk Heinrich von Kleists, Frei-
burg i. Br. 2012, S. 249–260.

34 Im Original wird nur einmal ein Schmuckkästchen erwähnt (vgl. JA, 74). Sophie lässt sich
dort aber nicht durch den Schmuck dazu bewegen, sich auf den Chevalier einzulassen (vgl.
JA, 87).

fungiert hier vor allem als Folie und Auslöser für die Gefühle anderer, denn sie ist in erster Linie eine bemitleidenswerte Figur. So stellt ihr Mann in einem Beiseite fest: „Sie rührt mich, ich weiß nicht, was ich sagen soll." (EU, 134). Als die von ihrem Ehemann Betrogene ist sie eindeutig das Opfer: „Da kömmt die arme Verlassene!" (EU, 125), heißt es – dabei ist sie, genau genommen, nicht verlassen worden, sondern es gibt neben ihr eine weitere Frau. Im Original steht an dieser Stelle schlicht: „La voici" (JA, 7). Nicht die Tatsache, dass ihr Mann eine Mätresse hat, stellt im Original für die Gräfin das Hauptproblem dar, sondern die Form seiner Eifersucht, die ihn zu einem despotischen Ehemann macht.[35] Bei Imbert charakterisieren die Regiebemerkungen die Comtesse zudem als ansatzweise selbstbestimmte Frau, und sie ist nicht einfach das Opfer.[36]

Die bürgerliche Vorstellung der Ehe, die in Schröders Bearbeitung anklingt, lehnt das Mätressenwesen generell ab und schließt sie aus dem Denkmöglichen aus. Ein Widerspruch zwischen sexuellem Begehren und moralischen Normen ist dort durch die eindeutig dichotomische Anlage von vornherein nicht möglich. Diese Haltung dürfte auch für den anderen Umgang mit Begriffen wie „libertin" und „galant" generell verantwortlich sein. Diese werden im Original, nicht aber in der Bearbeitung, von verschiedenen Figuren ganz selbstverständlich verwendet.[37] In der Bearbeitung wird die Galanterie stattdessen einmal ganz explizit thematisiert. Das ist wiederum im Original nicht der Fall. Da die Gräfin Sternheim sich unter dem Begriff „Galanterie" gar nichts vorstellen kann, bittet sie Graf Westhelm um Aufklärung, was darunter zu verstehen sei:

> Kommen Sie, Graf, und belehren Sie mich in einer Sache, die ich nicht verstehe. Daß ein Mann in der Liebe sehr füglich mit Eid und Versprechen spielen könne, ohne daß sein guter Name leide. – Ist es so?

---

35 Vgl. JA, 37: „Prenez sur ma maison un pouvoir despotique". Das geht soweit, dass ihr Mann einen neuen Diener einstellen will, der sie besser überwacht, wovon in der Übersetzung nicht die Rede ist.

36 Vgl. die differenzierten Regiebemerkungen zu ihrer Figur bei Imbert (etwa *„avec abandon"*; *„très gracieusement"*, JA, 39, *„avec un sourire"*, JA, 117), die Schröder nicht übersetzt. Zudem wird sie in Schröders Bearbeitung auch durch die Regiebemerkungen als unterlegen gezeichnet, etwa EU, 136: „GRAF: [...] *(gibt ihr die Hand und führt sie ab.)*", die viel umfangreicheren Regiebemerkungen an der entsprechenden Stelle des Originals lauten: *„au Comte, en lui tendant gracieusement la main"* und *„Après que le Comte lui a donné la main comme un homme qui sort d'une rêverie dont il est confus."* (JA, 40).

37 Vgl. etwa Lisette, die von „notre galant berger" (JA, 74) spricht, und Chevalier d'Elcour, der feststellt: „Je ne suis libertin que par réminiscence." (JA, 11).

Westhelm führt daraufhin aus:

> In der galanten Welt […] ist heut zu Tage ein kleiner Betrug in der Liebe gar kein Verbre-
> chen […]. In der Liebe darf man nicht so gewissenhaft sein. Zum Exempel: man sagt zu
> einer schönen Frau: ich liebe Sie – so wie zu einem guten Freunde, guten Morgen! – Das
> ist jezt eine angenommene Art zu reden, die man Galanterie nennt. Es wäre auch
> schlimm, wenn man nicht Etwas sagen dürfte, was man nicht empfindet. (EU, 143)

Hier erhält die Gräfin Aufklärung über eine Welt, die sie nicht kennt und die
dem Publikum vermutlich genauso fremd ist oder sein sollte, wie dies in der
Bühnenfiktion bei der Gräfin der Fall ist. Indem die Bearbeitung Schröders
nur hier die Worte „galant" und „Galanterie" zulässt und die Erklärung
Westhelms zeigt, dass galantes Verhalten innerfiktional nicht generell bekannt ist, bleibt diese Welt auch für die Zuschauer/Leser auf Abstand. Der
Begriff der ,Galanterie', der im Original eine selbstverständliche und nicht
weiter in Frage gestellte Umgangsform darstellt, wird hier von Schröder in
ganz anderer Weise und mit pädagogischem Impetus eingebaut.

IV. Fazit

Zusammenfassend ist festzuhalten, dass die Sympathielenkung in der Bearbeitung eindeutig zugunsten der Gräfin und zu Ungunsten der Mätresse
ausfällt. Das wird auch ganz am Schluss des Dramas noch einmal deutlich:
Mit den Worten „schäme dich" (EU, 157) appelliert Graf Westhelm in der
Bearbeitung an das Gewissen seines Freundes, und Schröders Stück endet
mit einer Geste, die man von Diderot'schen Familientableaus her kennt:
einem Fußfall.[38] Graf Sternheim ist sprachlos und wirft sich voller Reue seiner Frau zu Füßen (vgl. EU, 157). Diese optisch wirkungsvolle Unterwer-
fungsgeste kommt im Original nicht vor. Dort ist es außerdem nicht Reue,
die den Comte d'Orson sprachlos macht, sondern die Tatsache, dass Sophie
sich auf ein Rendezvous mit seinem Freund einlassen wollte.[39]

---

38 So in Diderots *Père de famille* bzw. dem *Hausvater*, dort werfen sich Sophie und St. Albin am
    Schluss vor dem Hausvater nieder; vgl. Denis Diderot / Gotthold Ephraim Lessing: Das
    Theater des Herrn Diderot, Stuttgart 1986, S. 280; Glaser (wie Anm. 31), S. 19 f. spricht
    von der „konservativen Tendenz der Familiengemälde", die „die häusliche Sphäre als den
    Umkreis des Lebens selbst beschreiben".
39 „WESTHELM: […] die Reue macht ihn sprachlos", EU, 157; „LE COMTE: Sohpie! un ren-
    dez-vous! & pour toi!" (JA, 115).

In der Bearbeitung schwört Graf Sternheim am Schluss seinem „vortrefflichen Weib" (EU, 157) die Treue. Die Besserungspläne Westhelms und Jacobines sind somit aufgegangen. Im Original hingegen geht es nicht um seine Treue, sondern in erster Linie um seine Eifersucht. Comte d'Orson stellt fest, dass er jetzt nur noch aus Liebe eifersüchtig werden könne – und die Liebe entschuldige dann seine Eifersucht (vgl. JA, 118).[40]

Der Vergleich von Original und Bearbeitung hat gezeigt, was aus einer französischen Konversationskomödie unter anderen Vorzeichen werden kann. Aus heutiger Sicht überrascht vielleicht die Betonung der Moral. In jedem Fall aber kann man sich fragen, warum Schröder überhaupt französische Dramen bearbeitet und zur Aufführung bringt, wenn er doch grundsätzliche Einwände gegen sie hat. So stellt er mit deutlicher Kritik gegenüber der Gattung generell fest:

> Die französische Comödie würde – ich wußte es! – nur von Einfluß geblieben sein, so
> lange der Reiz der Neuheit währte; ich kenne die Hamburger. Aber die Stimmung, die
> durch jenes Theater genährt und verbreitet wurde, war mir durchaus zuwider.[41]

Zugutehalten kann er den französischen Stücken hier allein den „Reiz der Neuheit", während er aus seiner Abneigung ihnen gegenüber kein Hehl macht. Und, um auf die einführenden Bemerkungen zurückzukommen, seiner Stiefschwester scheint er fast ebenso wenig nachzutrauern wie den französischen Komödien. Noch 30 Jahre nach ihrem Tod behauptet er:

> Ein langes Lebensziel hätte sie ohnehin gewiß nicht erreicht, sie war zu nervös, zu reizbar,
> voll romanhafter Ideen. Alles trieb sie bis zur Extravaganz.[42]

Vielleicht hätte er auch dem Senat zugestimmt, der „es anstößig fand, von einer Schauspielerin soviel Wesens zu machen",[43] und der alle weiteren Zeitungsartikel über sie verbot. Auch ein Denkmal durfte der verstorbenen Schauspielerin nicht gesetzt werden.[44]

---

40 Der Marquis erklärt bei Imbert schon zu Beginn, dass die Eifersucht bei Liebenden kein
    Problem sei: „[…] un jaloux qu'on aime afflige rarement" (JA, 21).
41 Schmidt (wie Anm. 2), S. 166.
42 So Schröder in einem Bericht an Friedrich Ludwig Schmidt, zitiert nach Ursula Geitner,
    Britta Findeisen: Schauspielerinnen. Der theatralische Eintritt der Frau in die Moderne,
    Bielefeld 1988, S. 98.
43 Eduard Devrient: Geschichte der deutschen Schauspielkunst, Berlin 1905, Bd. 1, S. 463 f.
44 Ebenda.

Für seine Zeit hat Schröder wohl – gerade auch für die Bühne – die treffen-
den Parameter gewählt. Jedenfalls spricht der Erfolg seiner Bearbeitungen
dafür. Auf die Frage Dalbergs, wo die Grenzen der Natur bei Theatervor-
stellungen liegen sollten, gab Johann David Beil die apodiktische Antwort:

> Ekhof und Schröder müssen also der Maßstab sein, nach welchem wir Natur und
> Grenze berechnen.[45]

Und deshalb war bei manchen Stücken – wie im vorliegenden Fall – wohl
mehr als ein Feigenblatt nötig, um das Stück dem Publikum präsentieren zu
können.

---

45 Max Martersteig: Die Protokolle des Mannheimer Nationaltheaters unter Dalberg aus den
    Jahren 1781 bis 1789, Mannheim 1890, S. 79; die Frage Dalbergs lautet: „Was ist Natur
    und welches sind die wahren Grenzen derselben bei theatralischen Vorstellungen?" (Mar-
    tersteig, S. 72).

III. Schauspielkunst

Die „dritte und eigentlich fremde Natur"
Zu Friedrich Ludwig Schröders Konzeption und Praxis des Schauspielens

Die folgenden Überlegungen sind der von Friedrich Ludwig Schröder in Hamburg seit den 1770ern propagierten Schauspielpraxis gewidmet. ‚Natur' und ‚Wahrheit' sind die Schlagworte, unter denen dieser Stil verhandelt und von Schröder kulturpolitisch propagiert wird.[1] Diese Beschreibungen werden von der Kritik aufgebracht, von Schröder übernommen und dann von der Theatergeschichtsschreibung weitergeführt.

Ergänzend soll hier anhand von Schröders selbstproklamierter Modell-Rolle, Shakespeares König Lear, herausgearbeitet werden, in welchem Maße die gespielte Natürlichkeit ihre eigene Gemachtheit immer auch ausstellen soll. Exponiert findet sich in der ‚Natur und Wahrheit' nicht zuletzt die Kunstfertigkeit des Schauspielens, was den Anspruch auf einen Realitäts-effekt relativiert. Der mit den neuen Realismus-Konzepten eigentlich be-kämpften Faszination für das Spektakuläre der Theater- und Schaueffekte findet sich letztlich durch die Faszination für die Verwandlungskunst ersetzt.

I.

In die Theatergeschichtsschreibung ist Schröder mehr noch als für sein Wir-ken als Prinzipal, Dramenautor und -bearbeiter für die Entwicklung wie Durchsetzung eines neuen Schauspielstils eingegangen: Der trainierte Ballett-tänzer und Akrobat[2] setzt nach der Übernahme der Leitung der Ackermann-schen Truppe und ihres Comödienhauses einen Darstellungsstil durch, der in der Tradition der von Diderot und Lessing formulierten Theaterästhe-

---

1   Vgl. den Beitrag von Jacqueline Malchow in diesem Band.
2   Vgl. zuletzt Peter W. Marx: Enter GHOST and HAMLET. Zur Vielstimmigkeit des Hamburger *Hamlet* von 1776. In: DVjs 85 (2011), H. 1, S. 508–523, hier S. 510–514.

tiken steht. An die Stelle von Deklamation, Extemporieren und Spektakel soll ein neuer Realismus treten. Die Illusionswirkung der Aufführung entspricht nicht der wie magisch wirkenden Täuschung, die von den technischen Effekten der Hofbühnen seit dem Barock ermöglicht wird. Vielmehr geht es um den Wiedererkennungseffekt einer möglichen Wirklichkeit und nicht zuletzt um Identifizierungsangebote. Die dargestellten Rollen haben dementsprechend den Gesetzten einer psychologischen Wahrscheinlichkeit zu folgen. Schon weil die technischen Möglichkeiten des Comödienhauses weit hinter den Hoftheatern zurückliegen, kommt bei der Herstellung dieses Realitätseffekts den Leistungen der Schauspielerinnen und Schauspieler eine herausragende Rolle zu.

Angesichts der sich wenige Jahrzehnte später in Berlin und Weimar durchsetzenden, an Malerei und Skulptur orientierten Schauspielstile bleiben Schröders ‚Natur und Wahrheit' zunächst nur Episode. Der Naturalismus wird sich ab den 1890ern aber affirmativ auf das Hamburger Konzept zurückbeziehen. Schauspielhistorisch ist es dann auch als Vorläufer von Konstantin Stanislawskis einfühlender und realistischer Schauspielkonzeption und ihren verschiedenen Nachfolgemodellen (*Method Acting* etc.) verortet worden.[3] So gesehen nähme Schröders Hamburger Theaterpraxis eine Vorläuferrolle für den realistischen Schauspielstil ein, der seit den 1950ern in Film und Fernsehen geradezu ubiquitär geworden ist.

Bekanntlich knüpft Schröder selbst an seine Schauspielpraxis theaterästhetische Ansprüche über Hamburg hinaus:

[M]ein einziger Wunsch ist jetzt alle Theater Deutschlands zu reformieren, allen deutschen Schauspielern die Natur und Wahrheit mitzuteilen, die man mir zugesteht,[4]

schreibt der 38-Jährige 1782. Seine Auslegung der Titelrolle in *König Lear* wird von der Geschichtsschreibung als das wohl bekannteste Beispiel für diesen Stil genommen *(vgl. Abb. 1 u. 2).*[5] Das hängt vor allem an Schröders

---

3 Vgl. Dieter Hoffmeier: Die Einbürgerung Shakespeares auf dem Theater des Sturm und Drang. In: R. Rohmer (Hrsg.): Schriften zur Theaterwissenschaft. Schriftenreihe der Theaterhochschule Leipzig, Berlin 1964.

4 Brief v. Friedrich Ludwig Schröder an Karl Theodor von Dalberg v. 19.1.1782, Wien. In: Hamburgischer Correspondent, Morgenzeitung der Börsenhalle. Beilage: Kunst, Literatur, Wissenschaft Nr. 142 (20.6.1875).

5 Vgl. Hoffmeier (wie Anm. 3), S. 150.

kulturpolitischer Strategie und Selbststilisierung: Der *Lear* steht in Hamburg zwar regelmäßig, aber doch selten auf dem Spielplan.[6]

Abb. 1: *Schröder als König Lear.* Gestochener Schattenriss, Hamburg 1780
(Hamburgensien-Sammlung der Hamburger Staats- und Universitätsbibliothek).

Beliebt und kommerziell erfolgreich ist Schröder in Hamburg vor allem als Komödiendarsteller.[7] Von der Theaterkritik wie von ihm selbst in den Vor-

6   Im Register des DFG-Projekts *Bühne und Bürgertum. Hamburger Stadttheater von 1770–1850*
      sind ab dem 17.7.1778 bis 1798 insgesamt 33 Aufführungen von *König Lear* mit Schröder
      verzeichnet: 1778 neunmal, 1779 viermal, 1780 dreimal, 1786 zweimal, 1787 und 1788
      einmal, 1789 zweimal, 1790 einmal, 1791 zweimal, 1793 zweimal, 1794 zweimal, 1795 zwei-
      mal, 1796 einmal, 1798 zweimal; vgl. <www.stadttheater.uni-hamburg.de>, zuletzt:
      20.1.2017.

dergrund gestellt, werden aber seine ernsten Rollen. Mit dem Lear gastiert er in Berlin, Wien und Mannheim: Die realistische und psychologisch präzise Rollendarstellung erlangt dabei breit rezipierten Modellcharakter.[8]

Abb. 2: Franz Kobell: Federzeichnung in Schröders Stammbuch. Nr. 89. Gezeichnet in Mannheim 1780 (in: Friedrich Ludwig Schröder: Blätter eines Hamburger Schauspieldirektors, Berlin 1935).

Den Zeitgenossen vielleicht zu selbstverständlich und daher meist nicht erwähnenswert an Schröders neuem Realismus ist, dass dieser in all seiner ‚Natur und Wahrheit' durchgehend als ‚Kunst' konzipiert scheint. Am König Lear zeigt sich besonders deutlich, dass der neue Realismus etwas genuin Theatrales hat: Ein Mittdreißiger spielt einen laut Fiktion weit mehr als doppelt so alten Greis.

Kaum lässt sich bei allem Realismus vergessen, dass er diesen spielt und nicht dieser Greis ist. Das theatrale Rollenspiel findet sich spektakulär aus-

7   Vgl. die Einleitung zu diesem Heft.
8   Vgl. Hoffmeier (wie Anm. 3), S. 122–127, hier S. 242.

gestellt. Von dem 34-jährigen jungen Mann, der den alten Greis Lear auf der Bühne gibt, wird Goethe ein Jahrzehnt später in der *Italienischen Reise* notieren:

> Wir […] erinnern uns, durch einen fähigen jungen Mann alte Rollen bis zur größten Täuschung vorgestellt gesehen zu haben […]. [E]r spielte nicht nur sich selbst, sondern eine dritte und eigentlich fremde Natur. Wir lernen diese dadurch nur desto besser kennen, weil sie jemand beobachtet, jemand überdacht hat, und uns nicht nur die Sache, sondern das Resultat der Sache vorgestellt wird.[9]

Betont wird hier zwar die ,große Täuschung', die fast gelungen scheint. Sie gerät aber nicht zu einer ,zweiten' Natur, sondern wird zu einer ,dritten, eigentlich fremden'. Als ,beobachtete' und ,überdachte' wird die Rollendarbietung nicht zu der von Schröder zugeschriebenen ,Natur und Wahrheit' der ,Sache' als solcher, sondern zum ,Resultat'. Der naturgemäße Hamburger Stil zeigt sich in Goethes Bewertung als ein reflektierter Stil; er geht damit nicht völlig im immer noch geläufigen Schauspielrealismus auf. Dieser verdichtet sich mit dem Spektakulären einer ,großen Täuschung', die auf die ihre eigene Gemachtheit ausstellenden Illusionseffekte des Barocktheaters zurückweist.

Damit steht diese Schauspielkunst zwar noch lange nicht für eine distanzierte Rollenauffassung und Spielweise, wie sie im Theater seit Brecht leitend wird. Mit Goethes Bewertung, die hier die eigene späte Einschätzung der Figuren Shakespeares auf Schröders Rollendurchführung überträgt,[10] ist aber durchaus auf den distanzierenden Zeigemoment verwiesen, der in Schröders ,Natur und Wahrheit' mitläuft: nicht als in ihrer Allgemeingültigkeit ausgestellte Natur zweiten Grades, wie sie etwa Lessing für die Schauspielkunst vorschwebt, sondern als ,dritte' Natur, deren Gemachtheit sich im Spielen ausgestellt findet.

Die Suche nach ,Natur und Wahrheit' auf der Bühne soll in der zeitgenössischen Debatte nicht zuletzt die Alternative zwischen ,heißer' und ,kalter' bzw. selbstvergessener und distanzierter Schauspielkunst obsolet machen.[11] Wo diese mit den Namen Saint-Albine und Riccoboni verknüpfte

---

9 Johann Wolfgang von Goethe: Frauenrollen auf dem italienischen Theater von Männern gespielt. In: Goethes Werke. Große Weimarer Ausgabe, Abt. I, Bd. 47, S. 269–274, hier S. 272.

10 Johann Wolfgang von Goethe: Shakespeare und kein Ende. In: Goethes Werke. Große Weimarer Ausgabe, Abt. I, Bd. 41/1, München 1987, S. 52–71, hier S. 53.

11 Johann Friedrich Schink: Ueber Brockmanns Hamlet, Berlin 1778, z. B. S. 28, 62.

Debatte aus dem Paris der 1750er immer wieder als Referenzpunkt fungiert, bezieht Schröder eindeutig für den ,kalten Schauspieler' Partei:

> Glauben Sie […], es würde mir glücken, den Zuschauer dahin zu bringen, daß er Schrö-
> dern vergäße, wofern ich nur einen Augenblick selbst Lear wäre? Oder ihm weiszuma-
> chen, er sähe den König Lear, wenn ich einen Augenblick Schrödern vergäße?[12]

Zwar suggeriert die Rhetorik, dass das Publikum letztlich in der Tat Lear auf der Bühne sieht und Schröder vergisst. Aber die Rede vom Vergessen verweist auch auf das Prozesshafte: Der Schauspieler Schröder wird vergessen, indem er Lear als ,Natur und Wahrheit' erspielt. Das reflektierende Moment wird immer mitgedacht. Der Gesprächspartner, der dänische Literaturprofessor und Literat Jens Baggesen, betont gerade an Schröders Lear die Aktivität des Schauspielers: „Es war das Meisterstück der Schauspielkunst, im Triumph der Schauspielerkunst herbeigeführt."[13] In der von dieser Beschreibung pointierten Kunst des ,Spielers' ist der Als-ob-Charakter nicht verschwunden, sondern er macht vielmehr Schröders Leistung aus. Die Praxis der *dissimulatio,* der künstlichen Verbergung einer Kunst, die nunmehr wie Natur erscheinen kann, wird zwar aufgerufen. Die Kunst der Verbergung der Kunst findet sich aber ausgestellt und die eigene Gemachtheit so reflektiert.

Über Schröders Rollenauslegung des Lears gibt es aus der DDR-Theaterforschung eine umfangreiche und bis auf die Ankündigung des kommenden sozialistischen Volkstheaters sehr einschlägige Studie, zu deren Quellenaufbereitung wenig Neues aufzufinden ist.[14] Beim Autor dieser Studie handelt es sich um Dieter Hoffmeier, seines Zeichens Stanislawski-Spezialist und später lange Direktor des Instituts für Schauspielregie an der Berliner Hochschule für Schauspielkunst „Ernst Busch". In seiner Dissertation zu Schröder analysiert er dessen Schauspieltheorie und -praxis in direkter Vorläuferschaft zur der realistischen Stanislawskis, wie sie dann jahrzehntelang an der Ernst Busch-Schule gelehrt wird. In den deutschsprachigen Debatten des 21. Jahrhunderts wird dieser psychologisch-realistische Schauspielstil der Ernst Busch-Schule gegen einen häufig ,postdramatisch' oder ,performativ'

---

12 Jens Daniel Baggesen: Baggesen oder das Labyrinth. Eine Reise durch Deutschland, die Schweiz und Frankreich. Drittes Stück, übers. v. Carl Friedrich Cramer, Altona, Leipzig 1794, S. 139.

13 Zitiert nach Johann Friedrich Müller: Theatererinnerungen eines alten Burgschauspielers, hrsg. v. Richard Daunicht, Berlin 1958, S. 115.

14 Vgl. Hoffmeier (wie Anm. 3).

genannten Einsatz der inzwischen sogenannten Gießener Schule gesetzt, der mit distanzierenden und affektiven Einsätzen arbeitet.[15] Das Erbe Schröders und seine Tragweite stehen in diesem Sinne immer noch zur Diskussion, wird weiterhin mit Alternativentwürfen konfrontiert. Goethes Hinweis auf die ‚dritte Natur‘, die Schröder zur Aufführung prägt, wirft jedoch die Frage auf, inwieweit Schröders Schauspielkonzeption sich ganz auf der einen Seite dieser Alternative verorten lässt.

Beim von Schröder entwickelten ‚naturnahen‘ oder ‚naturgemäßen‘ psychologischen Realismus im Schauspiel geht es bekanntlich um zuvor unberücksichtigte Details des menschlichen Verhaltens: um die Entwicklung und teilweise innere Spannung der Affekte und Emotionen und um die Fortentwicklung des stummen Spiels, der *eloquentia corporis,* auch während des Sprechens der anderen.[16] Es geht um die stärkere Orientierung am literarischen Text (statt um Extemporieren), um die Interaktion innerhalb des Ensembles, um die Mimik und nicht zuletzt um angemessene Kostümierungen.[17]

David Garricks Londoner Rollen sind in aller Munde; Hamburger Kaufleute erstatten Schröder Bericht und diskutieren Garrick bei Schröder zuhause:[18] Lichtenbergs wie eine wissenschaftliche Untersuchung abgefasste Mimographie von Garricks Hamlet-Darstellung wird 1776 in den Hamburger *Adreß-Comptoir-Nachrichten* abgedruckt.[19] Der neue Hamburger Stil tritt in den 1770er Jahren gegen die immer noch weitverbreitete Praxis des Deklamierens an. Weiterentwickelt wird aber auch Lessings Weiterführung von Riccobonis Konzept der ‚kalten‘ Schauspielerei. Nach Lessing soll die realistische schauspielerische Darstellung ein für alle Menschen allgemeingültiges Gefühl treffen. Dagegen zielt Schröder auf die Darstellung einer Individualität der jeweiligen Figur.[20]

15 Vgl. Wolf-Dieter Ernst: Der affektive Schauspieler. Die Energetik des postdramatischen Theaters, Berlin 2012.

16 Vgl. Alexander Košenina: Anthropologie und Schauspielkunst. Studien zur „eloquentia corporis" im 18. Jahrhundert, Tübingen 1995, S. 117–151.

17 Vgl. Paul Felix Hoffmann: Friedrich Ludwig Schröder als Dramaturg und Regisseur, Berlin 1939, S. 27–35. Vgl. Hoffmeier (wie Anm. 3), S. 97 ff.

18 Vgl. Hoffmeier (wie Anm. 3), S. 58 ff.

19 Vgl. Georg Christoph Lichtenberg: Briefe aus England. An Heinrich Christian Boie. [Erster Brief]. In: Ders.: Schriften und Briefe, Dritter Band: Aufsätze, Entwürfe, Gedichte. Erklärung der Hogarthischen Kupferstiche, München 1992, S. 326–338.

20 Vgl. Hoffmeier (wie Anm. 3), S. 105–115.

II.

Schröders König Lear gilt den Zeitgenossen – wie zitiert – als das ‚Meisterstück der Schauspielkunst': „Das läßt sich gar nicht beschreiben; sehen, fühlen mußte man es!",[21] ist von Iffland Jahre später überliefert:

> Desgleichen habe ich noch nie gesehen und werde es wohl nie wieder zu sehen bekom-
> men, bis ich einmal wieder Schröder als König Lear sehe"[22],

schreibt der bereits genannte Baggesen. Dass ausgerechnet Shakespeares
Dramen sich als Vorlage für den realistischen Schauspielstil anbieten, liegt
an den zeitgenössischen Kontexten: Aus der englischen Rezeption wird
einerseits der Topos von der Naturnähe von Shakespeares Figuren impor-
tiert: Diese seien dem Leben quasi abgelauscht.[23] Für seinen neuen Londoner Schauspielstil wird auch Garrick 150 Jahre später die Menschen geradezu wissenschaftlich beobachten. Die Prosaübersetzungen Wielands und
Eschenburgs werden zwar viel kritisiert, erscheinen gegenüber Shakespeares
meist freien und teils strikten Versen aber geradezu als Verbesserung in diese
Richtung.

Herders Shakespeare-Aufsatz von 1773 nimmt dann für Shakespeare
und insbesondere für *King Lear* ein organologisches Kunstprinzip in Anspruch: Jedes auch noch so kleine Teil gehört dazu und erschafft eine Handlung und Figuren wie aus einer (tieferen) Natur.[24] Bei der Shakespearelektüre
entfalten sich so Regungen und Zuckungen psychologisch komplexer Gestalten, die sich idealiter auch auf die Bühne übertragen ließen. Die hocharti-
fizielle Dimension von Shakespeares Texten, die zur Figurenpsychologie
durchaus quer verläuft, wird erst Jahrzehnte später von Schlegel und Tieck
stark gemacht werden.

Von zwei Szenen in Schröders Lear ist die Rezeption besonders gefes-
selt: von Lears Verfluchung seiner ältesten Tochter Goneril am Ende des

---

21 Zitiert nach Friedrich Ludwig Schmidt: Denkwürdigkeiten des Schauspielers, Schauspiel-
    dichters und Schauspieldirektors Friedrich Ludwig Schmidt (1772–1841). Nach hinterlas-
    senen Entwürfen zusammengestellt u. hrsg. v. Herrmann Uhde, 1. Teil, Stuttgart 1878,
    S. 293.
22 Baggesen (wie Anm. 12), S. 119 f.
23 Vgl. Gunter E. Grimm (Hrsg.): Johann Gottfried Herder: Shakespeare. In: Schriften zur
    Ästhetik und Literatur 1767–1781, Frankfurt a. M. 1993, S. 498–521, hier S. 508.
24 Vgl. ebenda, S. 510.

I. Akts und von Lears Sterbeszene am Ende des Stücks.[25] Etwas hinter diesen beiden Szenen zurück stehen in der Rezeption die seit der Romantik so wichtigen Wahnsinnsszenen Lears. Berühmt ist seit Herder auch die abrupte Eingangsszene des Stücks: Die Machtübertragung des greisen Königs an seine drei Töchter geht fehl, weil dieser in einem cholerischen Anfall die einzige ihn liebende Tochter verstößt und sich den beiden hinterlistigen ausliefert. In Anlehnung an Eschenburgs Nachwort zu seiner Übersetzung von 1776 streicht Schröder diese Szene und damit weitgehend die politische Dimension. Betont findet sich so das Familiendrama; der bei Shakespeare cholerische bis böswillige Lear wird zu einer Figur des Mitleidens.[26]

Überhaupt hält Schröder sein Publikum für (noch) nicht befähigt, eine Schauspielleistung in ihrer künstlerischen Qualität zu würdigen. Die Hamburgerinnen und Hamburger bejubeln die jeweiligen Sympathieträger. Schröders Marinelli und Iago etwa stoßen auf wenig Gegenliebe.[27] Entsprechend entwickeln Schröder und sein Mitarbeiter Johann Christoph Unzer eine Spielfassung, die auf identifizierendes Mitleiden mit Lear, dem von seinen Töchtern verratenen Vater setzt. Daher findet sich auch das Ende angepasst: Die Jesus-gleiche Cordelia stirbt keinen poetisch ungerechten Tod; sie ist nur in Ohnmacht gefallen. Schröders bzw. Lears langgezogener Sterbemonolog im Zeichen der Trauer um die gerade erst wiedergewonnene Tochter provoziert auch hier vor allem Mitleid mit dem die Wahrheit nicht mehr erkennenden Vater.[28]

Einen wesentlich höheren Stellenwert als bei Shakespeare erhält die Verfluchung Gonerils: Wegen des Weglassens von Shakespeares Eingangsszene beendet diese nunmehr den ersten Auftritt des alten Königs. Von Schröders späterem Dramaturgen Johann Friedrich Schink sind zwei mimographische Beschreibungen überliefert, die sicher gleichermaßen stilisierenden wie programmatischen Charakter aufweisen. Sie zeigen aber durchaus, was hier bezüglich des Schauspiels auf dem Spiel steht.

25 Vgl. Hoffmeier (wie Anm. 3), S. 126 f. Vgl. Johann Friedrich Schütze: Hamburgische Theater-Geschichte, Hamburg 1794, S. 469 f.
26 Vgl. Martin Jörg Schäfer: Schröders und Bocks *King Lear*-Bühnenadaptionen der 1770er. Eschenburgs Nachwort als dramaturgischer Baukasten. In: B. Jahn, C. Zenck (Hrsg.): Bühne und Bürgertum. Das Hamburger Stadttheater 1770–1850, Bern u. a. 2016, S. 517–539, hier S. 529–531.
27 Vgl. Hoffmeier (wie Anm. 3), S. 119–122.
28 Vgl. Schäfer (wie Anm. 26), S. 536 f.

Bei Shakespeare tritt Lear fast sofort auf. Das ist ungewöhnlich für eine Königsfigur, für die es meist einer zeremoniellen Ankündigung bedarf.[29] In Schröders Bühnenfassung kommt Lear hingegen sehr spät: Per Botenbericht ist zuvor von seinem bizarren Auftreten bei der Reichsteilung die Rede gewesen; dann erfolgt der Einstieg in Shakespeares ausufernden Subplot um den Lear-Getreuen Gloster. Erst in einem dritten Schritt geht es wieder um die Titelfigur, aber zunächst in Abwesenheit. Tochter Goneril beklagt sich zunächst über das Verhalten ihres Vaters und seiner 100 Knappen, die sie zu bewirten hat. Dann gibt sie Anweisungen, Lears weitere Forderungen zu ignorieren. Des Publikums Sympathien sind bereits auf die Probe gestellt. Gonerils Verärgerung scheint gerechtfertigt, ihre Maßnahmen scheinen überzogen.

Im dann folgenden Auftritt Lears durchlebt dieser bei Schröder in kürzester Zeit diverse psychologische Zustände. Eine äußerst ausführliche Beschreibung Schinks bezieht sich auf sehr wenige Textpassagen bei Shakespeare bzw. in Schröders Spielfassung:

> Lear kommt mit seinem Gefolge von der Jagd, im Anstande, Blick, Gang und Ton *König*. Sein Gang ist rüstig, sein Blick lebhaft, sein Ton fest [...]. Die frische Luft, die Bewegung, die Jagdlustbarkeiten haben [...] sein Blut lebhafter in Umlauf gebracht [...]; und so fühlt er eine Art neues Leben, neuer Kraft in sich. [...] Aber der alte Mann ist doch sichtbar. Es ist Greisesrüstigkeit, Greisesfeuer, Greisesfestigkeit, mit der er alles fodert und befiehlt, hört es an [...] dem ermattenden Ton seiner Stimme. [...]
>   Lears erste Worte sind Befehle. [...] Luft und Bewegung haben ihn hungrig gemacht; und er will dieses Bedürfnis auf der Stelle befriedigen. Da ist der König. [...] Wie er wünscht, so spricht er auch, rasch und schnell hintereinander fort. [...] Die Leute, denen er die Anstalten zum Essen aufgetragen, kommen nicht zurück. Er wird ungeduldig und gibt neue Befehle. [...] Endlich erscheint einer von der Herzogin Leuten, er frägt nach seiner Tochter. Der, seinen, von Goneril erhaltenen Befehlen, nur allzu gehorsam, zieht sich ohne Antwort zurück. Wild fährt der beleidigte König über diese Impertinenz auf, befiehlt, ihn zurückzurufen. [...] Als er nun gar vernimmt, daß der Elende nicht zurückkommen will, der sein Ansehn so empfindlich kränkte, so wallt sein Blut *noch heißer* auf. Aber die Bemerkung von der allgemeinen Abnahme der Ehrfurcht und Hochachtung gegen ihn im Palaste der Herzogin, durch ähnliche Beobachtungen seiner Ritter bestätigt, schlägt seinen Zorn nieder, verwandelt ihn in drückende, pressende Empfindung, die sich

---

29 Vgl. Juliane Vogel: Erscheinung und Zeremonie. Ankunftsszenen bei Hugo von Hofmannsthal. In: A. Hansen-Löve, A. Heitmann, I. Mülder-Bach (Hrsg.): Ankünfte. An der Epochenschwelle um 1900, München 2009, S. 161–172.

mit einem halbverhaltenen Seufzer in der Frage äußert: ‚Ha, meinst du das?' Diese Empfindung stimmt ihn ganz herab.[30]

Diese lange Passage bezieht sich auf recht wenig Text bei Shakespeare. Lears Zustand ist von Anfang an komplex: Altershafte Eile wechselt sich mit der Ungeduld des vormals absoluten Königs ab. Für die Reserviertheit der Tochter werden Ausreden vorgeschoben; die sich ankündigende Wut schlägt zunächst in Niedergeschlagenheit und Enttäuschung um.

Schink verfährt hier so wie schon in seinen bekannteren Ausführungen zu Brockmanns unter Schröder gegebenem Hamlet beim Berliner Gastspiel von 1778:[31] Shakespeares Texte werden als Partituren für Menschendarstellung verstanden. Indirekt lassen sich dann aus ihnen die jeweilige Figurenpsychologie und eine ihr je individuelle *eloquentia corporis* ablesen. Schink überträgt die vom Schauspieler in seine Bühnendarbietung übersetzte Lektüre zurück in eine schriftliche Erläuterung. Shakespeares Vorlage wird nicht nur nicht deklamiert; ein weiterer Text liegt im stummen Spiel: im Verhalten während des Sprechens oder des Redens der anderen, in Körpersprache und Mimik.

Diese bis ins kleinste Detail in seinem Spannungsreichtum zu vermitteln, wird als Leistung Schröders beschrieben. Dabei lässt dieser Riccobonis Mimik-Konzept für den ‚kalten' Schauspieler hinter sich. Hier war das gestische und mimische Repertoire mechanisch anzutrainieren und dann abzurufen. Für Brockmanns Hamlet hatte Schink diesbezüglich Kritikpunkte geäußert: Manchmal kommt es zu topisch steifen Gesten und vom Gesichtsausdruck her zu antrainierten Grimassen.[32] Schink fordert (in Anlehnung an Lichtenbergs Mimographie von Garricks Hamlet-Darstellung) „wirklichen Schrecken" statt „Nachahmung des Schreckens".[33]

Damit ist aber kein Wiedererstarken des ‚heißen' Schauspielers gemeint, der im Moment des Schreckens tatsächlich Furcht empfindet. Riccobonis Kritik, der schnelle Umschwung zwischen wirklich empfundenen großen Gefühlen, wäre rein technisch gar nicht zu leisten, hat nichts an Geltung verloren.[34] Mit Hoffmeier lässt sich diese Praxis vielmehr als „Einfühlung in

---

30 Johann Friedrich Schink: Dramaturgische Monate, Vierter Band, Schwerin 1791, S. 1087–1141, hier S. 1089.
31 Vgl. Schink: Ueber Brockmanns Hamlet (wie Anm. 11).
32 Vgl. ebenda, S. 61 f.
33 Ebenda, S. 62.
34 Francesco Riccoboni: Auszug aus Die Schauspielkunst. An die Madame *** durch Herrn Franziskus Riccoboni den Jüngeren. In: J. Roselt (Hrsg.): Seelen mit Methode. Schauspiel-

den gefühls- und verstandesmäßig begriffenen Rollencharakter"[35] – und insofern vielleicht tatsächlich als Teil einer Art Vorgeschichte zu Stanislawski. Ähnlich beschreibt später Schröder in Anlehnung an Schinks Brockmann-Mimographie die Leistung des Schauspielers: Der

> Schauspieler muß [...] alles aus sich, *aus seiner Seele* nehmen, sonst wird ihm die in diesem Fache so unentbehrliche *Mannigfaltigkeit* abgehen.[36]

Entsprechend grenzt sich Schröder von der konkurrierenden Schauspielkonzeption Ifflands mit dem Kreationsvokabular des Sturm und Drangs ab:

> Iffland ist nicht Schöpfer. Selbst zu seinen komischen Rollen sucht er eine Art Original, das er kopiert. Mein Grundsatz, den meine Erfahrung noch nicht widerlegt hat, ist: der große Schauspieler kann nicht kopieren. Wer sich darauf legt, kann nur grobe Individualität zeichnen.[37]

Aus einem Gespräch mit Lessing ist von Schröder überliefert: „[I]ch hoffe, in keinem Stück hinter den billigen Forderungen des Menschenkenners zurückzubleiben". Shakespeares „kunstgebildete[ ] Natur"[38] verlangt demnach von Shakespeare eine ganz andere Zergliederung der Rolle: die kontrollierte Arbeit an den kleinen Details. Der Erfolg dieser Arbeit muss sich dann an der Publikumsreaktion zeigen.

Im Falle von Lears Verfluchung von Goneril erinnert sich Iffland: „Die Nebenspieler [...] wagten kaum zu sprechen"; es „schauderte jeder"[39] heißt es bei einer anonymen Hamburger Besucherin. Der Fluch wirkt, einer beliebten Legende der Theatergeschichtsschreibung zufolge, nicht nur Wirkungen aufs Publikum: Bei einem Wiener Gastspiel Schröders als Lear weigerte sich die Schauspielerin der Goneril je wieder in dieser Rolle die Bühne

---

theorien vom Barocktheater bis zum postdramatischen Theater, Berlin 2005, S. 116–123, hier S. 118.

35 Hoffmeier (wie Anm. 3), S. 101.

36 Friedrich Ludwig Schröder: Auszüge aus Franz Riccobonis Vorschriften über die Kunst des Schauspielers mit hinzugefügten Bemerkungen, hrsg. v. Gerhard Piens, Berlin 1954, S. 130 f.

37 Carl August Böttiger: Friedrich Ludwig Schröder in Hamburg im Sommer 1795. In: Minerva. Taschenbuch für das Jahr 1818, Zehnter Jahrgang, Leipzig 1818, S. 284 f.

38 Zitiert nach Friedrich Ludwig Wilhelm Meyer: Friedrich Ludwig Schröder. Beitrag zur Kunde des Menschen und des Künstlers, Hamburg 1823, Erster Theil, S. 338.

39 Zitiert nach Schmidt (wie Anm. 21), S. 293.

zu betreten, nachdem sie von Schröder bzw. Lear verflucht worden war.[40] Dass die ‚Wahrheit' hier das Spiel zu sprengen scheint, kann in Vergessenheit geraten lassen, dass diese ‚Wahrheit' ganz und gar künstlich gemacht ist und das Publikum das An- und Abschwellen der Emotionen bis zu ihrem Ausbruch vorgeführt bekommt. Denn der Wirklichkeitseffekt entsteht nicht dadurch, dass der böse Willen der Tochter auf den Zorn des Vaters prallt und beide Darstellenden sich je individuell in der Vorführung ihrer Affekte ergehen können. Es gibt, bis Lear den Fluch ausspricht, eine subtile Steigerung.

In Schröders Bearbeitung sind die Töchter ja zunächst nicht einseitig böse. Ihre Erschöpfung dem kindischen Benehmen des Vaters gegenüber scheint in vielen Aspekten gerechtfertigt. Gerade vor diesem Hintergrund ist die Härte des Konflikts an dieser Stelle so wirkungsvoll:[41] Der Fluch über die Tochter wird erst nach einem Wechselbad der Gefühle und ihren unterschiedlichen Manifestationen ausgesprochen: nach Protest, nach Empörung, nach geleugneten Herabsetzungen, nach von Lear für die Tochter erfundenen Ausreden.[42] Erst dann wird Schröder bzw. Lear in Schinks Beschreibung für einen kurzen Moment despotisch und selbstzerstörerisch:

> Gonerils Blick ist finster und verdrießlich, ihr Ton hart und gebieterisch, nicht die Tochter die Herzogin spricht zu ihm. […] Mit stummer Betäubung hört er dies alles an, seine Augen ruhen auf Goneril, wie die Augen eines Träumenden, der sich nicht überreden kann, daß es Wahrheit ist, was um ihn vorgeht. […] Seine erste Empfindung ist Wehmut. Mit gebeugtem Vaterherzen sieht er der Undankbaren in die Augen […] mit einem Tone, in dem mehr die verwundete Vaterliebe, als Bitterkeit sichtbar ist, fragt er: „Bist du meine Tochter?"[43]

Es folgen innerhalb von Rede und Gegenrede dann in kürzester Zeit Befremdung, Zorn, Fassungslosigkeit, wütendes Weggehen. Der Fluch wird nicht der Tochter oder dem Publikum zugerichtet, sondern sich im Abgehen umdrehend ausgestoßen. Er ist eigentlich eher zufällig durch Auftritt und Nachfrage des Schwiegersohns motiviert. Hier handelt es sich nun nicht mehr um die Wut eines absoluten Herrschers respektive Tyrannen, der seine Macht verloren hat (und vom bürgerlichen Publikum wohl kein Mitleid erwarten kann), sondern schlicht um die Verletzung eines Vaters:

---

40 Vgl. Hoffmeier (wie Anm. 3), S. 153.
41 Vgl. ebenda, S. 154.
42 Vgl. ebenda, S. 156.
43 Schink: Dramaturgische Monate (wie Anm. 30), S. 1039 f.

Höre mich, Natur! Theure Göttinn, höre einen Vater! Hemme deinen Vorsatz, wenn du
dieß Geschöpf fruchtbar machen wolltest! Banne Unfruchtbarkeit in diesen Schooß! und
laß nie aus ihrem entarteten Leib einen Säugling entspringen, der sie ehrt. Muß sie aber
gebähren, so erschaff' ihr Kind aus Galle, und laß es leben, sie ohne Rast mit unnatürli-
cher Bosheit zu peinigen! Laß es Runzeln in ihre junge Stirn graben, und mit glühenden
Thränen Kanäle in ihre Wangen ätzen! Laß es alle ihre Mutterschmerzen mit Hohngeläch-
ter, alle ihre Wohlthaten mit Verachtung erwiedern, damit sie fühle, wie viel schärfer als
ein Schlangenbiß es ist, ein undankbares Kind zu haben![44]

Schink kommentiert rückblickend:

Ein Flammen wirbelnder, Feuermassen schleudernder Vulkan stand er vor der frechen
Goneril, und seine Flüche brausten, ein wogenempörtes Meer, über sie her.[45]

Laut dem in der Hamburger Staatsbibliothek vorliegenden Soufflierbuch ist
der Fluch in den gut 40 Jahren, in denen Schröders Fassung in Hamburg gespielt wird, kaum verändert worden: Die Seite weist fast keine Eingriffe auf
(vgl. Abb. 3).

Der große Theatermoment dieses spektakulären Ausbruchs Lears, bei
dem es sich ja gleichzeitig um einen schwachen alten Mann wie um einen
Schauspieler im besten Alter handelt, ist aber vorbereitet. Langsam wird ein
ganz normaler Zorn aufgebaut, der sich dann, als er keine Abfuhr findet, in
kompletter Übersteigerung entlädt. Der Fluch mag einen Ausbruch aus der
psychologischen Wahrscheinlichkeit vorstellen, aber mittels des Wahrscheinlichen ist er psychologisch genauestens vorbereitet.

Der große Theatermoment dieses spektakulären Ausbruchs Lears, bei
dem es sich ja gleichzeitig um einen schwachen alten Mann wie um einen
Schauspieler im besten Alter handelt, ist aber vorbereitet. Langsam wird ein
ganz normaler Zorn aufgebaut, der sich dann, als er keine Abfuhr findet, in
kompletter Übersteigerung entlädt. Der Fluch mag einen Ausbruch aus der
psychologischen Wahrscheinlichkeit vorstellen, aber mittels des Wahrscheinlichen ist er psychologisch genauestens vorbereitet. Eruptionen der Leidenschaften wie Lears so cholerischer wie spektakulärer Wutanfall zum Eingang
von Shakespeares Tragödie sind dabei nicht vorgesehen. Schröders Streichung der Szene scheint nur konsequent. Bei aller Sympathie Schröders für
die neuen Dramen des Sturm und Drang folgt die schauspielerische Shakes-

---

44 [Friedrich Ludwig Schröder (Bearbeiter):] König Lear. Ein Trauerspiel in fünf Aufzügen.
    Nach Shakespear, Hamburg 1778, S. 25.
45 Johann Friedrich Schink: Zeitgenossen. Biographien und Charakteristiken, Dritter Band,
    Leipzig 1818, S. 47.

peare-Auslegung doch einer grundlegend anderen Tendenz: Die jedes Maß sprengenden Exzesse von Shakespeares Figuren, wie sie ein paar Jahrzehnte später ihre Echos in den Dramen Kleists finden werden, finden sich in kleinste Untereinheiten ganz auf eine ihnen unterstellte psychologische Berechenbarkeit aufgeschlüsselt: Je komplizierter die Effekte und Emotionen von Shakespeares Figuren, desto kleinteiliger muss die Aufschlüsselung sein. Von dieser analytischen Aufschlüsselung aus lässt sich dann die von Goethe beobachtete ‚dritte und eigentlich fremde Natur‘ vor den Augen des Publikums herstellen.

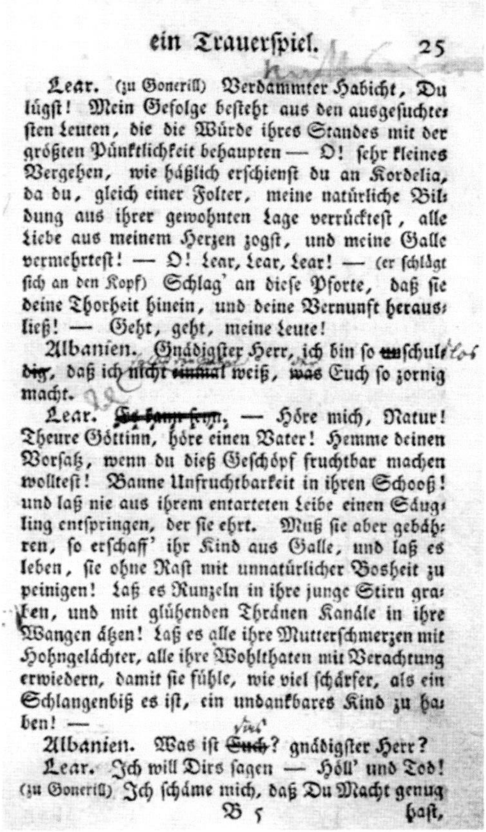

Abb. 3: Soufflierbuch *König Lear* (Signatur „Theater-Bibliothek 2029“ in der Hamburger Staats- und Universitätsbibliothek), S. 25.

Die vom Publikum überlieferte Faszination liegt vielfach darin, dass man hier tatsächlich einer natürlichen Eruption beizuwohnen glaubt – also eher im Sinne einer erspielten ‚zweiten Natur'. Auch noch Schinks spätere Beschreibungen liefern ein entsprechendes Echo. Schröders Selbstbeschreibungen beharren hingegen darauf, der Zornesausbruch sei in Gänze künstlich kontrolliert. Schröders eingangs zitierte Selbststilisierung sei in diesem Sinne kontextualisiert. Es handelt sich um eine Antwort an den ebenfalls bereits erwähnten Jens Baggesen:

> „Sie sind also", wiederholte ich, „nicht König Lear selbst, während Sie auf der Schaubühne stehen? Nicht selbst getäuscht, indem Sie andere täuschen?" „Glauben Sie", antwortete er, „es würde mir glücken, den Zuschauer dahin zu bringen, daß er Schrödern vergäße, wofern ich nur einen Augenblick selbst Lear wäre? Oder ihm weiszumachen, er sähe den König Lear, wenn ich einen Augenblick Schrödern vergäße?"[46]

Schröder stilisiert sich hier als gänzlich kontrolliert sowie durch und durch inszeniert: als ‚kalter Schauspieler', der das Publikum die fiktionale ‚Wahrheit' einer ‚zweiten Natur' erleben lasse. Das Publikum scheint anderen Aussagen Schröders zufolge aber ebenso reflektiert wie der Schauspieler: Überliefert ist von Schröder auch die Anekdote, wie das erwartungsvolle Publikum eine hinzugefügte Pause vor dem Fluch als weitere spontane Steigerung des in seiner Rolle befangenen Schröders verstanden habe. Schröder unterstellt dem Publikum hier, es habe ihn als ‚heißen Schauspieler' rezipiert. Hingegen habe er, Schröder, der mit dem Rücken zum Publikum stand, in diesem Moment dem Bühnenmeister verzweifelt zur verstehen gegeben, dass hinter diesem eine Kerze im Abbrennen begriffen sei.[47] Das Publikum, das Schröder hier ‚heiße' Schauspielerei unterstellt, ist selber – laut dieser Beschreibung – im Zusehen aber zumindest teilweise ‚kalt': Es reflektiert auf die Unterschiede zwischen Schröders Lear-Darbietungen und lässt sich von diesen nicht in den Bann schlagen.

    Addiert man das sich beidseitig abgesprochene kontrollierte wie reflexive Moment erneut hinzu, ergibt sich eine Theatersituation, die nicht in der Illusion von ‚Natur und Wahrheit' aufgeht, sondern in der die Gemachtheit von ‚Natur und Wahrheit' allen Beteiligten stets bewusst ist.

---

46 Baggesen (wie Anm. 12), S. 139.
47 Vgl. Hoffmeier (wie Anm. 3), S. 164 f.

III.

Wo der Natureffekt von Schröders Schaupielstil so letztlich als Kunst erscheint, lassen die zahlreichen Stilisierungen von Schröders Zeitgenossen
und Geschichtsschreibern seine Theaterkunst nicht nur als Vorboten eines
neuen, ‚naturgemäßen' Schauspielstils erscheinen. Besonders im *König Lear*
zeigt sich auch das Spektakuläre dieses neuen Stils: In der Aufsehen erre-
genden künstlichen Natürlichkeit eines 34-Jährigen, der sich in einen Greis
verwandelt hat, zeigen sich Spuren desjenigen, was vorher an Ballett, Haupt-
und Staatsaktionen oder gar der Hanswurst-Figur so populär war und von
den neuen reformierten Bühnen im Idealfall verschwinden soll. Das Spektakuläre am Theater erhält ein natürliches Gewand, welches aber durch und
durch als Schröders Schauspielkunst zu erkennen ist.

„Niemand darf in seiner Rolle [...] etwas thun, das die Täuschung aufhebt."
Friedrich Ludwig Schröder, die Hamburger Theatergesetze und das Illusionstheater

I. Der natürliche Schauspielstil

Der natürliche Schauspielstil gehört zu den zahlreichen Neuerungen auf den Theaterbühnen des 18. Jahrhunderts und hängt unter anderem mit dem Aufkommen des Illusionstheaters, des bürgerlichen Trauerspiels und einem steigenden Interesse an der Psyche und den Emotionen des Menschen sowie deren Darstellung in der Kunst zusammen. Durch die Vermischung von Aufklärung und Empfindsamkeit ergab sich eine „Entdeckung der Sinne, der Seele, der Gefühle",[1] deren Auswirkungen sich auch in den zeitgenössischen Theaterbearbeitungen spiegelten.

Parallel zu den geläufigen verallgemeinernden Schilderungen der Theatergeschichte wird die Entwicklung der Schauspielstile häufig als ein linearer Ablauf dargestellt, obwohl sich die verschiedenen Stile nicht abwechselten, sondern nebeneinander existierten und sich gegenseitig beeinflussten. Neu aufkommende Stile waren meist Gegenbewegungen zu dem zuvor populären und verbreiteten Gegenbewegungen zu der zuvor populären und verbreiteten Spielweise, was an den gegensätzlichen Gewichtungen von Wort und Körper in der Inszenierung deutlich wird. So stellte der natürliche Schauspielstil im Gegensatz zum französisch-klassizistischen den Körper in den Vordergrund.

Aus heutiger Perspektive können leider nur noch die intendierten, schriftlich festgehaltenen Reinformen der verschiedenen Schauspielstile klar

---

1   Franklin Kopitzsch: Die Kultur der Aufklärung in Hamburg. In: V. Plagemann (Hrsg.): Die Kunst in Hamburg von der Aufklärung in die Moderne, Hamburg, München 2002, S. 9–12, hier S. 11.

unterschieden werden. Wie es jedoch damals auf den Bühnen wirklich aussah, lässt sich nur erahnen und dürfte kaum etwas anderes als ein – allerdings höchst interessantes – Mischprodukt der verschiedenen Stile und Einflüsse gewesen sein. Bedingt durch die unterschiedlichen Auffassungen der einzelnen Theaterdirektoren von der idealen Spielweise[2] und die Nichtexistenz von geregelten Schauspielerausbildungen, gab es höchstens innerhalb einer Truppe einen halbwegs einheitlichen Schauspielstil, der durch Mitglieder gestört wurde, die entweder einen inzwischen veraltet wirkenden Stil praktizierten oder aus einer anderen Truppe kamen. Da es weder Fortbildungsmaßnahmen für ältere Schauspieler noch eine sorgfältige Einarbeitung neuer Truppenmitglieder gab und die Schauspieler auch zur Zeit der stehenden Theater nicht lange in einer Truppe blieben, war die Durchsetzung eines einheitlichen Truppenstils problematisch.

Der Hamburger Theaterdirektor Friedrich Ludwig Schröder versuchte, diese Problematik u. a. durch obligatorische Proben anzugehen und verankerte Pünktlichkeit, Anwesenheitspflicht und Ruhe bei den Proben ebenso in seinen Theatergesetzen wie die Verpflichtung der Schauspieler, ihre Texte zu lernen. Wie die Theatergesetze Schröders mit dem natürlichen Schauspielstil und dem Illusionstheater zusammenhängen, wird in diesem Beitrag untersucht.

Zu den ersten großen Vertretern des sogenannten natürlichen Schauspielstilstils gehörte der englische Schauspieler David Garrick, der 1741 am Royal Theatre Drury Lane als Richard der Dritte im gleichnamigen Stück Shakespeares Aufsehen erregte. Garrick nutzte Mimik, Gestik und Körpersprache, um einen Einblick in die Psyche der Figur zu gewähren. Dieser neuartige und erfolgreiche Schauspielstil verbreitete sich durch Beschreibungen und Abbildungen in Zeitungen und Briefen sowie durch Garricks Kontinentalreise in ganz Europa.[3]

Auch in Deutschland galt Garrick, der von Gotthold Ephraim Lessing als „Inbegriff höchster Schauspielkunst" bezeichnet wurde,[4] für viele als Vorbild und Maßstab der Schauspielkunst. Sowohl die Verehrung Garricks als auch die Rezeption des in England wieder populären Shakespeares war in

---

2   Sybille Maurer-Schmoock: Deutsches Theater im 18. Jahrhundert, Tübingen 1982, S. 59 f.

3   Martin Brunkhorst: Garricks Shakespeare-Rollen. Formen ihrer produktiven Rezeption in England und Deutschland. In: Arcadia 1987, S. 142–163, hier S. 142; Georg Christoph Lichtenberg: Briefe aus England; zuerst veröffentlicht in: Deutsches Museum, Leipzig 1776.

4   Brunkhorst (wie Anm. 3), S. 143, 154.

Deutschland stark von der Französischen Rezeption geprägt[5] – die in der Forschung oft erwähnte neue Orientierung der Deutschen an England ist also keinesfalls mit einer wirklichen Abkehr vom kulturellen Einfluss Frankreichs verbunden.

Zu den maßgeblichen Impulsgebern aus Frankreich gehörte u. a. der Philosoph und Schriftsteller Denis Diderot, der neben Theaterstücken auch Essays über Theatertheorie wie *De la poésie dramatique* verfasste. Zentral für seine Theorien ist das Konzept des Illusionstheaters[6] und – damit zusammenhängend – das Konzept der vierten Wand[7] sowie die Darstellung der inneren Regungen der Figuren durch Mimik und Gestik,[8] eine natürlichere Sprache,[9] zu den Figuren passende Kostüme und ein realistisches Bühnenbild.[10] Diderots Theatertheorien beeinflussten deutlich u. a. Lessing, der einige seiner Werke ins Deutsche übersetzte.[11] Der Wunsch, nicht Worte, sondern Eindrücke aus dem Theater mitzunehmen,[12] findet sich auch in Lessings Mitleidsästhetik wieder. Er geht davon aus, dass Zuschauer durch das Mit-Leiden mit den Figuren auf der Bühne auch die Katharsis des Stücks erleben und dadurch tugendhaftere Menschen werden. Diese Idee beeinflusste Schröder und seine Schüler, die in der Erhebung und Veredlung des sittlichen Menschen den Zweck des Theaters sahen:

---

5 Ebenda, S. 151.
6 Denis Diderot: Von der dramatischen Dichtkunst. An Herrn Grimm. In: G. E. Lessing (Hrsg.): Das Theater des Herrn Diderot, Zweiter Theil, Berlin 1781 (2. verb. Ausg.), S. 169–352, hier S. 218 f. (Zwischentitel S. 169: An meinen Freund Herrn Grimm; Überschrift S. 171: An Herrn Grimm). Vgl. auch Monika Fick: Lessing Handbuch. Leben – Werk – Wirkung, Stuttgart ⁴2016, S. 213–224; Jens Roselt (Hrsg.): Seelen mit Methode. Schauspieltheorien vom Barock- bis zum postdramatischen Theater, Berlin 2005, S. 134–147; Elmar Buck: Lessing und Diderot: die Konditionen des Theaters. In: W. F. Bender (Hrsg.): Schauspielkunst im 18. Jahrhundert: Grundlagen, Praxis, Autoren, Stuttgart 1992, S. 205–219.
7 Diderot (wie Anm. 6), S. 247–250.
8 Ebenda, S. 281 f.
9 Ebenda, S. 221, 286.
10 Ebenda, S. 308 f.
11 Vgl. auch das Vorwort Petersens in: G. E. Lessing: Das Theater des Herrn Diderot. In: J. Petersen (Hrsg.): Werke, Elfter Teil (vollst. Ausg. in 25 Bdn.), Hildesheim, New York 1970.
12 Diderot (wie Anm. 6), S. 185.

Wenn dies [Schauspielerideal] durchaus erreicht würde – wie ehrenvoll stünde unser Stand da und wie leicht würden wir alsdann das bewirken, was die Schauspielkunst bewirken soll: nämlich den sittlichen Menschen zu heben und zu veredeln![13]

Um diesen Zweck zu erfüllen, müssen die Zuschauer einen Bezug zu den Figuren finden oder sich gar mit ihnen identifizieren können. Dafür wurden neue Theaterstücke und eine natürlichere Darstellung benötigt, die dem Publikum eine neue Wirklichkeitserfahrung ermöglichten.

Daher verlangten sowohl Lessing als auch Diderot von einem guten Theaterstück Einheit, Natürlichkeit und die Plausibilität der Handlungen im Stück.[14] Lessing versuchte sich schon während des Hamburger Nationaltheaters (1767–69), zusammen mit dem Schauspieler Conrad Ekhof, vom verbreiteten französischen Schauspielstil abzugrenzen, dessen Bewegungen ihnen zu steif und unnatürlich und dessen Deklamationsideale ihnen zu eintönig erschienen. Um diese Abgrenzung umzusetzen, gründete Ekhof 1753 eine Schauspielakademie[15] und brachte seine Ideale und Ansprüche zehn Jahre später in die Ackermannsche Schauspieltruppe mit ein.[16] Das Hamburger Nationaltheaterprojekt war bekanntlich kurzlebig; Ekhof erhielt jedoch für seine langanhaltenden Bemühungen um einen natürlicheren Schauspielstil später den Titel „Vater der deutschen Schauspielkunst"[17].

II. Schröder und die Hamburgischen Theatergesetze

Mitglied von Ackermanns Truppe und dadurch auch Schüler Ekhofs war der junge Friedrich Ludwig Schröder, der Ekhof zu gleichen Teilen bewun-

---

13 Hermann Uhde (Hrsg.): Denkwürdigkeiten des Schauspielers, Schauspieldichters und Schauspieldirectors Friedrich Ludwig Schmidt (1772–1841), Erster Theil, Hamburg 1875, S. 62 f.

14 Diderot (wie Anm. 6), S. 254; zur Wahrscheinlichkeit vgl. ebenda, S. 203–213.

15 Heinz Kindermann: Conrad Ekhofs Schauspieler-Akademie, Wien 1956. Eine detaillierte Darstellung der Schauspielschulen und deren Finanzierung vgl. Peter Schmitt: Schauspieler und Theaterbetrieb. Studien zur Sozialgeschichte des Schauspielerstandes im deutschsprachigen Raum 1700–1900, Tübingen 1990, S. 126–185.

16 Mehr zu Ackermann: Herbert Eichhorn: Konrad Ernst Ackermann. Ein deutscher Prinzipal. Ein Beitrag zur Theatergeschichte im deutschen Sprachraum, Emsdetten 1965.

17 Vgl. Johann Friedrich Schütze: Hamburgische Theater-Geschichte, Hamburg 1794 (Reprint: Leipzig 1975), S. 248 (er nennt ihn dort auch den deutschen Garrik); [Anonymus]: Der Vater der deutschen Schauspielkunst. In: E. Ziel (Hrsg.): Die Gartenlaube, H. 24, S. 390–394, Leipzig 1878.

derte und kritisierte.[18] Nach Ekhofs Abgang führten Schröder und seine Halbschwestern, Charlotte Maria Magdalena und Dorothea Caroline Ackermann,[19] den Unterricht für die Truppenmitglieder weiter, eine richtige Schauspielschule entstand daraus jedoch nie. Die anfangs erwähnte Problematik der Mischformen von Schauspielstilen innerhalb einer Truppe lässt sich in Hamburg mehrfach nachweisen. Besonders deutlich wird die Entwicklung neuer Darstellungskonventionen, wenn ehemalige Mitglieder der Truppe nach Jahren zurückkehrten und ihr zuvor verehrter Stil nun als veraltet und maniert wirkend verlacht wurde, wie es z. B. Susanne Mecour erleben musste. Interessanterweise war sie an anderen Bühnen weiterhin erfolgreich, was darauf hinweist, dass der Publikumsgeschmack und die Ausrichtung des Schauspielstils in den zahlreichen deutschen Theatern bei weitem nicht einheitlich waren.[20]

Diese darstellerischen Mischformen innerhalb einer Truppe und – damit zusammenhängend – der fehlende Illusionseffekt der Aufführungen frustrierten den Theaterdirektor Schröder, der seinem Freund Friedrich Wilhelm Gotter in Briefen gesteht, er habe „schon lange die Hoffnung aufgegeben, ein gut Schauspiel zu sehen, geschweige zu haben"[21] und, an einer anderen Stelle,

dazu kommt noch der bittere Gedanke, dass ich mit aller Mühe und mögliche[m] Fleiße nicht im Stande bin das Theater zu dem Grade von Vollkommenheit zu bringen, den ich seit einigen Jahren so eyfrig suche [...].[22]

Der gewünschte Grad der Vollkommenheit bezieht sich auf alle Bereiche des Theaters, vom Bühnenbild über das Kostüm bis zum Schauspielstil. Schröder, „der nicht nur Schauspieler und Tänzer, sondern auch Ballett-

---

18   Uhde (wie Anm. 13), S. 227–231, Eichhorn (wie Anm. 16), S. 169–173.

19   Berthold Litzmann: Friedrich Ludwig Schröder. Ein Beitrag zur deutschen Litteratur und Theatergeschichte, Zweiter Teil, Hamburg, Leipzig 1894, S. 93.

20   Vgl. Michael J. Sosulski: Theater and Nation in Eighteenth-Century Germany, Aldershot u. a. 2007, S. 75.

21   Brief v. Friedrich Ludwig Schröder an Friedrich Wilhelm Gotter v. 9.5.1777. In: Berthold Litzmann: Schröder und Gotter. Eine Episode aus der deutschen Theatergeschichte. Briefe Friedrich Ludwig Schröders an Friedrich Wilhelm Gotter. 1777 und 1778, Hamburg, Leipzig 1887, S. 43.

22   Brief v. Schröder an Gotter v. 13.3.1777, Litzmann (wie Anm. 21), S. 34.

meister und ein ausgebildeter Maschinist" war,[23] versuchte trotz seiner Frustration zeitlebens ein Illusionstheater zu erschaffen, was sich auch in den anfangs erwähnten Theatergesetzen spiegelt. In diesen Gesetzen sind die Aufgaben und Pflichten der Schauspieler und später auch die anderer Theatermitarbeiter ebenso aufgelistet wie die Geldstrafen bei Nichteinhaltung. Die Theatergesetze wurden an alle Mitglieder des Ensembles verteilt,[24] die mit ihrer Unterschrift die Kenntnisnahme und Einhaltung bestätigen mussten, und u. a. in einschlägigen Zeitschriften wie der *Litteratur- und Theater-Zeitung*[25] sowie den *Annalen des Theaters* abgedruckt.[26]

Schröder änderte die Theatergesetze mehrfach, was sich am deutlichsten darin zeigt, dass die – vermutlich erste – Version der Gesetze von 1781 insgesamt 17 Artikel für Schauspieler beinhaltet und die Version von 1792 ganze 48 Artikel für Schauspieler sowie zusätzliche für die Oper, den Souffleur, den Garderobier, den Theatermeister und den Friseur, so dass diese neue Version insgesamt 93 Artikel umfasst. Der Großteil der Überarbeitungen besteht in der Ausdifferenzierung und Präzisierung der in der Fassung von 1781 schon vorhandenen Vorschriften, die in den Grundaussagen fast vollständig erhalten bleiben. Die erneut überarbeitete Fassung der Theatergesetze, die Schröder zu Ostern 1798 als Einzelpublikation herausbrachte und die auch in seiner Biographie abgedruckt ist,[27] weist einen zusätzlichen Artikel für den Theaterfriseur auf und besteht zu großen Teilen aus einer weiteren Präzisierung.

---

23 R. Blum, K. Herloßsohn, H. Marggraff (Hrsg.): Allgemeines Theater-Lexikon oder Encyklopädie alles Wissenswerthen für Bühnenkünstler, Dilettanten und Theaterfreunde, Bd. 4, Altenburg, Leipzig 1841, S. 159.

24 Das undatierte Exemplar im Staatsarchiv Hamburg (Nummer 8 im Sammelband Theater bis 1800, Signatur A 531/2) trägt den Namen der Schauspielerin Mad. Löhrs (geb. Nätsch), auf dem Exemplar in der Österreichischen Nationalbibliothek (Sign.: 54392-A) steht H. Zuccarini, vermutlich die Schauspielerin und Ehefrau des Schauspielers und späterem Direktor Franz Anton Zuccarini. Zu den Theatergesetzen vgl. Claudia Maurer Zenck: Musiktheater in Hamburg um 1800, Frankfurt a. M. u. a. 2005, S. 15–23, auch wenn die Einführung der Hamburger Theatergesetze dort auf 1786 datiert ist.

25 Hamburger Theatergesetze. In: Litteratur- und Theater-Zeitung, hrsg. v. Christian August von Bertram, 4. Jg., Bd. 8, Berlin 1781, S. 116–118 (fortan zitiert: GHT 1781).

26 Gesetze des Hamburgischen Theaters. In: Annalen des Theaters, hrsg. v. Christian August von Bertram, 9. Heft, Berlin 1792, S. 3–22 (fortan zitiert: GHT 1792).

27 Gesetze des Hamburgischen Deutschen Theaters (Ostern 1798). In: Friedrich Ludwig Wilhelm Meyer: Friedrich Ludwig Schröder. Beitrag zur Kunde des Menschen und des Künstlers, Bd. 2, Teil 2, Hamburg 1819, S. 232–250 (fortan zitiert: GHT 1798).

Die grundlegenden Verpflichtungen für die Schauspieler bleiben in allen Versionen gleich: Sie haben die Gesetze anzuerkennen,[28] die Rollenverteilungen[29] und Kostümvorschriften[30] zu akzeptieren, ihre Texte richtig zu lernen[31] und nicht abzuändern,[32] sich sittlich zu verhalten,[33] die Täuschung nicht zu stören[34] und pünktlich zu Proben und Aufführungen zu erscheinen.[35] Doch erst in der Version von 1792 sind die umfangreichen Regelungen zum Ablauf des Theaterabends und den praktischen Umsetzungen von Kostüm, Requisiten und Bühnendekorationen festgeschrieben, die, wie im Folgenden ausgeführt wird, von maßgeblicher Wichtigkeit für die Erschaffung eines Illusionstheaters waren. Deswegen beziehen sich die nachfolgenden Untersuchungen auf die Gesetzesfassung von 1792; außerdem wurde diese von Schröder persönlich umgesetzt. Die überarbeitete Version von 1798, die sich meist nur in Details von der vorherigen unterscheidet,[36] trat erst nach seinem Rücktritt vom Theater in Kraft. Die verschiedenen Paragraphen zeigen deutlich, wie Schröder über die Kontrolle der einzelnen Aspekte einer Aufführung – Bühnenbild, Beleuchtung, Ton- und Spezialeffekte sowie das Kostüm und andererseits den Schauspielstil inklusive Gestik, Mimik und Sprache sowie das Ensemblespiel – hoffte, ein vollkommenes Theater zu erreichen.

28 GHT 1781 (wie Anm. 25), § 1, S. 116; GHT 1792 (wie Anm. 26), § 1, S. 4; GHT 1798 (wie Anm. 27), § 1, S. 232.
29 GHT 1781 (wie Anm. 25), § 2, 3, 8, S. 116 f.; GHT 1792 (wie Anm. 26), § 5, 6, 7, 31, S. 4 f., 11 f.; GHT 1798 (wie Anm. 27), § 5, 6, 7, 31, S. 234, 238 f.
30 GHT 1781 (wie Anm. 25), § 10, S. 117; GHT 1792 (wie Anm. 26), § 16, S. 7; GHT 1798 (wie Anm. 27), § 16, S. 235.
31 GHT 1781 (wie Anm. 25), § 4, 6, S. 117; GHT 1792 (wie Anm. 26), § 14, 15, 19, 22, 23, S. 6 f., 8 f.; GHT 1798 (wie Anm. 27), § 14, 15, 19, 22, 23, S. 235–237.
32 GHT 1781 (wie Anm. 25), § 9, S. 117; GHT 1792 (wie Anm. 26), § 24, S. 9; GHT 1798 (wie Anm. 27), § 24, S. 237.
33 GHT 1781 (wie Anm. 25), § 13, S. 118; GHT 1792 (wie Anm. 26), § 35; S. 12 f.; GHT 1798 (wie Anm. 27), § 35, S. 240.
34 GHT 1781 (wie Anm. 25), § 7, S. 117; GHT 1792 (wie Anm. 26), § 24, 25, 28, S. 9 f.; GHT 1798 (wie Anm. 27), § 24, 25, 28, S. 237 f.
35 GHT 1781 (wie Anm. 25), § 11, S. 117 f.; GHT 1792 (wie Anm. 26), § 18, 20, 25, 26, S. 8–10; GHT 1798 (wie Anm. 27), § 18, 20, 25, 26, S. 236 f.
36 Die Fassung von 1798 stellt in erster Linie eine Präzisierung der vorherigen Artikel dar und weist geringfügige Anpassungen an die geänderte Theaterleitung auf: das Wort Direktor wird durchgängig mit Direktion ersetzt. Die Hauptänderung der Fassung von 1781 zu der von 1798 ist die Streichung sämtlicher Hinweise auf die kontrollierende Instanz der Entreprise. Erst 1810 erfolgt eine maßgebliche Änderung: 16 Artikel werden als Anweisung für die Kontrolleure hinzugefügt (GHT 1798 [wie Anm. 27], S. 248–250).

4

§. 1.

Jeder ist verbunden, diese Gesetze bey seinem Engagement durch seine Unterschrift anzuerkennen, damit unter den Mitgliedern nicht der mindeste Vorzug
statt finde.

§. 2.

Kein Anfänger soll zum Mitgliede dieses Theaters
aufgenommen werden, von dessem Lebenslaufe man
nicht unterrichtet ist, und der nicht die Einwilligung
seiner Eltern oder nächsten Anverwandten hat.

§. 3.

Jedes Mitglied bekömmt ein gedrucktes Exemplar
dieser Gesetze, um sich darnach richten zu können.

§. 4.

Kein neues Gesetz soll Kraft haben, wenn es nicht
von zwey Drittheilen der Gesellschaft genehmigt wird.

§. 5.

Niemand darf eine Rolle zurücksenden, noch gegen einen der Mitspielenden Einwendungen machen.
Hat er Gründe zur Weigerung, so schreibe oder spre-
che er kaltblütig mit dem Director, der sich nie wei-
gern wird, erheblichen Gründen, die er übersah, entweder nachzugeben, oder ihn durch die Stimmenmehr-
heit der ältesten Schauspieler zu überzeugen.   Hier-
durch fällt alle Ursache zu murren in diesem Puncte
weg; wer es dennoch thut, fehlt gegen die Achtung,
und bezahlt von jedem Thaler seiner Monatsgage zwey
Schillinge.

§. 6.

Wenn Jemand etwas gegen ein Circulare einzu-
wenden hat, so soll er nach dem 5ten § handeln, und
sich keinen Wortwechsel oder spöttische Bemerkungen
gegen den erlauben, der es ihm überreicht.   Er soll
                                              sagen:

Abb. 1, 2: Gesetze des Hamburgischen Theaters. In: Ch. August von Bertram (Hrsg.):
Annalen des Theaters, 9. Heft, Berlin 1792, S. 3–22, hier S. 4 f.

5

fagen: daß er Gründe habe, nicht zu unterschreiben, und daß er mit dem Director sprechen wolle. Die Schrift soll alsdann nicht weiter circuliren, als bis die Sache ausgemacht ist.

§. 7.

Niemand halte es für Kränkung, wenn der Director mit Rollen wechselt; oder eine, von dem einen schon gespielte Rolle, einem andern zutheilt: denn man kann in der einen Sache vortrefflich, und in der andern sehr mittelmäßig seyn. Der Schauspieler, dem entweder eigenes Gefühl oder die Kälte des Publicums zeigt, daß er nicht an der rechten Stelle steht und sich freywillig zur Abtretung anbietet, hat Anspruch auf den Dank des Directors, denn er erspart ihm eine Unannehmlichkeit.

§. 8.

Verbreitung zu vortheilhafter Gerüchte von Schauspielen, Bekanntmachung der Austheilungen und anderer Vorfälle, die nicht zu des Publicums Wissen kommen müssen, werden im erwiesenen Falle, durch zwey Schillinge vom Thaler der Monatsgage bestraft.

§. 9.

Verbreitung nachtheiliger Gerüchte von Schauspielen, Opern und deren Vertheilung, in Gesellschaften oder öffentlichen Häusern — kann der Eintracht und dem Nutzen schaden, und wird im bewiesenen Falle mit dem Verluste des vierten Theiles der Monatsgage bestraft.

§. 10.

Wer etwas wahrnimmt, das das allgemeine Beste befördern kann, entweder durch eigene oder fremde Bemerkungen — betreffe es den Director, Schauspieler, Garderobier oder Decorateur — und es verschweigt

A 3

III. Die Theatergesetze und ihre bühnenpraktische Umsetzung

Der erste Aspekt ist das *realistische Bühnenbild*, das zentral für eine gelungene
Illusionswirkung ist. Dazu gehörten das Prospekt an der hinteren Bühnenwand, die Kulissen an den Seiten der Bühne und die oberhalb der Bühne
hängenden Soffiten sowie Möbel und Aufbauten auf der Bühne. Feste Theatergebäude und technische Neuerungen führten dazu, dass diese drei Bühnenbildelemente schnell ausgetauscht werden konnten und somit Spielortwechsel innerhalb eines Aktes möglich waren. Um die Zahl dieser Wechsel
möglichst gering zu halten und den Spielfluss nicht zu stören, änderte
Schröder in seinen Bearbeitungen häufig die Szenenabfolgen. Diese Möglichkeit barg jedoch ein gewisses Risiko, was den reibungslosen und zur richtigen Zeit stattfindenden Umbau angeht,[37] weswegen Schröder genaue Zeitangaben für die Wechsel verlangte.[38] Verantwortlich für die Umsetzung des
Bühnenbilds und der jeweiligen Umbauten war der Theatermeister, dem explizit 12 Paragraphen in den Theatergesetzen gewidmet sind. Für jede Bühnenveränderung, die er zu früh oder zu spät ansetzte, musste er eine Geldstrafe zahlen,[39] das Gleiche galt für das Heben und Senken der Vorhänge
zur falschen Zeit.[40] Die Maschinisten waren jeweils für ihre Seite der Kulissenflügel zuständig und wurden bei fehlerhafter Ausführung ihrer Aufgaben
ebenfalls mit Geldstrafen belegt.[41]

Ein anderer Teil der Theatergesetze ist explizit an den *Souffleur* gerichtet;
darin wird u. a. die Anfertigung eines Scenariums erwähnt, das der Souffleur
für den Decorateur anfertigte und in dem die Umbauten der Bühne deutlich
notiert sind. Der Direktor hatte dieses Scenarium vor der ersten Probe auszufüllen,[42] und der Theatermeister musste es am Tag nach der Aufführung
in das betreffende Buch eintragen.[43] Dies ist nur einer von vielen Hinweisen,
dass Schröder nicht nur als Direktor, sondern schon als Regisseur zu verste

---

37 Maurer-Schmoock (wie Anm. 2), S. 46. Schmidt berichtet: „Dieser [Berliner] ‚Hamlet' mit
    seinen zwanzig und einigen Verwandlungen zerstörte jede Illusion; [...]." Uhde (wie
    Anm. 16), S. 113 f.
38 Ebenda, S. 74.
39 GHT 1792 (wie Anm. 26), Den Theatermeister betreffend, § 2, S. 20.
40 Ebenda, § 3, S. 20.
41 Ebenda.
42 Ebenda, Den Souffleur betreffend, § 5, S. 17.
43 Ebenda, Den Theatermeister betreffend, § 5, S. 20.

hen ist.[44] Dabei muss angemerkt werden, dass Schröder durchaus auch ein Tyrann war, der mit heftiger Verärgerung auf Fehler reagierte.[45]

Die Handhabung der *Requisiten* wird in den Gesetzen ebenfalls behandelt: Fehlende oder falsche Requisiten während der Aufführung wurden als etwas angesehen, das „das Publicum beleidigen kann"[46]. Neben den Schauspielern hatten der Theatermeister und der Garderobier darauf zu achten, dass die richtigen Requisiten vorhanden waren. Für diese Aufgabe erhielten sie vom Souffleur einen Requisitenzettel und wurden bei Nichtbefolgung mit Geldstrafen belegt.[47] Der Theatermeister wurde in diesem Fall nur bestraft, wenn „sich der Fehler bey der Vorstellung äußert"[48]. Damit das Agieren der Schauspieler innerhalb der Kulisse auch realistisch wirkte und die Umbauten bei der Aufführung reibungslos funktionierten, forderte Schröder zur Generalprobe das Zusammenspiel von Bühnenbild und Schauspielern.[49]

Ein weiterer vieldiskutierter Aspekt des natürlichen Schauspielstils und seiner Illusionswirkung ist das *Kostüm*. Passend zum klassizistischen Spielstil war im 18. Jahrhundert das Tragen der sogenannten französischen Staatstracht[50] auf der Bühne üblich. Diese Kleidung schränkte die Bewegungen der Schauspieler fast genauso stark ein wie die Vorgaben des neoklassizistischen Stils: Die Männer wurden durch dekorative Degen, die Frauen durch große Reifröcke und Korsetts und beide Geschlechter durch hohe Perücken in ihren Bewegungen gehindert.[51] Anpassungen des Kostüms an die Zeit oder den Ort, in der bzw. an dem ein Stück spielt, gab es in Form von zusätzlichen Attributen, z. B. Stoffmustern, die das Kostüm als „römisch-antik" oder „türkisch-orientalisch" markierten. Die um die Jahrhundertmitte verstärkt aufkommenden Forderungen nach historisch adäquaten Kostümen und Frisuren beinhalteten auch die Forderung nach der Richtigkeit in Sa-

---

44 Zur Entstehung des Regisseurwesens vgl. Jens Roselt (Hrsg.): Regietheorien. Regie im Theater. Geschichte – Theorie – Praxis, Berlin 2014.

45 Brief v. Schröder an Gotter v. 1.12.1777, Eintrag v. 20.12.1777, Litzmann (wie Anm. 21), S. 95.

46 GHT 1792 (wie Anm. 26), § 33, S. 12.

47 Ebenda, Den Souffleur betreffend, § 7, S. 17.

48 Ebenda, Den Theatermeister betreffend, § 3, S. 20.

49 Ebenda, § 6, S. 21.

50 Schnallenschuhe, weiße Kniestrümpfe, schwarze Pluderhose, Hemd und Weste für den Mann, ein ausladendes Kleid mit Korsett und Reifrock für die Frau. Beide trugen Perücken und waren weiß gepudert. Vgl. Rolf Kabel (Hrsg.): Solch ein Volk nennt sich nun Künstler… Schauspielererinnerungen des 18. und 19. Jahrhunderts, Wien u. a. 1983, S. 20.

51 Vgl. Maurer-Schmoock (wie Anm. 2), S. 152.

chen Stand und Charakter der Rolle sowie der Situation, in der sich die Figur befand.[52] Da die Kostüme zu Beginn des 18. Jahrhunderts noch Privatbesitz der Schauspieler waren, war es keine Seltenheit, wenn die Zofe prächtiger gekleidet war als ihre Herrin, der Bauer besser als der Graf und jene, die z. B. gerade aus dem Schlaf geschreckt wurden, wie für einen großen Ball herausgeputzt waren.[53]

Um also das richtige Kostüm für die jeweiligen Rollen durchzusetzen, schreibt Schröder seinen Schauspielern die Bekleidung vor und verbietet spontane Änderungen:

> Jeder ist verbunden, sich zu seiner Rolle dem Charakter gemäß und nach der Vorschrift des Direktors zu kleiden. Das einmal gewählte und protocollirte Kleid darf ohne Anfrage nicht geändert werden.[54]

Die Schauspieler durften Vorschläge für das Kostüm machen, jedoch musste es zur Rolle passen und vom Direktor abgesegnet werden. Der Direktor verfasste zusammen mit dem Souffleur eine Kleidervorschrift für das jeweilige Stück, die die Schauspieler bei der vorletzten Probe schriftlich vom Garderobier erhielten.[55] Der Garderobier haftete bei Androhung von Geldstrafe dafür, dass diese Kleidervorschrift eingehalten wurde[56] und musste darauf achten, dass alle Kleidungsstücke heil, sauber und vor Ort waren.[57] Nach der Erstaufführung wurde die Kleidervorschrift in das Buch des Garderobiers eingetragen.[58] Schröder stritt sich mehrfach mit seiner Halbschwester Charlotte, weil er die von ihr gewählten Kleider zu freizügig fand.[59]

Auch die Kostümwechsel zwischen zwei Aufzügen wurden, wenn sie nicht rechtzeitig geschahen, mit Geldstrafen belegt; dies war einer der Anlässe, bei denen die Strafe für den Direktor deutlich höher ausfiel als für den Schauspieler. Die zunehmende Wichtigkeit des Kostüms nicht nur für den Direktor, sondern auch für das Publikum spiegelte sich in dessen gesteiger-

---

52 Diderot (wie Anm. 4), S. 308, Maurer-Schmoock (wie Anm. 2), S. 33; vgl. Sosulski (wie Anm. 23), S. 74.
53 Maurer-Schmoock (wie Anm. 2), S. 60 ff.
54 GHT 1792 (wie Anm. 26), § 16, S. 7.
55 Ebenda, Den Souffleur betreffend, § 6, S. 17.
56 Ebenda, Den Garderobier betreffend, § 7, S. 19.
57 Ebenda, § 1–6, 9 f., S. 18 f.
58 Ebenda, § 11, S. 20.
59 Uhde (wie Anm. 16), S. 253.

ter Beachtung in Rezensionen und Geschichtswerken[60] in gleicher Weise
wider wie in den Ausgaben der Truppen für die Kostüme.

Das *Publikum* entkam der Schröder'schen Kontrolle ebenfalls nicht. Dem
Beispiel seines Stiefvaters Ackermann und dem Vorbild Garricks folgend
ordnete Schröder einen pünktlichen Beginn der Stücke an und verbot dem
Publikum, sich während der Aufführungen und der Generalprobe[61] auf oder
hinter der Bühne aufzuhalten. Die rigorose Trennung von Bühne und Publikumsraum unterstützt das Konzept der vierten Wand, das für die gewünschte Illusionswirkung notwendig ist.

Diese Trennung zeigte sich auch in den Gesetzesparagraphen zu Schauspielern im Publikumsraum: Generell durften Schauspieler den Aufführungen ihrer Truppe zusehen, wenn sie nicht an den Stücken beteiligt waren.
Die Schauspielerinnen saßen in der zweiten Loge, die Schauspieler im Parterre. Doch auch wenn sie an einem Stück beteiligt waren und in den ersten
oder letzten Akten keine Auftritte hatten, durften die Schauspieler zusehen.
In diesem Fall mussten aber auch die Männer in die Loge, um nicht vom
Publikum jenseits der Bühne gesehen zu werden.[62] Zur Erschaffung eines Il-
lusionseffekts ist außerdem die Trennung von der Bühne und dem Bereich
dahinter (heutzutage als backstage) wichtig; die Schauspieler sollten sich
deswegen hinter der Bühne bzw. in den Kulissengängen leise und unauffällig
verhalten, um die Aufführung nicht zu stören. Wer also während des Schauspiels – und das schloss die Szenenwechsel bei geschlossenem Vorhang mit
ein – „so laut redet, lacht oder singt, daß es das Publicum oder die spielende
Person hört", wurde ebenso mit einer Geldstrafe belegt.[63] Der Theatermeister war dafür zuständig, die Anwesenheit von theaterfremden Personen auf
der Bühne sowie die Anwesenheit der Dienstboten von Schauspielern in den
Kulissengängen zu verhindern – auch in diesem Falle wurde Zuwiderhand-
lung mit Strafzahlung geahndet.[64]

Der *natürliche Schauspielstil* steht im Kontext dieser Bemühungen um ein
Illusionstheater. Dabei ist die vierte Wand von immenser Wichtigkeit, denn
wenn sie von den Schauspielern eingehalten wird, entfallen zwei Kritikpunkte am klassizistischen Stil: das Ausbrechen aus der Rolle und die direkte
Kommunikation mit dem Publikum. Ohne diese Ablenkungen soll es den

---

60 Vgl. u. a. Schütze (wie Anm. 20), S. 670.
61 GHT 1792 (wie Anm. 26), § 20, S. 8.
62 Ebenda, § 11, S. 6.
63 Ebenda, § 28, S. 10.
64 Ebenda, Den Theatermeister betreffend, § 7, S. 21.

Schauspielern möglich sein, das gesamte Stück über in ihrer Rolle zu bleiben und damit den Illusionseffekt aufrechtzuhalten.

Um das neue Konzept einer durchgängigen Figureninterpretation und natürlichen Darstellung ihrer emotionalen Reaktionen umzusetzen, ordnete Schröder als einer der ersten Direktoren obligatorische Proben an. Statt ihre Rollen allein zu üben, oft ohne das Stück zu kennen, mussten die Hamburger Schauspieler sich zusammenfinden und als Ensemble proben. Begonnen wurde mit Leseproben, bei denen jeder „mit gehörigem Tone und Accente zu lesen [habe], damit man hören könne, ob er auf irrigen Wege sey"[65]. Teil der Leseproben war die Besprechung der Figurenkonzeption, es folgten sogenannte Stellproben.[66] Durch den individualisierten Darstellungsanspruch des natürlichen Schauspielstils wurde für die Figurenkonzeption die genaue Beobachtung der Mitmenschen wichtig. Doch trotz aller Forderungen nach Natürlichkeit in der Menschendarstellung auf der Bühne sollten Würde und Anstand immer beibehalten werden; es handelte sich also um eine idealisierte Form der Darstellung. Dies galt auch für die Positionierungen der Figuren auf der Bühne, die weiterhin strengen Anstandsregeln unterlagen.[67]

Um die Schauspieler an die neuen Pflichten zu gewöhnen, belegte Schröder *unentschuldigtes Fehlen* und Verspätungen mit Geldstrafen,[68] die alle in die Almosenkasse und später auch die Pensionskasse des Theaters flossen.[69] Wenn davon gesprochen wird, dass beim natürlichen Schauspielstil der Körper im Fokus steht, meint dies auf keinen Fall, dass die Sprache und der Text an Wichtigkeit verlieren. Schröders Nachfolger Friedrich Ludwig Schmidt fasste es knapp zusammen:

> Alle Kunst, aller Kraft-Aufwand ist vergebens, sobald der Zuschauer die Worte des Recitirenden nicht versteht.[70]

Das Hamburger Publikum soll auffällig ruhig und aufmerksam gewesen sein, doch laut Schröder war das weniger der Kunstliebe als dem Geiz der Kauf-

65 GHT 1792 (wie Anm. 26), § 14, S. 6 f. Dieser Hinweis auf den „irrigen Weg" ist schon in GHT 1781 (wie Anm. 25) zu finden, § 6, S. 117.

66 Vgl. Herbert A. Frenzel: Geschichte des Theaters. Daten und Dokumente, 1470–1830, München 1997, S. 257 und Maurer-Schmoock (wie Anm. 2), S. 183.

67 Maurer-Schmoock (wie Anm. 2), S. 186.

68 GHT 1792 (wie Anm. 26), § 18, S. 8. Das gleich gilt für Musiker und Sänger: Gesetze, die Oper besonders betreffend, § 1, 2, S. 15.

69 GHT 1792 (wie Anm. 26), § 43, S. 14 und GHT 1798 (wie Anm. 27), § 42, 43, S. 241.

70 Uhde (wie Anm. 16), S. 216.

leute geschuldet: Sie hatten schließlich für jedes Wort gezahlt.[71] Um die *Text-festigkeit* der Schauspieler zu prüfen, musste ab der vorletzten Probe ohne Skript gespielt werden.[72] Wer in der Generalprobe seinen Text selbst mit Unterstützung des Souffleurs nicht beherrschte, musste eine Geldstrafe zahlen.[73] Das Bußgeld erhöhte sich, wenn der Schauspieler bei der Vorstellung seinen Text nicht kannte, aber auch, wenn er zu früh oder zu spät auftrat und wenn er von der falschen Seite auftrat oder falsch abging.[74]

Das Probenregime schien erste Erfolge gezeitigt zu haben, denn Schröder berichtete in einem Brief an Gotter:

> [...] ich habe seit einigen Stücken den Anfang gemacht, die sogenannten Leseproben das seyn zu lassen wie sie nützen können. – von Maass für Maass hat die 4 Stunden gedauert, ich habe das falsch gesprochne so lange wiederhohlen lassen, bis es recht wurde. ich habe auch bey der Aufführung bemerkt, das seit langer Zeit kein Stück richtiger ist gesprochen (nicht gespielt) worden. ich hoffe in der Zeit eines Jahres soll man diese Einrichtung merklich spüren.[75]

Es wird häufig von einer Literarisierung des Theaters im 18. Jahrhundert gesprochen[76] und eine gewisse Wertschätzung gegenüber dem – wenn auch für die Aufführung teilweise sehr stark bearbeiteten – Text zeigt sich in den Regelungen bezüglich der Textsicherheit der Schauspieler und in dem Verbot der Textänderungen:

> Niemand darf in seiner Rolle Aenderungen oder Zusätze zum Nachtheile des Stückes machen – unsittliche Theaterspiele oder Possen anbringen – lachen oder sonst etwas thun, das die Täuschung aufhebt.[77]

Zentral ist hier die Begründung: Ein Schauspieler solle nichts tun, das die *Täuschung aufhebt.* Schröder hätte nicht deutlicher machen können, dass er ein

---

71 Ebenda, S. 175.
72 GHT 1792 (wie Anm. 26), § 19, S. 8.
73 Ebenda, § 22, S. 8.
74 Ebenda, § 23, S. 9.
75 Brief v. Schröder an Gotter v. 1.12.1777, Eintrag v. 19.12.1777, Litzmann (wie Anm. 21), S. 94.
76 Vgl. u. a. Erika Fischer-Lichte: Kurze Geschichte des deutschen Theaters, Tübingen, Basel ²1999, S. 88–97; Roger Bauer, Jürgen Wertheimer (Hrsg.): Das Ende des Stegreifspiels – Die Geburt des Nationaltheaters. Ein Wendepunkt in der Geschichte des europäischen Dramas, München 1983 (besonders die Beiträge von Roger Bauer, Hilde Haider-Pregler, Reinhart Meyer und Wolfgang Weiß).
77 GHT 1792 (wie Anm. 26), § 24, S. 9. Vgl. Uhde (wie Anm. 16), S. 201 f.

Illusionstheater anstrebt. Diese Stelle kann zudem als *Verbot von Stegreifein-
lagen* verstanden werden, doch geht es nur um nachteilige und unsittliche
Änderungen, Schröder duldete – anders als z. B. Goethe[78] – das Improvisie-
ren in Maßen weiterhin auf seiner Bühne und wendete es oft auch selbst an,
weil er darin ein Hilfsmittel für Komödien und für den Fall von ungeplanten
Pausen und Gedächtnislücken sah.[79] Erfahrungen im Stegreifspiel wurden
allgemein von Zeitgenossen als vorteilhaft angesehen, denn die

> schönen Fähigkeiten der selbsttätigen Phantasie, der schlagfertigen Erfindung, der leich-
> ten, blitzschnellen Dialogführung[80]

halfen beim Zusammenspiel des Ensembles und hoben die Qualität des
stummen Spiels. Schmidt sah in der Stegreifvergangenheit der Schröder'-
schen Truppe den Grund für deren mustergültiges Zusammenspiel.[81]

Mit der Verbreitung des natürlichen Schauspiels wird die Bedeutung
nicht nur des *stummen Spiels,* sondern auch der stummen Rollen hervorgehoben. Da stumme Rollen dem Schauspieler nicht besonders viel Aufmerksamkeit einbringen, regelte Schröder in seinen Theatergesetzen, in welchen
Ausnahmefällen ein Schauspieler eine solche Rolle ablehnen durfte. Auch
stumme Rollen spielende Schauspieler wurden unter Androhung von Geldstrafen dazu angehalten, überhaupt und pünktlich bei Proben und Aufführ-
rungen zu erscheinen.[82] Die wiederholte Erwähnung, dass Schauspieler nicht
unentschuldigt von der Bühne fernbleiben dürfen, weist darauf hin, dass
dies durchaus ein Problem darstellte. Dazu gehört auch die Regelung bezüglich der *vorzeitigen Beendigung des Engagements,* was häufig ein spontanes Abrei-
sen der Schauspieler nach sich zog.[83] Neben dieser Unzuverlässigkeit war
außerdem das Thema *Sittlichkeit* problematisch, was sich u. a. in den detaillierten Bestimmungen darüber zeigt, wer wann wen auf welche Weise anfas-
sen und küssen darf oder eben nicht:

---

78 Weimarer Theatergesetze v. 7.3.1793. In: J. Linder: Ästhetische Erziehung. Goethe und
    das Weimarer Hoftheater, Bonn 1991, S. 136–140.
79 Litzmann (wie Anm. 19), S. 6, Schütze (wie Anm. 20), S. 409.
80 Arthur Eloesser: Aus der großen Zeit des deutschen Theaters. Schauspieler-Memoiren
    (Pandora, 4), München 1911, S. 9, Maurer-Schmoock (wie Anm. 2), S. 171; vgl. auch Di-
    derot (wie Anm. 4), S. 216 f, 335.
81 Uhde (wie Anm. 16), S. 10.
82 GHT 1792 (wie Anm. 26), § 31, S. 11.
83 Ebenda, § 36, S. 13.

a)   Ausser der Vorschrift des Verfassers darf nicht geküßt werden.

b)   Es darf nie geschehen, daß man ein Frauenzimmer an sich hinaufhebt und küßt.

c)   In keinem Falle muß ein Mann ein Frauenzimmer auf den Mund küssen. Hat der Verfasser den Kuß mit der Handlung verknüpft;
so küsse man den Backen oder die Stirne.

d)   Der Kuß im Lustspiele zwischen Männern bey der Bewillkommnung ist unschicklich und muß vermieden werden; nur im
ernsthaften Affekte ist er zu dulden.

e)   Auch giebt es besondere Berührungen, die man äusserst vermeiden muß; z.B.: Wenn ein Mann beym Umfassen eines
Frauenzimmers der Brust zu nahe kömmt. — [84]

Unsittliches Verhalten der Schauspieler als Privatpersonen wurde ebenfalls geahndet.[85] Die Bemühungen, sittliches Verhalten sowohl auf als auch jenseits der Bühne vorzuschreiben und diese Bemühungen auch zu veröffentlichen[86] lässt sich durchaus als Teil der Bestrebung Schröders ansehen, die Schauspieler von der sozialen Randgruppe des fahrenden Volkes abzugrenzen.[87]

So umfangreich die Theatergesetze Schröders auch sind, der von ihm bevorzugte natürliche Schauspielstil wird darin erstaunlicherweise nicht festgelegt.[88] Doch macht er mehr als deutlich, dass sein angestrebtes Ideal das Illusionstheater ist, zu dessen Merkmalen die Natürlichkeit und Wahrscheinlichkeit der Darstellung gehören. Passend dazu spricht sich Schröder in anderen Quellen für eine natürliche Sprechweise, den sogenannten Konversationston, auf der Bühne aus. Darunter versteht man den Verzicht auf die skandierende Sprechweise des neoklassizistischen Spiels, in der Schröder eine „fehlerhafte Betonung der Vocale" sieht, die der Deklamation die ganze

---

84   Ebenda, § 24, S. 9.

85   Ebenda, § 35, S. 12 f.

86   Vgl. den Abdruck in der Litteratur- und Theater-Zeitung (wie Anm. 29), den Annalen des Theaters (wie Anm. 28) und einer eigenen Publikation Schröders: Gesetze des Hamburgischen Theaters [Hamburg 1798].

87   Vgl. GHT 1792 (wie Anm. 26), § 46, 47, S. 15, in denen die Almosenvergabe an fahrendes Volk geregelt wird.

88   § 1 der Weimarer Theatergesetze liefert den Hinweis, dass in Weimar neben der Figureninterpretation und Aussprache auch die Bewegungen und Positionierungen auf der Bühne festgelegt werden: „Bey der ersten Theater-Probe muß die Rolle in dem Geiste des Stücks declamirt, alle Stellungen, Gruppen pp. skizirt werden, damit wenn sie vielleicht nicht zum Charakter paßen, solche verbessert, festgesezt und zu einer guten Vorstellung vorbereitet werden können." Weimarer Theatergesetze (wie Anm. 78), S. 136.

„Wahrheit" und Natur nehme.[89] Zum natürlichen Schauspielstil gehört des Weiteren ein starkes Mienenspiel, das innere Leidenschaften und Affekte ausdrücken soll. Schröder sieht darin neben „der Deklamation das wichtigste Studium des darstellenden Künstlers"[90]. Die Details der Anforderungen an Sprechweise, Mimik, Gestik und die weitere Körpersprache durch den natürlichen Schauspielstil werden im vorliegenden Beitrag nicht weiter ausgearbeitet.

IV. Fazit

Die Theatergesetze von Friedrich Ludwig Schröder liefern einen deutlichen Beleg dafür, dass er über Regeln und Kontrolle versuchte, sein Theater zu dem erwünschten „Grade der Vollkommenheit" zu bringen. Im Zentrum dieser Bemühungen stehen die Ideale des Illusionstheaters und des damit zusammenhängenden natürlichen Schauspielstils, die Schröder zeitlebens vertrat.[91] Doch die anfangs schon erwähnte Problematik der heterogenen Schauspieltruppe führte dazu, dass außer Schröder selbst eigentlich niemand diesen natürlichen Schauspielstil der Hamburger Schule spielte.[92] Auch das Publikum unterstützte die Bemühungen des Theaterdirektors wenig, so dass es eher kleine Änderungen als große Umbrüche auf dem Theater gab. Seinem Freund Gotter gegenüber meint Schröder: „Sie schrieben von der großen Reform des Theaters? Sie ist doch würklich so groß nicht."[93] Doch trotz all seines Verdrusses über die Umstände, die ihm das Erreichen seines vollkommenen Theaters verwehrten, blieb Schröder Realist und Geschäftsmann. Um das Fazit mit seinen Worten zu beenden:

> [I]ch verdanke diesem Publicum meinen Wohlstand, und so vergeb' ich ihm den Mord an meiner Kunst.[94]

---

89 Uhde (wie Anm. 16), S. 199. Vgl. Brief v. Schröder an Gotter v. 13.3.1777, Litzmann (wie Anm. 21), S. 39.
90 Schütze (wie Anm. 20), S. 409.
91 Vgl. Hermann Uhde (Hrsg.): Denkwürdigkeiten des Schauspielers, Schauspieldichters und Schauspieldirectors Friedrich Ludwig Schmidt (1772–1841), Zweiter Theil, Hamburg 1875, S. 27–29.
92 Ebenda, S. 34.
93 Brief v. Schröder an Gotter im Mai 1778, Litzmann (wie Anm. 21), S. 132.
94 Uhde (wie Anm. 16), S. 234.

„Wer spielt denn sonst noch mit?"
Schröders „Privatkomödie" als Exempel für naturwahres Schauspiel

I.

Der Hofrat Waker in Friedrich Ludwig Schröders Lustspiel *Das Portrait der Mutter oder Die Privatkomödie*[1] liebt das Schauspiel. Aus diesem Grund betreibt er ein kostspieliges, „kleines Haustheater" (70), auf dessen Bühne nicht nur er, sondern auch seine Verwandten zur eigenen Ergötzung auftreten. Im Übrigen ist er allerdings ein „vernünftiger Mann" (74). Das behauptet jedenfalls seine Schwägerin. Sie ist über seine „Grille" (74) sehr froh, denn das Theater lenkt ihn ab. So denkt er nicht an seinen Sohn, den er vor 17 Jahren vom Hof jagen musste, weil er die Familienehre befleckt hatte. Als die Mutter gestorben war, hatte sie noch darum gebeten, dass ihr Gatte den Sohn nicht verstoße, solange dieser ihr Porträt in Ehren halte. Doch eines Tages war das Bildnis verschwunden, der Junge musste gehen. Nun kehrt er unter falschem Namen zurück und will die Sache aufklären. Schuld an der ganzen Misere sei sein Onkel. Er habe den Sohn verleumdet und das Porträt der Mutter gestohlen. Den Betrogenen soll nun ein Schauspiel die Augen öffnen. Mit einer improvisierten Gerichtsszene will der Sohn die ganze Intrige entlarven.

Was hier dem Publikum geboten wird, ist allerdings nicht nur „ein kleines Stück mit einer Versöhnungsscene" (136). Indem Schröder die Bühne auf die Bühne bringt, stellt er nebenbei die Prinzipien seiner Theaterästhetik vor. Doch nicht nur seine in der Forschung ausführlich bedachte „Reform der Bühnenpraxis"[2] rückt hier in den Fokus. Das Theater auf dem Theater

---

1   Friedrich Ludwig Schröder: Das Portrait der Mutter oder Die Privatkomödie. Ein Lustspiel in vier Aufzügen. In: Ders.: Beytrag zur deutschen Schaubühne, 3 Bde., Berlin 1786–1790, Bd. 3, S. 1–136 (Zitate werden fortlaufend in Klammern angegeben).

2   Vgl. Berthold Litzmann: Friedrich Ludwig Schröder. Ein Beitrag zur deutschen Litteratur- und Theatergeschichte, 2 Bde., Hamburg, Leipzig 1890–1894; Paul F. Hoffmann: Friedrich Ludwig Schröder als Dramaturg und Regisseur, Berlin 1939; Nina Birkner: „Hamlet" auf der deutschen Bühne. Friedrich Ludwig Schröders Theatertext, Dramentheorie und

stellt überdies die für das Schauspiel geforderte Illusion auf die Probe. Bereits in seiner Bearbeitung des *Hamlet* war Schröder nicht mehr der von Gottsched vertretenden „konventionalisierten Gebärdensprache" gefolgt. Als Schüler Lessings und Ekhofs setzte er sich für „eine realistische, aber ästhetisch geformte Spielweise" ein. Die „Illusion des Bühnengeschehens" galt als unverzichtbar. Auf dieser Grundlage hatte der Schauspieler Johann Franz Brockmann den Hamlet dargestellt und sowohl in Hamburg als auch bei seinen Gastspielen in Berlin, München und Wien „große Begeisterungsstürme" ausgelöst.[3] Nicht auf die barocke Darstellungsweise „mit ihren steifen, übertriebenen, schematisch den rhetorischen Mustern folgenden Bewegungen und Gebärden"[4] setzte Schröder, sondern auf jene Darstellungen, die – nach seinem Vorbild Francesco Riccoboni – „zwei Finger breit über das Natürliche"[5] liegen.

In dem Lustspiel *Das Portrait der Mutter oder Die Privatkomödie* gerät nun ausgerechnet die Illusion ins Wanken. Insgesamt fällt das von Schröder favorisierte naturwahre Schauspiel der Persiflage zum Opfer. Kommt es in dem Stück also zu einer Aushöhlung theatraler Illusionsbildung? Doch welche Aspekte hebt Schröder hervor und welchen Zweck verfolgt er mit seinem Theater im Theater?

II.

Auf den ersten Blick entspricht das Lustspiel den Anforderungen der Gattung. Es knüpft an die um 1780 entstehenden Familiengemälde an. In diesem Genre gilt Gemmingens Schauspiel *Der deutsche Hausvater* (1779) als ausgemachtes Muster.[6] So ist auch in Schröders Lustspiel der Vater – hier

Aufführungspraxis. In: C. Zelle (Hrsg.): Das Achtzehnte Jahrhundert 31 (2007), H. 1, Wolfenbüttel 2007, S. 13–30, hier S. 13.

3   Vgl. Birkner (wie Anm. 2), S. 19, 30.

4   Vgl. Alexander Košenina: Anthropologie und Schauspielkunst. Studien zur ,eloquentia corporis' im 18. Jahrhundert, Tübingen 1995, S. 127.

5   Vgl. Francesco Riccoboni: Die Schauspielkunst. „L' Art du théâtre. 1750". Übers. v. Gotthold Ephraim Lessing. Angefügt: Friedrich Ludwig Schröder: Auszüge aus Franz Riccobonis Vorschriften über die Kunst des Schauspielers mit hinzugefügten Bemerkungen, hrsg. v. Gerhard Piens, Berlin 1954, S. 76.

6   Vgl. Jerry Eugene Neeb-Crippen: Bürgerliches Lustspiel und Ritterroman. Zur Unterhaltungsliteratur im ausgehenden 18. Jahrhundert unter besonderer Berücksichtigung der frühen Werke Ernst August Klingemanns, Ann Arbor 1994, S. 14 f.

Hofrat Waker – verwitwet. Seine Tochter ist ein braves Mädchen, der Sohn bieder und voller Tatendrang. Das Vorbild für die Intrige, mit welcher der Onkel den Neffen in Verruf bringt, ist Richard Sheridans Komödie *The School for Scandal* (1777) entnommen. Der Hofrat erwähnt das Werk einmal als sein „Favoritstück" (94).[7] Dass seine Wahl gerade auf Sheridans Komödie fällt, ist wenig verwunderlich, zeigt hier doch der liederliche Charles seine Rechtschaffenheit, indem er das Porträt seines Onkels nicht veräußert. „Mein Onkel", erklärt der Neffe, „hat mich immer lieb gehabt, und mir viel Gutes gethan. Ich will sein Gemälde aufheben, so lange ich noch einen Platz habe, wo ich's hinstellen kann."[8] Für Schröders Lustspiel ist diese Fabel grundlegend. Denn Redlichkeit erwartet auch der Hofrat Waker von seinem Sohn. Dass dieser das Porträt seiner Mutter verkauft haben soll, ist für ihn unentschuldbar. Die Versöhnungsszene am Schluss zeigt denn auch, dass der Vater von der Unschuld seines Sohnes erst überzeugt ist, als dieser ihm das geraubte Gemälde aushändigt. Schröders Bezug auf Sheridan ist daher mehr als eine bloße Anlehnung.

Schon zu Beginn erfährt der verstoßene Sohn, der in Schröders Lustspiel als Baron Rekau[9] in die Heimat zurückkehrt, dass sein Vater „alle vierzehn Tage ein kleines Stück" spielen lasse, im Übrigen jedoch sehr zurückgezogen lebe und „wie ein Gefangener bewacht" (15) werde. In seinen *Dramaturgischen Monaten* merkt Johann Friedrich Schink, nachdem er das Stück in Hamburg gesehen hat, zur Rolle des Hofrats an:

> Der gute alte Mann ist in eine Art Menschenfeindlichkeit versunken, die wirkliche Welt ist ihm so verhaßt geworden, daß nur die nachgeahmte ihm Vergnügen macht. Er vermeidet daher jedes fremde Menschengesicht, und stößt er ja von ungefähr auf eins, so entzieht er sich seinem Anblick so schnell, als möglich. Sein kleines Theater anordnen, darauf herumräumen, an seinen Dekorazionen zimmern, sie überpinseln und malen: das ist das einzige Interesse, was er auf dieser Welt hat. Sein ganzes Dichten und Trachten, seine ganze Thätig- und Wirksamkeit ist nur darauf gerichtet. Er lebt und webt im Theaterwesen. Niemand darf ihn darin stören, kein fremdes Auge ihn beobachten. Kaum wird er eins gewahr, so läßt er auch den Theatervorhang niederfallen, der fremden Beobachtung den Paß

---

7   Schröder hat Sheridans Stück 1782 in Wien in eigener Bearbeitung auf die Bühne gebracht. Vgl. Bärbel Czennia: Deutsche Spiel- und Learten von Sheridans School for Scandal aus drei Jahrhunderten. In: F. Paul u. a. (Hrsg.): Europäische Komödie im übersetzerischen Transfer, Tübingen 1993, S. 77–115, hier S. 81–87.

8   Richard Brinsley Sheridan: Die Lästerschule. Lustspiel in fünf Aufzügen, Übers. v. Friedrich Ludwig Schröder, Leipzig 1873, S. 43.

9   Der Name Rekau ist ein lautsprachliches Anagramm zu Waker: „U A K E R" (8).

zu verrennen, und die eleusinischen Geheimnisse seines Kunstheiligthums für sie zu verhüllen.[10]

Dem Darsteller, der den Hofrat spielt, empfiehlt Schink, sich davor zu hüten, „eine Art Wahnwitz in diese Rolle zu bringen" sowie „durch Geberd' und Ton einen Menschen anzudeuten, der nicht recht bei sich" sei. Der Verstand des Hofrats sei zwar durch „Familienkabbalen" verstimmt worden, „aber übergeschnappt hat er nicht".[11]

Unwichtig ist Schinks Empfehlung keineswegs, denn der Vater soll seinen Sohn bei klarem Verstand verzeihen. Schließlich muss die Versöhnung der Familie glaubhaft sein, soll sie auf die Zuschauer wirken. Während der improvisierten Gerichtsszene ist der Hofrat zudem Teil des Publikums, ja er repräsentiert es sogar. Rekau leistet nicht nur bei seinem Vater, sondern auch beim Rezipienten Überzeugungsarbeit. Die Wahrheitsfindung geschieht aber nicht wie z. B. in Hamlets „Falle"[12] über die Reaktion des Zuschauers. Den Beweis für die Unschuld des verstoßenen Sohnes liefert das Porträt der Mutter.

Wie in *Hamlet* geht es in Schröders Lustspiel um das Verhältnis von Sein und Schein. Das improvisierte Schauspiel soll die Wirklichkeit zeigen, in welcher der Hofrat gefangen ist. Rekau – ebenso Opfer der Intrige – hat das Spiel, das Gebhard, der Buchhalter seiner Tante, nach dem Tod des Onkels fortführt, durchschaut. Nun gilt es, die Betrogenen aus ihrem Schlaf zu erwecken. Wie in *Hamlet* soll eine fiktive Darstellung der Realität dieselbe wiederherstellen und das Familienidyll als Scheinwelt entlarven.[13]

Zunächst bereitet Schröder das Publikum auf dieses prekäre Verhältnis theaterpraktisch vor. So ist für den dritten und vierten Aufzug ein Bühnenumbau vorgesehen. Der Schauplatz ist nun ein „kurzes Zimmer mit zwei Seitenthüren, hinten ein Theater" (68).[14] Doch auf der Privatbühne ist kein Schauspiel zu sehen, vielmehr wird die Aufmerksamkeit auf die Vorbereitungen gelenkt, mit denen der Hofrat Waker und sein Diener Friedrich be-

---

10   Johann Friedrich Schink: Dramaturgische Monate, 4 Bde., Schwerin 1789–1791, Bd. 2, S. 306 f.
11   Vgl. ebenda, S. 318.
12   Friedrich Ludwig Schröder: Hamlet, Prinz von Dänemark. Ein Trauerspiel in fünf Aufzügen. Nach Shakespear. In: Ders.: Hamburgisches Theater, 4 Bde., Hamburg 1776–1778, Bd. 3, S. 1–110, hier S. 50.
13   Vgl. zum Schauspiel im Schauspiel im Hamlet Richard Weihe: Die Paradoxie der Maske. Geschichte einer Form, München 2004, S. 153–161.
14   Vgl. Hoffmann (wie Anm. 2), S. 418–423, hier 423.

schäftigt sind. Es fehlt an Dekorationen, die Laube muss geflickt werden, und weil man vergessen hat, einen Mond zu bestellen, dient kurzerhand eine Sonne als Ersatz. Peinlich genau scheint der Hofrat darauf zu achten, dass alle Bedingungen für eine perfekte „Illusion" (69) auf der Bühne erfüllt sind. Vorder- und Hinterbühne lässt Schröder hier abwechselnd bespielen. Während der Hofrat das Theater herrichtet, betritt dessen Schwägerin mit Rekau den vorderen Bereich der Bühne. Die Handlungen sind aufeinander bezogen, denn als der Hofrat den Fremden bemerkt, soll der Diener den Vorhang herunterlassen, und als die Schwägerin später nach Friedrich ruft, steckt dieser „den Kopf bey der Gardiene heraus" (79).

Das Theater ist allerdings auch schon in den ersten beiden Aufzügen präsent. Rekaus Lebensgeschichte, die er im dritten Auftritt seinem Freund Bernheim erzählt, gleicht einem Rollenverzeichnis: „Bald war ich Sprachmeister, bald Soldat, bald Spieler, bald Tanzmeister, bald Mahler, bald Fechtmeister, bald Autor" (10). Die Rückkehr in die Vaterstadt bestreitet Rekau ebenfalls unter falschem Namen. Um in das Haus Waker Einlass zu erhalten, gibt er sich als ein Freund der Familie (Baron Westerburg) aus. Verstellung ist auch ein Thema im zweiten Aufzug. Dort trifft Rekau auf Sir Barrington. Dieser hilft ihm aus den Fängen der Gerichtsdiener, indem er einen ungültigen Wechsel einlöst. Nebenbei tritt Rekau als „eine Art Eheprokurator" (76) auf. So verkuppelt er Bernheim mit seiner Cousine Johanna und Barrington mit seiner Schwester Wilhelmine.

Der Held des Stücks scheint also ein erstklassiger Schauspieler zu sein. In den ersten beiden Aufzügen stolpert er von einem zufälligen Ereignis ins nächste und meistert jede Hürde mit „Jovialität"[15]. Dieser Charakterzug ist ihm – Schink zufolge – notwendig eigen. Er ergebe sich aus seinen Anlagen, seinen Erlebnissen und seiner Weltläufigkeit.

Ein Mensch, der bald Edelmann, bald Sprachmeister, bald Soldat, bald Autor war; heute in der edlen Kunst des Fechtens, morgen in der Tanzkunst unterrichtete, hier sich als Mahler, dort als Spieler nährte: ein solcher Mensch muß durch eine gewisse Gewandtheit des Kopfes und des Herzens [... sich] merklich von allen anderen Menschen unterscheiden. Er wird alles seyn können, was er will, lustig und traurig, närrisch und ernsthaft; ein kalter Philosoph und ein Enthusiast, leichtsinnig und gesetzt; ein Herumschwärmer und ein Stubenhüter, alles, wie es seine Lage erfordert. Er wird die widersprechendsten Eigenschaften in sich vereinigen, ohne doch mit der Natur der Dinge in Widerspruch zu stehen; und mit allen diesen scheinbar widersprechenden Eigenschaften, ein wahrer, menschlicher Karakter seyn. Er wird sogar mit allen diesen Tausendkünsteleyen, mit aller dieser gefähr-

15 Schink (wie Anm. 9), S. 293.

lichen Gewandheit, sich aus einem Karakter in den anderen mit einer Täuschung zu ver-
sezzen, als ob er nur der Mensch wäre, den er eben spielt, doch den bestimmten Karakter
eines ehrlichen Mannes haben können.[16]

Schink betont zudem, dass Rekaus Charakter „ein vollkommenes Ganzes"[17]
bilde, und stellt damit den idealen Schauspieler vor, für den es – wie Schröders Biograph Friedrich Ludwig Wilhelm Meyer erklärt – keine bessere
Schule gebe, „feinern Verschiedenheiten verwandter und überaus ähnlicher
Charaktere ihre ausgezeichnete Besonderheit abzugewinnen, als frühe und
unablässige Uebernahme entgegengesetzter".[18] Wenn Schink überdies von
einer „Gewandtheit des Kopfes und Herzens" spricht, dann unterstellt er
Rekau durchaus anthropologisches Geschick, und in der Tat zeigt sich dieser
als „Menschenkenner"[19], findet er doch nicht nur bei seinem Vater die richtigen Worte. Für Schink ist diese Begabung eine Folge „individuelle[r] Verhältnisse" und „Schicksale"[20], als ob – wie es Schröders Schüler und Nachfolger am Theater in Hamburg, Friedrich Ludwig Schmidt, einmal formuliert
hat – „die Welt [...] dem Menschendarsteller zum Modell"[21] gesessen hätte.

Diese Schlussfolgerung verrät neben Schinks auch Schröders Vorstellung
von einer idealen Schauspielkunst. Mustergültigkeit darf nur derjenige
Künstler beanspruchen, der sich nach der Natur richtet.[22] In seinem Stück
weist Schröder auf diesen Zusammenhang zuweilen selbst hin, z. B. in der
Szene, in der Gebhard über die Rolle des bösen Wirts klagt, die er dieses
Mal spielen soll. „Warum thun Sie mir denn immer dumme Teufel oder
Spitzbuben geben?", fragt er Johanna, die ihm jene Rolle zugeteilt hat, und
bekommt zur Antwort: „Weil Sie die am natürlichsten spielen" (43). Schröders eigener Leitsatz erscheint hier – wie in den Szenen, in denen der Hofrat
bei der Restauration seiner Privatbühne auf die Einhaltung der Illusion
pocht – als Lustspielelement, das in erster Linie eine komische Wirkung erzielen soll. In ähnlicher Weise verhandelt er das Memorieren (39 ff.), Souf-

---

16 Ebenda, S. 290 f.
17 Ebenda, S. 314.
18 Friedrich Ludwig Wilhelm Meyer: Friedrich Ludwig Schröder. Beitrag zur Kunde des
    Menschen und des Künstlers, 2 Bde., Hamburg 1819, Bd. 2, S. 361.
19 Schink (wie Anm. 9), S. 307.
20 Ebenda, S. 315.
21 Friedrich Ludwig Schmidt: Dramaturgische Aphorismen, 3 Bde., Hamburg 1820–1834,
    Bd. 1, S. 3.
22 Vgl. Erika Fischer-Lichte: Entwicklung einer neuen Schauspielkunst. In: W. F. Bender
    (Hrsg.): Schauspielkunst im 18. Jahrhundert, Stuttgart 1992, S. 51–70.

flieren (43), Extemporieren (124), die Theaterkleidung (106) oder stumme Rollen (125).

Die häufigen Anspielungen auf das Theaterwesen machen das Publikum aber nicht nur mit demselben vertraut, zugleich entlarven sie das Spiel als Spiel. Komisch wirken die Situationen, weil in ihnen ein bestimmter Aspekt von der Norm abweicht oder fehlerhaft ist und so gewissermaßen aus der Rolle fällt. In diesem Sinne hält Schröder das Theater im Bewusstsein des Publikums auf spezifische Weise fest. Er verweist damit auf den ungeschriebenen „contrat théâtral"[23] und dessen Spielregeln. Allerdings präsentiert er sie in seinem Stück nicht wie z. B. Gryphius in seiner *Absurda Comica* als eigenständiges Gebilde, sondern bruchstückhaft. Wenn der Hofrat an einem schwachen Gedächtnis leidet und deshalb seinen Text nicht weiß, Gebhard sich bloß „auf's Einblasen" (43) verlässt, eine Sonne einen Mond darstellt, Barrington nur in ungrammatischen Sätzen redet und Gebhard ständig das Tätigkeitswort ‚tun' als Hilfsverb benutzt, dann führt Schröder dem Publikum seine Theateranschauungen ex negativo vor Augen. In diesem Sinne ist sein Lustspiel eine Theaterparodie, die zeigt, wie man es gerade nicht machen sollte.

Die Aufführung des Stücks selbst richtete sich wiederum nach dem naturwahren Schauspiel à la Schröder, Lessing und Ekhof. Dass die Darstellung unter Schröders Leitung sich an dessen Devise orientiert hat, bemerkt Schink in seiner Besprechung:

> Sieht man ihn [Rekau] nun obendrein von S c h r ö d e r selbst darstellen, so greift man seine Natur und Menschheit vollends mit Händen, und der ungläubige Thomas von einem Kritiker, dukt [sic] seinen Zweifel unter die Aegide der Uiberzeugung [sic].[24]

Das Paradox dieser *Privatkomödie* – so ließe sich folgern – ist die naturwahre Darstellung eines schlechten Dilettantismus, zumal – wie betont – hier kein richtiges Stück im Stück zur Aufführung gelangt. Die Nachlässigkeit und Unfähigkeit der Akteure, die schon während der Vorbereitung zur Komödie auftreten, ja das Verlachen des Haustheaterwesens insgesamt, spricht für eine leise Kritik am Laientheater. Der von Schröder dargestellte Rekau, der Held des Stücks, der alle Rollen mit Jovialität spielen kann, steht dazu im di-

---

23 Anke Bosse: Retheatralisierung in Theater und Drama der Moderne. Zum Spiel im Spiel. In: Th. Anz, H. Kaulen (Hrsg.): Literatur als Spiel. Evolutionsbiologische, ästhetische und pädagogische Konzepte, Berlin 2009, S. 417–430, hier S. 420.
24 Schink (wie Anm. 9), S. 315.

rekten Kontrast. Seine Schule ist das Leben, ja das Naturwahre, selbst. Was Schröder anprangert, ist also nicht die natürliche Darstellung, sondern mangelnde Professionalität.

Heinrich Bosse hat mit Bezug auf Hans Rudolf Vaget unterstrichen, dass sich „im Begriff des Dilettanten zwei Wertungen überlagern: im Verhältnis Schüler – Meister eine positive Wertung, im Verhältnis Pfuscher – Handwerker eine negative Wertung".[25] Letztere überwiegt zweifellos in Schröders Lustspiel. So regen die dilettantischen Versuche des Hofrats, die eigene Bühne herzurichten, zum Lachen an. Sein Ehrgeiz, eine möglichst perfekte Illusion zu erreichen, steht zu seinen nachlässigen Entscheidungen im Widerspruch. Auch dass er seines schwachen Gedächtnisses zum Trotz auftreten will, passt nicht zu seinen Vorstellungen und muss – wie Madam Waker bereits vermutet – „ausserordentlich viel Kurzweile" (71) erregen. In die Kritik gerät der Hofrat auch, als er, während Rekau im vorderen Bühnenraum den „Eheprokurator" (76) spielt, sich gemeinsam mit Friedrich im hinteren Bühnenraum um die Kulisse kümmert. Dort tappt er hinter der heruntergelassenen Gardine in der Tat im Dunkeln, weil Friedrich, der ihm eigentlich leuchten soll, wiederholt verschwindet (75 f., 79, 87 f.). Wenig später fällt dieser selbst von der Leiter (101), nachdem der Hofrat den Vorhang erneut geschlossen hat (97). Doch nicht nur, um den Dilettanten in Sachen Theater lächerlich zu machen, lässt Schröder die Gardine mehrmals öffnen und wieder schließen.

Rekau, der sich vor der Gardine befindet und dem dahinter hantierenden Hofrat seine Hilfe anbietet, wird zunächst nicht gehört. Fünfmal antwortet der Vater nicht, weil er die Bühne längst unbemerkt verlassen hat. Rekau öffnet daraufhin die Gardine und steckt die Lichter auf (89). Mit diesem „herrlichen Anschlag" (15) trifft er ins Schwarze und kommt mit dem Vater ins Gespräch, doch als über den Sohn diskutiert wird, bleibt der Hofrat verstockt (89 ff.). Wiederholt weicht er aus und spricht nur vom Theater. Als Barrington auftaucht, lässt er die Gardine erneut hinab, öffnet sie jedoch wieder, nachdem Friedrich von der Leiter gefallen ist. Diese Gelegenheit nutzt Rekau und „springt aufs kleine Theater" (102). Während er mit dem Besen die Bühne abfegt, rezitiert er eine Passage aus Voltaires *Zaïre* mit den Worten: „Wahrhaftig, die Bretter sind ansteckend; ich fühle eine Wuth, selbst Komödie zu spielen" (103). Zweimal geht die Gardine auf, zweimal

---

25 Vgl. Heinrich Bosse: Das Liebhabertheater als Pappkamerad. Der Krieg gegen die Halbheit und die „Greuel des Dilettantismus". In: St. Blechschmidt, A. Hinz (Hrsg.): Dilettantismus um 1800, Heidelberg 2007, S. 69–90, hier S. 74 f.

sieht das Publikum kein Stück im Stück. Doch in den Passagen, in denen der Vorhang aufgezogen ist, kommt nicht nur buchstäblich Licht ins Dunkel, allmählich gewinnt Rekau die Gunst des Hofrats, indem er sich zunächst um die technische Anordnung des Haustheaters bemüht und schließlich selbst Komödie spielt.

Im vierten Aufzug wird die Gardine ein drittes Mal, zur Gerichtsszene, geöffnet, dieses Mal allerdings nur durch die Worte Rekaus (125): „Wer spielt denn sonst noch mit?" (127), fragt der Hofrat, nachdem Rekau als Advokat in Anwesenheit des stummen Richters Barrington seine Anklage verlesen hat. Für das Publikum ist diese Frage leicht zu beantworten, für die beteiligten Figuren jedoch nicht. Zwar sind alle Anwesenden in die improvisierte Situation eingeweiht, der Hofrat, Johanna und Wilhelmine sehen sich selbst aber eher als Zuschauer des Spiels. Rekau hebt jedoch hervor, dass auch sie mitspielen: Während die Rollen der Frauen „nur in zärtlichen Umarmungen bestehn" (124), soll der Hofrat den Schluss, die Versöhnungsszene, übernehmen (118). Über seine eigene Rolle verrät Rekau: „Rechnen Sie mich ja nicht zu den wirklichen Menschen – ich bin ein wahrer Komödiencharakter" (121).

Mit dieser zweideutigen Aussage spielt er einerseits auf seine Maske an, schließlich ist er der wahre Sohn des Hofrats, Ludwig Waker; andererseits reflektiert er seine Rolle, ein Indiz für parabatische Textpassagen à la Ludwig Tieck.[26] Rekau tritt aus der Fiktion heraus, überschreitet die von Diderot geforderte vierte Wand und zerstört damit für einen Augenblick lang die Illusion. Nicht die Spiel-im-Spiel-Struktur bricht mit der Konvention, sondern die Tatsache, dass die Figuren „darüber räsonieren, Bestandteil eines Stückes zu sein, das sie nicht kennen".[27] Der entscheidende Punkt ist, dass Figurenreden dieser Art den Betrachter dazu bringen (sollen), „sich diejenige Ebene zu imaginieren, in der er selbst der beobachtete Zuschauer des Stücks ist, das er gerade rezipiert".[28]

Die Aufteilung des Bühnenraumes und das mehrmalige Absenken und Aufziehen der Gardine dient aber nicht nur dazu, die Handlungsstränge ele-

---

26 Vgl. Volker Nölle: Der schizoide Mund. Nachwirkungen von Tiecks *Verkehrter Welt* auf die Produktionsgrammatik späterer Autoren. In: U. Japp, St. Scherer, C. Stockinger (Hrsg.): Das romantische Drama. Produktive Synthese zwischen Tradition und Innovation, Tübingen 2000, S. 241–257, hier S. 242.

27 Stefan Scherer: Witzige Spielgemälde. Tieck und das Drama der Romantik, Berlin 2003, S. 98.

28 Ebenda.

gant miteinander zu verbinden. Indem sich der Hofrat zunächst hinter dem Vorhang verbirgt, stellt er handelnd seinen Charakter dar, denn ihm ist – wie er selbst einmal zugibt – die „wirkliche Welt […] zuwider" (90). Seine eigene verschrobene Ansicht verdeutlicht, dass er in einer Scheinwelt lebt. Rekau wiederum macht (wie Hamlet) die realen Strukturen sichtbar. Möglich ist das jedoch nur dann, wenn der Vorhang gehoben ist. Der Hofrat muss seine behütete Theaterwelt verlassen, denn nur bei geöffneter Gardine treten Schein und Sein oder – mit Lessings berühmten Worten – Kunst und Natur in ein Wechselverhältnis.

In der Gerichtsszene werden die beiden Bereiche schließlich auf die Spitze getrieben. Nachdem Rekau verkündet hat, dass die Gardine gehoben ist, trägt er seine Anklage vor. Er beschuldigt seine „nahen Anverwandten" (125) und fordert seine Rechte als Sohn zurück. Da fällt der Hofrat, der hier nur Zuschauer ist, ihm ins Wort. Rekau bittet um Ruhe, doch der Alte entgegnet unwillig: „Nun gut, gut, so spielen Sie fort – und bringen Sie so viele Beweise der Unschuld des Buben, als Sie können. – Es bleibt doch nur eine Komödie" (126). Dann wird Gebhard vor das Gericht geführt und von Rekau kurz instruiert: „Mein Freund! bild er sich ein, daß er vor einem wirklichen Gerichte steht, und daß alles Läugnen vergeblich ist" (127). Gebhard gerät unter Druck, und als er vor lauter Nervosität versehentlich auspackt, lobt der Hofrat sein natürliches Spiel. Doch so aussagekräftig das Geständnis von Gebhard auch ist, der Hofrat ist von seiner Meinung noch immer nicht abzubringen: „Ha, ha! Als ob sich durch eine Komödie etwas erweisen liesse!" (132). Schließlich bringt Rekau Gebhards Koffer als Beweismittel auf den Tisch und findet in ihm das gesuchte Porträt der Mutter.

Anders als in Shakespeares *Hamlet* tritt der Angeklagte in Schröders *Privatkomödie* selbst auf. Seine Reaktion wird als theatrale Geste innerhalb der Spiel-im-Spiel-Struktur rezipiert. Die Kommentare des Hofrats, die er zunächst verhalten, nach einiger Zeit aber euphorisch äußert, explizieren diesen Umstand. Enthusiastischen Zuspruch erhält Gebhard erst, als sich das Spiel für ihn in bitteren Ernst verwandelt. Die Bewunderung des Hofrats gleicht einem Plädoyer für das naturwahre Schauspiel. Alle Bedenken, die er und die anderen Familienmitglieder dem Stehgreiftheater gegenüber anführen (123 f., 127, 131), weil sie wegen der Gefahr des Steckenbleibens um die Illusion fürchten, scheint Gebhard, als sich die Fiktion für ihn in Realität verkehrt, mit Leichtigkeit zu widerlegen. Sein Spiel gewinnt sukzessive an Natürlichkeit. So schiebt er, als er merkt, dass er in Bedrängnis gerät, plötzlich in der Rolle des unschuldigen Opfers die ganze Schuld auf seinen Komplizen Franz. Der Hofrat begrüßt diesen unverhofft natürlichen Einsatz mit den Worten: „Nun spielt er besser. Nun geht's, nun geht's" (129).

Wie Lessing und Ekhof war auch Schröder der Meinung, dass der „Körper als natürliches Zeichen der Seele"[29] verstanden werden könne. Empfindungen ließen sich am besten über Gestik und Mimik zum Ausdruck bringen. Nicht mehr eine durch Vernunftgesetze bestimmte Ästhetik sollte als Richtlinie dienen, sondern die Sprache der Natur.[30] Diesem Diktum folgend, müsse sich der Schauspieler um einen regelgeleiteten Ausdruck bemühen, der sich sowohl an den Maßstäben der Schönheit als auch an denen der Wahrheit orientiert.[31]

Am stärksten scheint Gebhard genau in dem Moment zu spielen, in welchem sein Komplize Franz mit dem Koffer von zwei Gerichtsdienern hereingeführt wird. Sein Erstaunen folgt unmittelbar: „Ach Gott! ach Gott!" (129). In diesem Augenblick erkennt er, dass man ihn überführt hat. Seine Handlung ist nun nicht mehr ausnahmslos gespielt, sie geschieht im Affekt und erscheint so als eine natürliche Folge. Bemerkenswert ist, dass der Hofrat, der in dieser Szene das naturwahre Schauspiel mit Bravorufen anerkennt, das Geschehen nach wie vor als Komödie und Gebhard damit als guten Laienschauspieler bewertet. Die ‚realen' Zuschauer im Theater sind sich allerdings der Tatsache bewusst, dass es Gebhard hier tatsächlich an den Kragen geht. In dieser Art und Weise bringt Schröder den Handel zwischen Kunst und Natur selbst auf die Bühne. Die beiden Aspekte überlagern sich sogar mehrfach, denn der ‚reale' Künstler, der den Gebhard darstellt, spielt gleichsam eine doppelte Rolle. Den Einwand, dass die naturwahre Schauspielkunst keine Kopie der Natur sein soll[32] und Gebhard deshalb nicht als Akteur dieser Schule gelten kann, weil er in diesem Moment überhaupt nicht als Schauspieler auftritt, entkräftet Schröder durch die Spiel-im-Spiel-Struktur. Der ‚reale' Darsteller steht nicht vor Gericht, er spielt wirklich, und zwar eine Figur, die in einer Privatkomödie eine unverstellte Reaktion zeigt.

Das Verhältnis zwischen Verstellung und Natürlichkeit, wie es Lessing 1755 in *Miß Sara Sampson* entfaltet hat,[33] ist hier – rund 30 Jahre später –

---

29 Vgl. Fischer-Lichte (wie Anm. 21), S. 56 ff.
30 Vgl. Birkner (wie Anm. 2), S. 22 ff.
31 Vgl. Fischer-Lichte (wie Anm. 21), S. 56 ff.
32 Vgl. ebenda, S. 58.
33 Vgl. Košenina (wie Anm. 4), S. 59 sowie Nikola Roßbach: Empfindung zwischen Natur und Kunst. Zu theater- und kulturgeschichtlichen Dynamisierungsprozessen im 18. Jahr-

immer noch spürbar. Die Figur Gebhard, die sich als Gauner ununterbrochen verstellt und ausgerechnet in jener extemporierten Gerichtsszene wegen des natürlichen Ausdrucks auffliegt, ist vor diesem Hintergrund ein bemerkenswerter Fall. Das naturwahre Schauspiel bringt hier in aufklärerischer Manier die Wahrheit ans Licht. Schröder nimmt mit der Spiel-im-Spiel-Struktur die Forderung, welche die Verfechter des von Goethe und Schiller später verworfenen „Naturalismus"[34] gestellt haben, auf, indem er die Kernaussage des naturwahren Schauspiels inszeniert, die Ruedi Graf einmal so formuliert hat:

> Die Warheit über die Seele, die in Wirklichkeit nicht mehr zu erkennen ist, soll die Kunst, vor allem das Schauspiel liefern. Schauspielkunst wird, so verstanden, zur Charakterkunde, und eine Theorie der Schauspielkunst zu einer Semiotik des Charakters.[35]

Die Wirkungsweise dieser Semiotik führt Schröder dem Publikum vor Augen. Offenbar geschult an Engels *Ideen zu einer Mimik,* lässt er seinen Bösewicht Gebhard eine unwillkürliche Reaktion vollziehen, also genau die Art von Zeichen, die der Verstellung am wenigsten unterworfen ist. Durch Rekaus Anweisungen, durch seine geschickten Fragen sowie das plötzliche Erscheinen des Komplizen Franz handelt Gebhard im Affekt. Sein Körper befindet sich in diesem Moment in einem Zustand relativer Ruhe (das Stehen vor Gericht), seine Reaktion ist daher – Engel wiederum folgend – besonders aussagekräftig.[36]

Die extemporierte Gerichtsszene verbindet mehrere Aspekte miteinander: Schröder stellt mit ihr die Wechselwirkung von Kunst und Natur heraus, indem er ein konventionalisiertes Verfahren auf die Bühne bringt und durch dasselbe die Verstellung der Wirklichkeit aufdeckt. Einerseits zeigt er,

---

hundert am Beispiel von Lessings *Miß Sara Sampson.* In: Lenz-Jahrbuch (2002/2003), Bd. 12, S. 155–171, hier S. 166.

34   Vgl. Dieter Borchmeyer: „…dem Naturalism in der Kunst offen und ehrlich den Krieg zu erklären…". Zu Goethes und Schillers Bühnenreform. In: W. Barner, E. Lämmert, N. Oellers (Hrsg.): Unser Commercium. Goethes und Schillers Literaturpolitik, Stuttgart 1984, S. 351–370, hier. S. 352.

35   Ruedi Graf: Utopie und Theater. Physiognomik, Pathognomik, Mimik und die Reform von Schauspielkunst und Drama im 18. Jahrhundert. In: W. Groddeck, U. Stadler (Hrsg.): Physiognomie und Pathognomie. Zur literarischen Darstellung von Individualität, Berlin 1994, S. 16–33, hier S. 29.

36   Vgl. ebenda, S. 30.

dass der Strafprozess theatrale Züge trägt;[37] damit macht er andererseits deutlich, dass sich – vor allem im Rahmen des sogenannten Naturalismus – mit Kunst durchaus etwas beweisen lässt.[38] Die Kunst wird hervorgehoben. Sie kann die Scheinheiligkeit der wirklichen Welt entlarven. Um dieses Ziel zu erreichen, bedarf es jedoch des natürlichen Ausdrucks. Gebhards Reaktion muss möglichst unverstellt erscheinen, um glaubhaft zu sein.

Die Dramaturgie des Lustspiels ist auf diese entscheidende Szene zugespitzt. Schröder stellt durch die zahlreichen Ver- und Entstellungen nicht nur einen ausgeprägten Bezug zum Theaterwesen her, die Lustspielelemente generieren auch einen starken Gegensatz zum naturwahren Schauspiel, das gerade dadurch präsent gehalten wird. Die Dramaturgie steuert auf ein einziges Ziel zu: die Wahrheit aufzudecken. Das betrifft sowohl die Intrige auf der Handlungsebene als auch die konsequente Form des Stücks. Wenn Gebhard in jener Gerichtsszene seinen gleichsam verstellten Satzbau plötzlich unterlässt, dann fixiert Schröder die Auflösung der Maskerade sogar sprachlich. Als die Beweismittel schließlich auf den Tisch kommen, besitzt das improvisierte Schauspiel eine so starke Illusions- und Suggestionskraft, dass der Hofrat bekennen muss: „Bald hätt' ich vergessen, daß es nur eine Komödie ist – so hatt' es mich überrascht" (133). Überrascht hat ihn das Porträt der Mutter, das Rekau aus dem Koffer zieht und ihm vor die Nase hält. Überrascht hat ihn aber auch der abrupte Umschlag von Fiktion in Realität. Zu guter Letzt streift endlich auch Rekau seine Larve ab und gibt sich als Sohn des Hofrats, Ludwig Waker, zu erkennen. Damit ist die Verstellung gänzlich aufgehoben.

III.

Schröders Lustspiel eröffnet dem Publikum auf anschauliche Weise die Prinzipien des naturwahren Schauspiels. Sie spiegeln sich in Inhalt und Form wider, strukturieren den Spannungsbogen und führen schlussendlich zur Auflösung des Stücks. Spielerisch pointiert er das Wechselverhältnis von Schein und Sein, indem er die Gardine des Haustheaters mehrmals öffnen und schließen lässt. Vor diesem Hintergrund spielt die Illusionsbrechung

---

37 Vgl. Heinz Müller-Dietz: Recht und Kriminalität in literarischen Spiegelungen, Berlin 2007, S. 85 ff.

38 Vgl. die Aussage des Hofrats: „Als ob sich durch eine Komödie etwas erweisen liesse!" (132).

keine geringe Rolle. Zwar lässt Schröder sie nicht so explizit hervortreten wie die übermäßige Verwendung der Parabase in den Schauspielen der Frühromantik, die zahlreichen Anspielungen auf den rigorosen Dilettantismus des Hofrats antizipieren die späteren Komödien aber durchaus. Tieck hat in seinen *Dramaturgischen Blättern* zu Schröder Lustspiel angemerkt, dass „die Entwicklung, in welcher die Bühne die Bühne parodirt, überraschend und neu"[39] gewesen sei.

Tatsächlich wird die Bühnenillusion, wie in der Komödie der Romantik, auch im *Portrait der Mutter* indirekt untergraben. „Die Illusion", erklärt Ruth Petzoldt in Bezug auf Tieck, wird „nicht ‚wirklich' zerstört, sondern ihre Zerstörung ist eine gezielte Maßnahme, um sie bewußt zu machen [...]." Es gehe um die „ironische Distanz [...] des Rezipienten, der ‚hinter dem Rücken' des fiktiven Publikums seine Beobachterrolle einnimmt".[40] Distanzierungen dieser Art nutzt auch Schröder, jedoch nicht als Ausdruck ästhetischer Ironie,[41] sondern – im Rahmen aufklärerischer Moralästhetik – als didaktisches Mittel. Die Schlussszene lässt diese Absicht deutlich werden. Im Unterschied zu romantischen Komödien à la Ludwig Tieck, Joseph von Eichendorff oder August Klingemann wird der Dilettantismus der Figuren nicht ad absurdum geführt. So lassen die Bravorufe des Hofrats während der Gerichtsszene immerhin doch auf eine, wenn auch bescheidene, Kennerschaft schließen. Schinks erwähnte Empfehlung, dass der Hofrat nicht als Wahnsinniger dargestellt werden dürfe, geht auf die elementare Forderung nach Wahrheit zurück.

Der Schein soll glaubhaft als Schein entlarvt werden. Das Laienspiel der Privatkomödie bekommt mit der extemporierten Gerichtsszene deshalb ein Gegenmodell an die Seite gestellt. Zwar sind die Akteure auch hier weder gewandt noch exakt in ihrem Ausdruck, Gebhards unwillkürliche Reaktion macht den Unterschied allerdings greifbar. Die Wahrheit verraten aber allein die Kommentare des Hofrats – nicht über Gebhards böswillige Machenschaften, sondern über sein naturwahres Schauspiel, denn nicht *was* Gebhard spielt ist hier von Belang, sondern *wie* er spielt.

39 Ludwig Tieck: Dramaturgische Blätter. In: Ders.: Kritische Schriften, 4 Bde., Leipzig 1848–1852, Bd. 3, S. 100.

40 Ruth Petzoldt: Albernheit mit Hintersinn. Intertextuelle Spiele in Ludwig Tiecks romantischen Komödien, Würzburg 2000, S. 91.

41 Vgl. Ingrid Strohschneider-Kohrs: Zur Poetik der deutschen Romantik II: Die romantische Ironie. In: H. Steffens (Hrsg.): Die deutsche Romantik, Göttingen ³1978, S. 75–97, hier S. 88 f.

Johann Friedrich Schink als Schröder-Biograph der ersten Stunde
Sein Porträt im dritten Band der „Zeitgenossen" (1818)

Mit seinem erratischen *Conversations-Lexicon* erwarb sich Friedrich Arnold Brockhaus (1772–1823) nahezu unsterbliche Verdienste im Feld der deutschsprachigen Enzyklopädik.[1] Ist die Bezeichnung ‚der Brockhaus' bis heute ein feststehender Begriff, so sind hingegen die flankierenden Wissenskompilationen zum Konversationslexikon aus dem florierenden Leipziger Verlagshaus weitgehend in Vergessenheit geraten. Es handelt sich um die seriellen Kompendien *Zeitgenossen* (1816–1841), *Die Gegenwart* (1848–1856) und *Unsere Zeit* (1857–1891). Nach dem Tode Brockhaus' wurden die *Zeitgenossen* von seinen Nachfahren weitergeführt. Für die drei Sammelwerke hat Otmar Seemann 1995 ein verdienstvolles Repertorium publiziert.[2]

Die *Zeitgenossen* dienten in dieser Trias als Pionierleistung der „Nachtragswerke"[3] zur Großenzyklopädie und profilierten sich im Gegensatz zu den kompakten Lexikonartikeln als periodisches Forum für ausführliche biographische Abhandlungen über lebende oder bereits verstorbene Persönlichkeiten aus dem öffentlichen Leben.[4] Der Erfolg sollte der Biographik in

---

1 Vgl. als Überblick über das Leben des Verlegers und seinen Verlag in erster Linie Gertrud Milkereit: Friedrich Arnold Brockhaus. In: Volks- und Betriebswirtschaftliche Vereinigung im Rheinisch-Westfälischen Industriegebiet u. a. (Hrsg.): Rheinisch-Westfälische Wirtschaftsbiographien, Bd. 11, Münster 1983, S. 5–41, zum bekanntesten Werk Anja zum Hingst: Die Geschichte des Großen Brockhaus. Vom Conversationslexikon zur Enzyklopädie. Mit einem Geleitwort v. A. G. Schwierk, Wiesbaden 1995.

2 Otmar Seemann (Hrsg.): Enzyklopädische Information im 19. Jahrhundert. Gesamtindex „Zeitgenossen" – „Die Gegenwart" – „Unsere Zeit", München u. a. 1995.

3 So die einprägsame Formulierung von Otmar Seemann: Einleitung. In: Seemann (wie Anm. 2), S. 7–16, hier S. 7: „Auch wenn die *Zeitgenossen* nicht ausdrücklich als Nachtragswerk zum Konversationslexikon bezeichnet wurden, wurden sie mehrfach aufgrund ihrer thematischen Zielsetzung als solches aufgefaßt."

4 Vgl. ebenda, S. 8: „Daß Brockhaus mit dem biographischen Sammelwerk *Zeitgenossen* (1816–1841) den damals üblichen biographischen Werken mit ihren – heute wie damals –

Zeitschriftenform Recht geben – in einem Vierteljahrhundert erreichten die
Zeitgenossen drei Reihen mit 18 Bänden, die auf tausenden von Seiten hunder-
te von biographischen Darstellungen versammelten.[5] In diesem Zusammenhang muss es überraschen, dass die *Zeitgenossen* als biographisches Periodikum ersten Ranges in ihrer Gesamtheit nur marginale Beachtung in der
bibliothekswissenschaftlichen und historischen Forschung gefunden haben.[6]
Auch in den prosperierenden Untersuchungen zur Geschichte der Biographie kommt das langlebige Periodikum kaum zur Sprache.[7]

Als ersten leitenden Mitarbeiter für die *Zeitgenossen* konnte Brockhaus den
Jenaer Philosophie- und späteren Theologie-Professor Friedrich August
Koethe (1781–1850) gewinnen.[8] Auch wenn Koethe nur sehr kurze Zeit am
ersten Band der *Zeitgenossen* beteiligt war,[9] sollte er in einer ausführlichen
Vorrede Zweck und Ziel des biographischen Kompendiums für die Zukunft

---

    kürzeren Artikeln ein Langartikelwerk im Plauderton der Konversationslexika gegenüber-
    stellen und sich damit dem Geschmack der Zeit anpassen wollte, ist viel zu wenig be-
    kannt."

5   Vgl. zur Reihen- und Bandaufteilung, zur bibliographischen Beschreibung sowie zum He-
    rausgeber- und Mitarbeiterstab der *Zeitgenossen* ebenda, S. 8–10.

6   Vgl. zu den *Zeitgenossen* nur sehr knapp Heinrich Eduard Brockhaus: Die Firma F. A.
    Brockhaus von der Begründung bis zum hundertjährigen Jubiläum. 1805–1905. Mit
    16 Tafeln, Leipzig 1905, S. 33 f.; Hermann Christern: Entwicklung und Aufgaben biogra-
    phischer Sammelwerke. Ein Beitrag zur Geschichte der Historiographie. In: Sitzungsbe-
    richte der Preussischen Akademie der Wissenschaften. Philosophisch-Historische Klasse
    1933, S. 1069–1148, hier S. 1092 f.; Arthur Hübscher: Hundertfünfzig Jahre F. A. Brock-
    haus. 1805 bis 1955, Wiesbaden 1955, S. 56 f., und Milkereit (wie Anm. 1), S. 20–23. Die
    ausführlichste Darstellung findet sich nach wie vor bei Heinrich Eduard Brockhaus:
    Friedrich Arnold Brockhaus. Sein Leben und Wirken nach Briefen und andern Aufzeich-
    nungen geschildert von seinem Enkel, zweiter Theil, Leipzig 1876, S. 202–221.

7   Nur eine kurze Erwähnung erfahren Brockhaus und die *Zeitgenossen* im einschlägigen
    Metzler-Handbuch. Vgl. Werner Lukas: Deutschsprachige Biographik. In: C. Klein (Hrsg.):
    Handbuch Biographie. Methoden, Traditionen, Theorien, Stuttgart, Weimar 2009, S. 265–
    277, hier S. 272.

8   Vgl. zu Koethe Carl Bertheau: Koethe: Friedrich August. In: Historische Commission bei
    der Königl. Akademie der Wissenschaften (Hrsg.): Allgemeine Deutsche Biographie,
    Bd. 16, Leipzig 1882 (ND Berlin 1969), S. 761–763.

9   Vgl. Brockhaus: Die Firma F. A. Brockhaus (wie Anm. 6), S. 33: „Zunächst hatte er
    [Brockhaus] für die Redaction den ihm befreundeten Professor Koethe in Jena gewonnen,
    kündigte ihm aber schon nach dem ersten halben Jahre und redigirte das Werk dann
    selbst, nachdem er 1821 dem Rechtsgelehrten und Geschichtschreiber Dr. Cramer in Hal-
    berstadt die Redaction übertragen, dieses Verhältniß aber nach Jahresfrist auch wieder ge-
    löst hatte."

festlegen.[10] Das Vorbild für die anlaufende Schriftenreihe stammt aus England, die *Zeitgenossen* sollen „nach Art der englischen public Characters" (Z 1, V) gestaltet werden. Koethe unterscheidet für die porträtierten Zeitgenossen zwischen „treuen Lebensgeschichten (Biographieen)" und „Schilderungen ihrer geistigen und sittlichen Eigenthümlichkeiten (Charakteristiken)" (Z 1, VI).[11] Das Stichjahr für die Aufnahme in den illustren Zirkel der *Zeitgenossen* markiert 1789 (Z 1 VII). Notwendiges Aufnahmekriterium ist das öffentliche Wirken eines Menschen; der stille Genius und seine im Verborgenen verbleibenden Werke erfahren keine Berücksichtigung (Z 1, VIII).

So treten denn Fürsten, Staatsmänner, Feldherrn und Priester in den Vordergrund, aber auch *„Meister in Wissenschaft und Kunst"* (Z 1, IX), womit die Sphäre des Theaters eingeschlossen ist. Koethe stellt sich ohnehin in der Folge auf die sichere Seite von *historia* und Historiographie,[12] wobei die fundierte Darstellung einer Biographie einen wertvollen Bestandteil der gesamten Geschichtsschreibung ausmacht.[13] Dabei tritt Koethe dezidiert für eine strikt teleologische Auffassung vom Verlauf der Geschichte mit tief religiöser Fundierung ein, die eine exemplarisch-didaktische Funktionalisierung der *historia* zulässt. So wird der geneigte Leser in den biographischen Erzählungen der *Zeitgenossen*

warnend und ermunternd, und überall lehrreich des Menschen Leben hier abgebildet finden, den Finger der allesleitenden göttlichen Liebe und Macht nicht verkennen, und die

10 Friedrich August Koethe: Vorrede. In: Zeitgenossen. Biographieen und Charakteristiken, erster Band, Leipzig, Altenburg 1816, S. V–XXXII; fortan zitiert: Z 1 und Seitenzahl, Sperrdruck wird kursiv umgesetzt.

11 Vgl. zur Tradition der Charakteristik in erster Linie als Form der Literaturkritik Ingeborg Nerling-Pietsch: Herders literarische Denkmale. Formen der Charakteristik vor Friedrich Schlegel, Münster 1997; Ute Maack: Ironie und Autorschaft. Zu Friedrich Schlegels Charakteristiken, Paderborn 2002. Zur Charakteristik als biographischem Substrat vgl. hingegen knapp Myriam Richter, Bernd Hamacher: Biographische Kleinformen. In: Klein (wie Anm. 7), S. 137–142, hier S. 139 f.

12 Z 1, IX: „Die Geschichte, die alle vielseitigen Bestrebungen der Menschheit mit gleicher Unbefangenheit würdigt, und aus ihrem Kreise keinen Zweig des Lebens völlig ausschließt, gibt uns den Maaßstab, nach dem auch wir die verschiedenartigsten Kräfte, in den mannigfachen Verhältnissen der Gesellschaft, hier vorüberführen wollen."

13 Z 1, XII: „Zu allen Zeiten hat man treue Lebensbeschreibungen für wichtige Beiträge zur Geschichtskunde der Zeitalter gehalten."

Stimmen vernehmen, die ihn zu einem schönern, menschenwürdigen und gottgefälligen
Daseyn rufen. (Z 1, XV)[14]

Die Güte der Arbeit verbürgt Koethe durch die Mitwirkung „sehr ausge-
zeichneter Männer" (Z 1, XVII) an den Aufsätzen.[15] Die Auswahl der Mitarbeiter erfolgt nach der Nähe zur porträtierten Person, „nur in der engsten
Verbindung" (Z 1, XIX) kann die Authentizität der biographischen Infor-
mationen gewährleistet werden. Koethe ist sich der daraus resultierenden
Gefahr der bloßen Lobpreisung im Hinblick auf die beschriebene Persön-
lichkeit durchaus bewusst, hier behält er sich vor, notfalls regulierend einzu-
greifen (Z 1, XX). Ausgewogenheit ist ohnehin das höchste Ziel der Schriftenreihe, die notwendige Voraussetzung besteht darin, „daß nicht blos das
Löbliche anerkannt, sondern auch das Schlechte gerügt werden darf" (Z 1,
XXII).

Mit dem Dramatiker, Dramaturgen, Theaterkritiker, Lessing- und Shake-
speare-Verehrer, Romanautor und Zeitschriftenherausgeber Johann Friedrich Schink (1755–1835) dürfte Brockhaus den idealen Kandidaten für eine
biographische Darstellung des Theatermanns Friedrich Ludwig Schröder gefunden haben.[16] Mindestens schriftliche Bekanntschaft schlossen die beiden
Theaterenthusiasten bereits 1775 im Rahmen eines von Schröder veranstalteten Preisausschreibens, bei dem Schinks Trauerspiel *Gianetta Montaldi*
einen Preis gewann. In Wien, wo Schröder von 1781–1785 am Burgtheater
tätig war und Schink an seinem Theaterjournal *Dramaturgische Fragmente*
(1781–1782) arbeitete, sollte sich die Bekanntschaft unter durchaus turbu-
lenten Umständen weiter vertiefen.

14 Koethe stellt sich damit in eine lange Tradition der Biographik. Vgl. Hannes Schweiger:
    ‚Biographiewürdigkeit'. In: Klein (wie Anm. 7), S. 32–36, hier S. 33: „Die Biographie wur-
    de immer wieder auch über ihre didaktische Funktion bestimmt [...]. Die dargestellte Le-
    bensgeschichte sollte exemplarisch sein, als Vorbild dienen und die LeserInnen zur Nach-
    ahmung eines als modellhaft betrachteten Lebens auffordern."
15 Im gleichen Tenor: „Daß nur von bekannten und bewährten Männern, die selbst Bürgen
    sind für die Aechtheit des Mitgetheilten, Beiträge aufgenommen werden können, versteht
    sich von selbst." (Z 1, XXXI).
16 Zu Schinks Leben und Werk vgl. Richard Bitterling: Joh. Fr. Schink. Ein Schüler Diderots
    und Lessings. Beitrag zur Literatur- und Theatergeschichte der deutschen Aufklärung,
    Leipzig, Hamburg 1911 (ND Nendeln/Liechtenstein 1978); Horst Kötz: Johann Friedrich
    Schink. In: Sachsen-Anhalt: Beiträge zur Kultur- und Landesgeschichte H. 14 (1999),
    S. 95–112, und kompakt Wolfgang Neuber: Schink, Johann Friedrich. In: W. Kühlmann
    u. a. (Hrsg.): Killy Literaturlexikon. Autoren und Werke des deutschsprachigen Kultur-
    raums, 2. vollst. überarb. Aufl., Bd. 10, Berlin, Boston 2011, S. 366 f.

Die Schink'schen „Zergliederungen" einzelner Rollen Schröders fanden umgehend Eingang in Schinks *Fragmente*. Seine stupenden Kenntnisse über Schaubühne und Schauspielkunst verschafften Schink 1789 eine Anstellung als Theaterdichter am Hamburger Stadttheater unter Schröders Leitung.[17] Wie Lessing einst seine *Hamburgische Dramaturgie* (1767–1768; 1769) in engstem Kontakt mit der ‚Hamburgischen Entreprise' verfasste, so fungierten besonders Schinks Theaterperiodika *Dramaturgische Monate* (1790) und *Hamburgische Theaterzeitung* (1792–1793) als journalistische Unterstützung der Hamburger Theaterunternehmung, wobei Schröder und sein Rollenfach erneut ausgiebige Würdigung erfuhren.[18] Schink folgte dem verehrten Schröder sogar bis nach Rellingen, wo der verdiente Theatermann seinen vorläufigen Altersruhesitz bezog. Auch nach seiner Umsiedelung nach Ratzeburg 1797 hielt Schink weiterhin Kontakt mit Rellingen. Noch 1811 sollte eine Schrift Schinks eine – wenn auch unrühmliche – Rolle im Rahmen von Schröders Theater-Comeback spielen.[19]

Koethes Maximen einer Biographie als Bestandteil einer sinnerfüllten Geschichtsschreibung und als lehrreiches Exempel für ein gelingendes Leben vermag Schink in seiner Darlegung zwei Jahre nach dem Tod des verehrten Theatermachers nicht zu folgen.[20] Schink hält sich ohnehin nicht an das Muster eines überschaubaren, mit einer ordentlichen Chronologie aufwartenden Lebenslaufs, sondern setzt in seiner „Charakteristik" seine eigenen unorthodoxen Schwerpunkte. Abgesehen von der persönlichen Bekanntschaft mit Schröder kann Schink auf seine ausführlichen Rollenporträts und die minutiöse ‚Zergliederung' der dazugehörigen Stücke zurückgreifen und damit auf die Erträge seiner jahrzehntelangen journalistischen Tätigkeit.

---

17 Vgl. zu Schinks Verbundenheit mit Hamburg und dem örtlichen Theater vorzüglich Peter Heßelmann: Johann Friedrich Schink und das Theater in Hamburg in den neunziger Jahren des 18. Jahrhunderts. In: B. Jahn, C. Maurer Zenck (Hrsg.): Bühne und Bürgertum. Das Hamburger Stadttheater (1770–1850), Frankfurt a. M. u. a. 2016, S. 345–374.

18 Vgl. zu den *Dramaturgischen Monaten* ebenda, S. 353–360, zur *Hamburgischen Theaterzeitung* S. 360–365.

19 Vgl. Bitterling (wie Anm. 16), S. 6 (Preisausschreiben), S. 26 (Wien), S. 33 f. (Hamburg), S. 35 (Rellingen), S. 53 (Comeback).

20 Vgl. Johann Friedrich Schink: Friedrich Ludwig Schröders Charakteristik als Bühnenführer, mimischer Künstler, dramatischer Dichter und Mensch. In: Zeitgenossen. Biographieen und Charakteristiken, 3. Bd. (IX–XII), Leipzig 1818, S. 35–82; fortan zitiert: Z 3 und Seitenzahl, Sperrdruck wird kursiv umgesetzt. Vgl. Heßelmann (wie Anm. 17), S. 369–371.

I. Der „Bühnenführer" (Z 3, 35–44)

Schink beginnt seine Ausführungen mit einer *captatio benevolentiae* an die Adresse des Schröder-Biographen Friedrich Ludwig Wilhelm Meyer (1759–1840), der seine voluminöse zweibändige Schröder-Biographie ein Jahr nach der Abhandlung Schinks veröffentlichen sollte.[21] Darauf folgt eine Bestandsaufnahme von Schröders vielfältigen theateraffinen Talenten, die ihn zum Spielleiter besonders qualifizierten. Das von ihm ausgewählte Repertoire sollte die Schaubühne zur ‚moralischen Anstalt' veredeln, alle Auswüchse des zeitgenössischen Unterhaltungstheaters waren Schröder ein Gräuel.[22] Eingesandte Spielvorlagen wurden zügig bearbeitet, Änderungen behutsam vorgenommen. Beharrlich hielt Schröder an seiner Meinung nach ästhetisch herausragenden Stücken fest, auch wenn die anfänglichen Publikumsreaktionen verhalten waren.

Schröder professionalisierte die Probenarbeit mit seinen Schauspielern, führte Leseproben ein (Z 3, 38) und legte ein besonderes Augenmerk auf die mimische Darstellung, auf die Charakterentwicklung der Rollen, auf das reibungslose Zusammenspiel innerhalb des Ensembles und auf die stets angemessene *eloquentia corporis*[23] der Akteure (Z 3, 39). Stand für Schröder die Schauspielkunst im Mittelpunkt, so sagte er einem in Bühnenbild, Ausstattung und Kostümen schwelgenden Show-Theater den Kampf an (Z 3, 39). Die Akteurinnen und Akteure wusste er so einzusetzen, dass jeder seinem Talent entsprechend eine Rolle und Funktion auf der Bühne bekam (Z 3, 40). Schröder hat sich stets gegen die reüssierende Modedramatik gesperrt und stattdessen einen Dramenkanon verfochten, dessen Artefakte den versierten Einsatz einer psychologischen Schauspielkunst erforderten.[24]

21 F. L. W. Meyer: Friedrich Ludwig Schröder. Beitrag zur Kunde des Menschen und des Künstlers, in zwei Theilen, Hamburg 1819.

22 Z 3, 37: „Die Kunst der Bühne war ihm [Schröder] eine *schöne* Kunst, und so verbannte er von ihr alles Gräßliche, Empörende, Schneidende, Ekelhafte, Gemeine. Räuber- und Mordspektakel, tragische Hunde- und Kreuzerbudenpossen beleidigten, ärgerten auf seiner Bühne nie den Schönheitssinn, stießen nie den gereinigten Geschmack zurück."

23 Vgl. zum Begriff und seiner Geschichte im 18. Jahrhundert grundlegend Alexander Košenina: Anthropologie und Schauspielkunst. Studien zur „eloquentia corporis" im 18. Jahrhundert, Tübingen 1995.

24 Was Schink allerdings indirekt als Ideal formuliert, wenn auch Schröder es in die Praxis umgesetzt hat: „*Sein* Ziel wird seyn das höchste und erste der theatralischen Kunst: *Darstellung* der *Menschennatur, Bild des Lebens,* künstlerisch *idealisirt,* aber nie zwischen Himmel und Erde ohne festen Boden schwebende Luftgebilde hingaukelnd. Nur auf *seiner* Bühne

Gemäß der Maxime Koethes, dass an den beschriebenen Persönlichkeiten „auch das Schlechte gerügt werden darf" (Z 1, XXII), setzt sich Schink am Ende des ersten Kapitels kritisch mit Schröders Ruhestand und seinem Versuch der Wiederaufnahme der Theaterarbeit auseinander. Der Biograph bringt seine Irritation über Schröders Rücktritt Ende des 18. Jahrhunderts und sein ländliches Exil in Rellingen deutlich zum Ausdruck (Z 3, 41) – nach dem Fortgang des Theatermachers verfiel der ausgezeichnete Ruf der Hamburger Bühne. Die Wiederaufnahme der Tätigkeit nach einem Dezennium konfrontierte Schröder mit neuen medialen Formen seichter Unterhaltung und einer defizitären Darstellungskunst.[25] Umso intensiver drang er nun auf die Rückkehr der Schaubühne zur ‚moralischen Anstalt' und schoss damit weit über das Ziel hinaus.[26]

Eine einseitige Auslegung der berühmten Formel des *prodesse et delectare* von Horaz führte zu einer moralinsauren und für die Zuschauer unattraktiven Form von Theater:

> Er [Schröder] verprosaisirte dadurch den dramatischen Dichter zum *Professor* der Moral, und das Theater zum *Katheder,* von dem die Sittenlehre förmlich docirt wurde. (Z 3, 43)

Die rigorose Re-Moralisierung der Schaubühne vollzog sich hastig und überstürzt. Erbittert von den Widerständen der Schauspieler und der Zuschauer wandte sich Schröder von seinem Reformvorhaben wieder ab.

werden *Shakespeare's, Göthe's* und *Schillers* Meisterschöpfungen groß und kräftig erscheinen, nur *er* wird die mimische Darstellung zu *psychologischen* Kunstwerken vergeistigen." (Z 3, 41)

25 Z 3, 41: „Nur eine kurze Zeit waltete sein [Schröders] Geist noch fort, dann zog das Gespenst der Neuästhetik über die deutsche Bühne, die Kunst des Dichtens in reines *Schauwesen,* und die des mimischen Darstellens in bloßes *Gaukelspiel* verwandelnd." „Bilder aus einem optischen Gukkasten galten für dramatische Scenen, gaukelnde, farb- und wesenlose Phantasmata für mimische Darstellungen." (42) – Der „Gukkasten" könnte eine Anspielung auf das im frühen 19. Jahrhundert beliebte *Tableau vivant* sein.

26 Z 3, 42: „So war auch *Schröders* poetischer Sinn untergegangen. Daher die fixe Idee in ihm, das Theater zu einer *Sitten*schule zu gestalten, was sie allerdings *seyn* soll, und im *rechten* Sinne des Wortes auch *ist,* aber *so,* wie er die Idee aufgefaßt hatte, nicht seyn *kann,* nicht seyn *darf.*"

II. Der „mimische Künstler" (Z 3, 44–73)

Das gut 30-seitige Kernstück von Schinks Charakteristik repräsentiert seine ausführliche Auseinandersetzung mit vier Paraderollen Schröders. Anfangs würdigt der Biograph den Akteur im spektakulären Vergleich als absolutes Ausnahmetalent:

> Man darf es kühn und unumstößlich behaupten: *Schröder* war, als *mimischer Künstler*, für Deutschland, was *Shakespeare, als dramatischer Dichter*, für England war, der *Heros* seiner Bühne (Z 3, 44 f.).

Schröders besondere Fertigkeit der Rollenaneignung bestand in der Aufhebung der Distanz zwischen Rolle und Darstellung und dem völligen Zurücktreten der eigenen Person – ein Ausmaß an schauspielerischer Perfektion, das im frühen 19. Jahrhundert keine Nachfolge mehr finden sollte.

Schink setzt bei seinem Reigen der Rollenporträts auf unterschiedlichste Figuren, um Schröders extreme Wandlungsfähigkeit herauszustellen und beginnt mit Shakespeares *King Lear* (Z 3, 46–50).[27] Hier kann Schink auf insgesamt 154 (!) Seiten Vorstudien aus den *Dramaturgischen Monaten* zurückgreifen, wovon sich allein 55 Seiten auf Schröders Gestaltung der Rolle des Königs beziehen.[28] Das Substrat im Rahmen der Biographie betont für den Lear nun insbesondere zwei Besonderheiten von Schröders Spielstil: seine stets punktgenaue Gestik und vor allem seine bis in die allerkleinsten Nuancen ausdifferenzierte Mimik, ein Novum in der Geschichte der deutschen Schauspielkunst – so wusste Schröder „seinem Volke eine Zauberwelt der mimischen Kunst aufzuschließen" (Z 3, 46). Schink verdichtet Schröders Reaktionen auf die Unbotmäßigkeiten der kaltherzigen und berechnenden Goneril zu einer Miniatur der idealen *eloquentia corporis*:

---

27   Vgl. zu Schröders berühmter Umsetzung des Lear auch den Beitrag von Martin Schäfer im vorliegenden Band.

28   Johann Friedrich Schink: Dramaturgische Monate, Schwerin 1790, S. 113–160, fortgesetzt S. 379–431 und als Rollenprofil S. 1087–1142 („Am achtzehnten August: *König Lear*, Trauerspiel in fünf Aufzügen, nach Shakespeare, von *Schröder*"). Einzig Dieter Hoffmeier hat Schinks Ausführungen als Quellenbasis für seine Beschreibung von Schröders Lear ausgiebig genutzt. Vgl. D. H.: Die Einbürgerung Shakespeares auf dem Theater des Sturm und Drang. In: R. Rohmer (Hrsg.): Schriften zur Theaterwissenschaft. Schriftenreihe der Theaterhochschule Leipzig, Bd. 3, II, Berlin 1964, S. 7–266, hier S. 146–204, 241–254 („Rekonstruktion der Hauptdarstellung").

> Gluthrot die Farbe seines [Lears] Antlitzes, Blitze seine Augen, fieberisch zuckend jede Muskel, die Lippen krampfhaft zitternd; Töne des Donners seine Worte, seine Hände empor gestreckt, als wollten sie die Erfüllung seines Fluches von dem Himmel herniederreißen; die ganze Haltung seines Körpers, der Abdruck seines gespannten Seelenzustandes! (Z 3, 47)

Der Ausdruck des rasenden Zorns ist aber nur eine Facette in Schröders mimisch-gestischem Repertoire. Auch abrupte Übergänge zwischen widerstrebenden Emotionen gelingen ihm mit Bravour. Erneut von Regan und Goneril gedemütigt, agiert Schröder zunächst als „donnernder Jupiter, sein königliches Haupt hoch empor gerichtet, seinen Arm, Blitze schleudernd, aufgehoben!" (Z 3, 48) Dann übermannt Lear die Traurigkeit über seine missratenen Töchter, so „strömten die flammenden Augen in Thränen über, und sein Herz zerfloß in Wehmuth", nun hat er in Umkehr der vorangegangen Zornesgeste „die Hände bittend gegen *Gonneril* und *Regan* aufgehoben" (Z 3, 48).[29]

Auch in der Modulierung des Wahnsinns, mithin eine Königsdisziplin für jeden Shakespeare-Darsteller, legt Schröder besonderes Geschick an den Tag. Sein Lear verkörpert „den Charakter der Geisterverirrung, aber keine Spur von Verzerrung, von gemeiner, ekler Verrückung; immer ein wahnsinniger *König*, ein zertrümmertes *Meisterwerk* der Natur" (Z 3, 49). Als Höhepunkt von Schröders Lear-Interpretation hat nach Schink aber die Wiedervereinigung mit der verstoßenen Tochter Cordelia zu gelten, einem weiteren Kabinettstück der körperlichen Beredsamkeit.[30] Eindrucksvoll wirkt die Szene durch Schröders stufenweise Zurücknahme der geistigen Verwirrung Lears, durch das allmähliche Erkennen der Situation und den endgültigen Durchbruch der Emotionen,

> da wird sein [Lears] irres Auge heller, da steckt er die für Freude zitternden Arme aus, und die Umstehenden freudig wehmüthig anblickend, ruft er mit schmelzender, in Thränen erlöschender Stimme (Z 3, 50).

29 Unmittelbar danach siegt wieder der Zorn: „Und, *zürnend* diesen unmännlichen Thränen, erglühten seine Wangen wieder, stürmten seine Lippen wieder die ganze Fülle seines empörten Geistes aus, furchtbare Rache gelobend." (Z 3, 48).

30 Z 3, 49: „Der höchste Triumph dieses mimischen Meisterwerks aber war Lear's Erwachen aus dem dumpfen Schlafe des Wahnsinnes in Kordelia's liebender Nähe, und die ihm folgende Scenenreihe. […] Das leichenblasse, in allen seinen Zügen abgespannte Gesicht, die tiefgeschlossenen Augen, die leisen Odemzüge des leicht geöffneten Mundes, die schlaff niedergesunkenen Hände, gaben die lebendigste Veranschaulichung seiner innern und äußern Natur in dieser Gemüths- und Seelenlage."

Cordelias Tod lässt den angeschlagenen König endgültig in Trauer versinken. Schröders Leistung entfaltet eine entsprechende Wirkung auf das Publikum und vollendet die wirkungsästhetischen Maximen des aufklärerischen Theaters, „der unglückliche *Lear* entlockte uns Thränen und Mitgefühl" (Z 3, 50).[31]

Völlig andere Erfordernisse gilt es bei der Rolle Philipps II. in Schillers *Don Karlos* zu berücksichtigen (Z 3, 50–61). Schink kann sich hier – zumindest was den Text des dramatischen Gedichts betrifft – auf seine Rezension in der *Neuen allgemeinen deutschen Bibliothek* aus dem Jahr 1803 stützen.[32] Im Gegensatz zur deutlichen Ausspielung von Wut und Trauer Lears legt Schröder seine Interpretation von Philipp II. als schauspielerisches Fanal der größtmöglichen Affektunterdrückung an. Philipp II. umgibt sich mit einem Eispanzer zurückgehaltener Emotionen. In Schröders Affektkonstruktion sind es häufig lediglich die Augen, die Philipps wahren Gemütszustand zumindest ansatzweise verraten – in Schinks Beschreibung entsteht so eine Dramaturgie der Blicke.[33] Ohnehin ist die körperliche Beredsamkeit des

---

31 Vgl. zu Schröders Textfassung des *Lear* neuerdings Martin Jörg Schäfer: Schröders und Bocks *King Lear*-Bühnenadaptionen der 1770er. Eschenburgs Kommentar als dramaturgischer Baukasten. In: Jahn, Maurer Zenk (wie Anm. 17), S. 517–539, zu den Unterschieden im Vergleich mit Shakespeare bes. S. 517–521, 528–533. Schröder tilgte Cordelias Tod aus der Handlung (vgl. S. 518). Somit ist nicht in letzter Instanz bestimmbar, ob Schink sich auf Schröders *Lear*-Bearbeitung von 1778 bezieht, ist die Rede doch ausdrücklich von ihrem toten Körper: „Dann die Scene, wo er [Lear] mit *Kordelia's* Leiche auftrat." (Z 3, 50).

32 Vgl. Friedrich Nicolai (Hrsg.): Neue allgemeine deutsche Bibliothek, Bd. 83, St. 1, Berlin, Stettin 1803, S. 86–102. Schink bekennt sich in der Folge zu dieser Rezension, die lediglich ein für den zeitgenössischen Leser unspezifisches Rezensentenkürzel trägt (Z 3, 60). Schink hat sich im Rahmen der *Neuen allgemeinen deutschen Bibliothek* auch mit anderen Dramen Schillers befasst und ihn 1805 in einem Nekrolog gewürdigt. Die mangelnde Sichtbarkeit Schinks in der Schiller-Rezeptionsforschung dürfte an der Diskreditierung liegen, die Norbert Oellers dem Theaterkritiker 1967 angedeihen ließ. Vgl. Norbert Oellers: Schiller. Geschichte seiner Wirkung bis zu Goethes Tod 1805–1832, Bonn 1967, S. 67: „Albert Ludwigs Ansicht, daß Schinks ästhetische Urteile ‚von robuster Plattheit' seien und daß mehr die Eitelkeit des Kunstrichters als eine Anteilnahme an Schiller das Motiv für seine häufige Beschäftigung mit diesem gewesen sei, wird durch den Nekrolog vollauf bestätigt. In ihm vermißt man nicht nur das redliche Bemühen, der Gestalt Schillers gerecht zu werden, sondern auch die sachliche Befähigung, über literarische Kunstwerke verständig zu urteilen."

33 Vgl. Formulierungen wie „der spähende Blick" (Z 3, 51), „und lauernd zog er die Augen zusammen", „sichtbar in dem aufflammenden Auge" (52), „scharf spähend", „starrt er

Herrschers von Anfang an mit Begriffen wie Bewegungslosigkeit, Starrheit, Versteinerung und Kälte verbunden, „sein Gesicht kalt, wie Marmor" (Z 3, 51). Mit Argwohn belauert er seine Gattin Elisabeth und die spanischen Granden. Dabei kann Schröder durch seine hochdifferenzierte Präsentation der negativen Gefühle überzeugen, in „allen ihren Abstufungen sahn wir die Leidenschaften der Furcht, des Mißtrauens, des Menschenhasses, die diesen *Philipp* foltern, sich vor uns enthüllen" (Z 3, 52).

Den Höhepunkt von Schröders Anlage der Rolle markieren aber die immer deutlicher werdenden Risse im Kokon eiserner Affektkontrolle Philipps. Das kann sich auf die Stimme beziehen –

> Hört die gepreßten, dumpfen Töne seiner Stimme, in steigendem Affekte lauter und lauter sein tiefstes Inneres aufschließend! (Z 3, 54)

– oder auch auf die Mimik: „daß jede[r] Muskel des Gesichts zur Frage wird" (Z 3, 55). Eine komplette Umkehr aller bislang aufgestauten negativen Emotionen vollzieht sich dann im Gespräch mit Posa, dessen Freimütigkeit und Humanität Philipp regelrecht auftauen lassen und seine Körpersprache verändern:

> Der *alte* Philipp ist in Haltung, Gebehrd' und Laut' verloren gegangen, ein edlerer, menschlicherer schließt sich vor uns auf. (Z 3, 57)

Die Intrigen am Hof bestärken Philipp wieder in seiner Meinung, dass er ausschließlich von Feinden und Verrätern umgeben sei,

> von Zorn, Wuth und Rache umhergetrieben, nur ein herzloser Despot, wie alles Mitgefühl ertödtend, und doch wieder es weckend, stand er vor uns da! (Z 3, 58)

Zur Schlüsselszene gewaltsam unterdrückter und eruptiv hervorbrechender Affekte entwickelt sich Elisabeths Anklage gegen ihren Mann, er habe ihre Briefschatulle erbrochen. Philipp fällt zunächst in seine alte *eloquentia corporis* zurück, „dann wieder dies entsetzliche Erstarren" (Z 3, 58), begleitet vom „in kalte Verachtung übergehenden Ingrimm" (Z 3, 59). Als Elisabeth je-

---

vor sich hin" (53), „diese düster glimmenden Blicke", „seine ermüdeten und doch brennenden Augen" (54), „sinkt sein Blick auf die Elenden vor ihm" (55), der „aufwärts gewandte Blick" (56), die „peinigende Verwirrung in Blick und Gebehrden" (58), „die wildauflodernde Flamme seines Auges" (59) usw.

doch einen Schwächeanfall erleidet, brechen sich die Affekte erbarmungslos
Bahn:

> Wer sah' ihn, der in Ohnmacht sinkenden Königin zu Hülfe eilend, in seinem namenlosen
> Schrecken, bei dem Ausrufe der jungen Infantin: „Ach! meine Mutter blutet!" bleich, ent-
> stellt über sie gebeugt, aller Besonnenheit und Fassung beraubt, des Gewissens furchtbare
> Rüge auf seinem Gesichte, und fühlte sich nicht in allen Tiefen seiner Seele bewegt und
> erschüttert? (Z 3, 59)

Die nächste Schröder'sche Paraderolle wählt Schink wieder als größtmöglichen Kontrast zu der vorangegangenen aus.[34] Es ist Sir John Falstaff aus
Shakespeares zweiteiligem *Henry IV* (Z 3, 62–67). Falstaffs Eigenart ist nun
gerade nicht die Unterdrückung der Affekte, sondern ihr genüssliches Aus-
leben, stellt er mit seiner Körperlichkeit doch geradezu eine Allegorie der
Todsünde *gula* (Maßlosigkeit in Essen und Trinken) dar. In Schröders Umsetzung der Rolle hat Falstaff zwar mit seiner Leibesfülle zu kämpfen, ist dafür in seiner Mimik aber äußerst lebendig,

> diese leichte Beweglichkeit seines Hauptes, seines Mienenspieles; seine Diskantstimme, die
> Schnelligkeit seiner Zunge, das selbstgefällige Zuspitzen seines Mundes, wenn er seinen
> Witz floriren ließ (Z 3, 62).

Diese Dynamik kennzeichnet auch die „Beweglichkeit seiner Gebehrden"
(Z 3, 63). In den Spiel-im-Spiel-Szenen kann Schröder die verblüffende Agi-
lität des vermeintlich trägen „Meister Wollsack" (Z 3, 64) voll entfalten.[35]
Der Gipfelpunkt der mimischen Darstellung ist erreicht, als Falstaff sich in
der Schlacht totstellt und nach dem Abklingen der Kampfhandlungen in
feinster Abstufung wieder zum Leben erwacht,

> jetzt hob er leise die Augendecken, einen blinzelnden Späherblick wagend; öffnete mäh-
> lich und mählich die Augen ganz, sahe sich allein, ohne Zeugen, richtete sich auf. (Z 3, 66)

---

34 Unmittelbar nach dem Rollenprofil Philipps II. findet sich ein ganzer Katalog von 20 Rol-
    len Schröders von Gustav Wasa bis Hauptmann Walsing, vgl. Z 3, 61 f.

35 Auch das wiederum eine einzigartige Demonstration der *eloquentia corporis*: „In der Prinzen-
    rolle wieder, welch ein ganz entgegengesetztes, völlig umgekehrtes, durchaus neues Cha-
    raktergemälde! Der ungeheure, unbehülfliche Fleischberg, wie ihn Prinz Heinrich nennt,
    strengte sich an, den leicht*gegliederten*, leicht*füßigen* jungen Spring ins Feld zu spielen; trip-
    pelte, bewegte den Kopf hin und her, zog den Mund zierlich zusammen, stieß geflügelte
    Worte aus, Laut und Stimme seines Urbildes täuschend nachahmend; dabei zum Sterben
    in sich selbst und seine Persönlichkeit verliebt, mit ihr liebäugelnd, sich selbst anlächelnd."
    (Z 3, 64 f.).

Auch der Jubel über das Gelingen der List lässt sich auf dem Antlitz ablesen: „Wie ein Triumphsbogen stand es auf allen Zügen seines Gesichtes." (Z 3, 66) Schließlich schultert Falstaff die Leiche eines erschlagenen Feindes, um aus ihr Profit und Ruhm zu schlagen:

> Und auf einmal wieder der volle Lichtglanz der Lebenssicherheit auf seinem Gesichte, und mit ihm der Keck- und Frechheit Rückkehr, sich Heldenthaten anzu*lügen*. (Z 3, 66)

Unterschiedlicher zur Figur des Falstaff könnte Schröders vierte Bravourrolle wiederum wohl kaum sein. Und auch hier ist es wieder die allegorische Verkörperung einer Todsünde, diesmal der *avaritia,* des Geizes: in der Gestalt Harpagons aus Molières *L'Avare* (Z 3, 67–71). Grundsätzlich legt Schröder den Geizigen gerade *nicht* als Karikatur und Zerrbild an und vermeidet es tunlichst, ihn „zu einem Ergötzungsspiele für die Galerie" (Z 3, 67) zu verballhornen – stattdessen entwickelt der Akteur das hochdifferenzierte Charakterbild einer gequälten Seele.[36] Harpagons abgemagerte und verhärmte Gestalt und sein manischer Argwohn gegen seine Mitmenschen verbildlichen plastisch seine immerwährende Angst vor materiellem Verlust, „die ganze Physiognomie das Bild der Knickerei, der Selbstmarter, der Diebesfurcht" (Z 3, 68). Seine zwischen Wut[37] und Furcht changierende Körpersprache verwandelt sich nur dann in ihr Gegenteil, wenn er im stillen Kämmerlein seine Schatulle öffnet und sein Geld zählen kann. Aber der Gedanke an seine Sterblichkeit und die Trennung von seinen Münzen durchfährt ihn bis ins Mark, „so überzog eine Todtenblässe sein Gesicht, ein Schauder durchflog seine Glieder" (Z 3, 70).

Den Höhepunkt von Schröders Interpretation der Rolle markiert die Entdeckung des Diebstahls der kostbaren Schatulle. Hier reicht die Bandbreite der Affekte von wilder Raserei bis zur todkranken Ermattung. Harpagon ist „entstellt von Angst, Schrecken und Entsetzen", „die Arme um sich

---

36 Wie bei Philipp II. setzt Schröder in seiner Umsetzung auf die Dramaturgie der Blicke: „Argusblicke" (Z 3, 68), „Luchsaugen", die „Augen funkelten von Seligkeitsgefühlen", „mit liebeschmachtendem Blicke", „beliebäugelte" (69), „Starrheit seines Blickes", „Allzulieblich funkelte der Glanz des Goldes ihm in die Augen", „strahlte aus seinen Augen", „aber nur die Augen auf die *Schatulle*" (70), „die Augen wild umherspähend", „Jetzt stierten seine Augen", „seine Augen dünkten uns verdunkelt von Thränen", „mit einem Blicke, als wollt' er sich und die ganze Welt mit eigener Hand aufknüpfen" (71).

37 Besonders dann, wenn man ihn für reich hält: „Sein ganzes Wesen fühlte sich erschüttert, seine bleiche Larve überflog ein glühendes Roth, seine Muskeln bebten; in sprudelnden Tönen ergoß sich seine in Wuth verwandelte Angst." (Z 3, 69).

greifend, den Leib vorgebeugt; die zitternden Füße hastig vorschreitend". Darauf folgt äußerste Hoffnungslosigkeit und Erschöpfung, einem „Vater ähnlich, der am Grabe eines einzigen Kindes jammert, sahen wir ihn, in seinem Schmerze, dem Leben schon halb entschieden". Die Todesnähe steigert sich noch weiter, „so wahrhaft leichenartig stand er vor uns"[38]. Dann die Wiederbelebung, die Wut kehrt zurück, Harpagon stürmt von der Bühne.[39]

III. Der „dramatische Dichter" (Z 3, 73–78)

Schink schätzt Schröder als versierten Bearbeiter mutter- und fremdsprachlicher Vorlagen, sein Talent als Dramatiker ist hingegen skeptisch zu beurteilen: „Er war mehr dramatischer *Schriftsteller,* als dramatischer *Dichter.*" (Z 3, 74) Schröders Verdienste liegen insbesondere in der bühnentauglichen Einrichtung diverser Stücke Shakespeares. Schink nimmt Schröder dabei vor seinen Kritikern, die Kürzungen und Abänderungen an Shakespeares Werken lauthals moniert hatten, ausdrücklich in Schutz (Z 3, 74). Weitere Verdienste hat sich Schröder durch die gelungene Eindeutschung von im Original recht unflätigen englischen Lustspielen erworben (Z 3, 75). Die Crux von Schröders Übersetzungen, Bearbeitungen und eigenen Dramen ist aber der Dialog: „Der Dialog ist in der That *Schröders* schwache Seite." (Z 3, 76) Der Theatermacher gestaltet die Textpassagen viel zu sehr nach der Maßgabe der Alltagssprache und lässt jegliche Idealisierung vermissen. Außerdem stellt Schröder den forcierten Fortgang der Handlung stets in den Mittelpunkt und gestaltet die Dialogpassagen entsprechend kompakt, ohne zu berücksichtigen, dass sich die Figuren auch durch ausführliche Redeanteile weiter charakterisieren könnten (Z 3, 77).

---

38   Alle vier Zitate Z 3, 71.

39   An Harpagon schließt Schink eine Polemik gegen die Kritiker Schröders und des Hamburger Spielstils an, die die inzwischen an anderen Theatern vorherrschende Steifheit der Figurengruppierungen auf der Bühne und die Deklamation auf dem Niveau einer Schultheateraufführung geißelt (Z 3, 72; im gleichen Tenor 75 f.).

IV. Der Mensch (Z 3, 78–82)

Abschließend porträtiert Schink den Theatermann als launigen Gesellschafter und weltgewandten Wohltäter, der auch in den höchsten Kreisen auf Anhieb Sympathie zu erwecken wusste. Dabei blieb sich Schröder immer treu, ohne Star-Allüren, verabscheute Verstellung und profilierende Attitüden. Er steht für den Anfang des 19. Jahrhunderts nun möglichen sozialen Aufstieg des Schauspielers, der im 18. Jahrhundert noch als zweifelhaftes Mitglied einer Theaterkultur geächtet wurde, die den anrüchigen Status von Schaubudenattraktion und Bretterbühne besaß. So weit wie Schröder sind allerdings nur wenige gekommen:

> Auch stand, in Deutschland wenigstens, wohl nie ein Mann seines Berufes Königen und Fürsten, und den sie umgebenden oder ihnen nachtretenden Großen der Erde, *so* gegenüber, als er. (Z 3, 79)

Schink fokussiert sein Interesse auf die „Zergliederung" von Schröders herausragenden Rollen sowohl in der tragischen (Lear, Philipp II.) als auch in der komischen Muse, wobei er als Falstaff im Historiendrama unerwartet amüsante Akzente setzt, als Harpagon hingegen in der Komödie auch tragische Charakterzüge enthüllt. In Schinks Charakteristik ist Schröder ohnehin eine idealisierte Projektion vergangener Bühnengröße und der Initiator eines wertvollen Kanons ausgewählter Stücke (z. B. Shakespeare, Schiller, Molière). Der Biograph lässt keine Gelegenheit aus, immer wieder gegen das seiner Meinung nach miserable Niveau der zeitgenössischen Schauspielkunst zu polemisieren und die seelenlose Tagesdramatik heftig anzuprangern.[40]

Auf der anderen Seite dokumentiert die Aufnahme der Schröder-Charakteristik in das repräsentative publizistische Projekt der *Zeitgenossen* die nun erreichte „Biographiewürdigkeit"[41] der im 18. Jahrhundert noch an ihrem schlechten Image leidenden Bühnenkünstler. In der Programmatik der *Zeitgenossen* sind die in der Folge versammelten biographischen Abhandlungen

---

40 Zum Beispiel Z 3, 78: „Man hat sie [die Bühne] vergräcisirt, verschicksalt, verkatholisirt, und, trotz *Göthe's* und *Schillers* genialen Vor- und Vorschriften [sic], die dramatische, wie die mimische Kunst zu einem Ungeheuer gebildet, dem ähnlich, mit dessen Schilderung *Horaz* seine Epistel an die Pisonen beginnt."

41 Vgl. zum Begriff ‚Biogrphiewürdigkeit' Schweiger (wie Anm. 14).

wichtiger Bestandteil einer sinnstiftenden Historiographie und präsentieren einen Kanon vorbildlicher Lebensläufe.[42] Auch die Charakteristik eines Theatermachers gehört inzwischen dazu.

42 Z 1, XXIX: „Der Herausgeber wird also nur darauf bedacht seyn, das Beste zu geben, ob es auch in buntem Wechsel sich aneinander reihe, und die nothwendigen Gesichtspuncte, die ihn dabei leiten, werden sich allmählig kund machen."

IV. Textdokument

Jupiters theatralische Reise
Eine Scene aus der Götterwelt (1791)*

Durch diese kleine Posse feyerte der launichte Dichter Schink in Hamburg im November 1790 den Geburtstag seines Freundes des großen Schauspielers Schröder, der für die gerechte Würdigung seiner darstellenden Talente in Deutschland zu früh geboren zu seyn scheint; Talente, die vielleicht von keinem Schauspieler irgend eines Volks übertroffen wurden.

v. A.

Personen:

Jupiter.
Juno.
Shakespeare.
Diderot.
Leßing.
Garrik.
Moliere.
Le Kain.
Ekhof.
Koch.
Catharina Jacquet. [493]

---

* Johann Friedrich Schink: Jupiters theatralische Reise. Eine Scene aus der Götterwelt. In: Neue Litteratur und Völkerkunde. Für das Jahr 1791, hrsg. v. J[ohann]. W[ilhelm]. v. Archenholz, Leipzig 1791, S. 492–507.

Jupiter,

(der unter dem lauten Jubel des Olymps auf seinen Thron steigt.)

Ich bitt' euch, Götter und Göttinnen, durchlauchtige Muhmen und Vettern, und euch, meine geliebten olympischen Unterthanen, laßt es mit eurem Hofiren, Musiziren, Jubel- und Vivatgeschrey einmahl genug seyn! Mir thun die Ohren von euren Ehrenbezeugungen weh. Ihr trompetet und paukt ja, daß man die S p h ä r e n nicht mehr hört, die doch sonst keinen schlechten Lerm machen. Also Basta! Ich bin eures Triumphbogens- und Ehrenpfortenkrams nachgerade satt. Meine Nase hält euren Orangen- und Blumenduft nicht länger aus und der Staub, den eure Tänze, euer Hutschwingen und Klatschen erregen, bringt mich noch um meinen Athem. Stille in's Pluto's Namen! Drükt eure Freude sanfter aus, oder ihr jagt mich wieder in die Unterwelt.

Juno.

Verzeyhung, mein göttlicher Gemal, wenn unsre Freude zu laut wird. Zu lange haben wir das Anschauen deiner Herrlichkeit entbehren müssen. Dieser laute Feyerton des ganzen Olymps bey deiner glorreichen Zurückkunft, drückt unsere Entzückungen noch viel zu schwach aus. Und war's nicht immer so, unser gnädigster Herr und Gebieter, wenn du nach deinen kleinen Streifereyen in die Unterwelt, den olympischen Thron wieder bestiegst?

Jupiter.

Aber, Frau Gemahlin, wenn ich nun auf meinen Reisen gescheiter geworden bin. Oder sollen die Menschen klü[494]ger seyn, wie ich ihr König und Schöpfer? Die Großen der E r d e danken allen Prunk und Spectakel ab, und ich soll ihn im O l y m p gelten lassen? Ich, der oberste der Götter, mit meinem großen, weißen Barte, soll mich, wie ein kleines Wickelkind, über Flinker und Flittern, über Kling und Klang, über Ceremonien- und Höflichkeitsspaaß freuen?

Juno.

Mit Beschämung erkenn' ich mein Unrecht. Aber konnt' ich voraus wissen, daß deine königliche Hoheit an Weisheit, wie an Alter zunehmen würde?

Das Wunder ist bey den Herrn in der Krone zu selten. Auch dacht' ich noch an die Zeiten der Alkmenen, Leden, Europen und Danae'n, wo Weisheit eben nicht die Sache des Vaters der Götter war. Da galt's Sommernächte länger machen, Schwanen- und Stierrollen spielen, goldnen Regen figuriren, etc. Jetzt legt deine Majestät sich auf Beobachten und Klüger werden. Bey meinem Pfau, das verdient, daß ich deinem Barte einen tiefen Knix mache. Jetzt trägt ihn deine Oberherrlichkeit mit Ehren.

Jupiter.

Deine Zunge, mein Schaz, wie ich merke, hat noch immer ihre alte Spitze. Immer wärmst du meine längst vergeßnen Sünden wieder auf. Ist das großmüthig gehandelt? Doch du bist meine Frau, und leider! nicht deiner Großmuth wegen berühmt; und ich bin lang genug verheyrathet, um Geduld gelernt zu haben. Also über den Punkt kein Wort! Aber ich habe sonst noch ein Hühnchen mit dir zu pflücken, Dame Juno. Wie steht's mit der [495] Weltregierung, die ich dir, während meiner Abwesenheit, übertragen habe?

Juno.

Ich solte denken, Herr Jupiter, so gut, als ob ihr sie selbst regiertet. Seit anderthalb Jahren merkt man doch, daß eine Welt da ist. Ich habe ein Leben, eine Rüstigkeit, ein Wirken und Treiben darin verbreitet —

Jupiter.

Wie ein Weib, das muß man sagen. Ihr Weiber liebt Zank und Streit, dafür hast du ehrlich gesorgt. Ueberall haben sich die Leute bey'm Kopf, raufen und schlagen sich todt, daß einem die Augen übergehn. Aufruhr und Empörung, wo man hinsieht. Die Kleinen spielen die Großen und die Großen die Kleinen; die Thronen wackeln und die Diener schlagen ihren Herrn ein Schnipschen.

Juno.

Ist das nicht Beweis von Kraft? Die Menschen fangen an sich zu fühlen, und merken, daß sie so gut dein Werk sind, wie ihre gnädige Herren.

Jupiter.

Das sollen sie aber nicht zum Pluto! Die Welt muß durch Subordination regiert werden, oder alles geht drunter und drüber. Wenn die Menschen gleich
ursprünglich frey g e b o h r e n sind, so verstehen's doch die wenigsten, frey
zu s e y n. Man darf ihnen nur den F i n g e r geben, so nehmen sie die
H a n d; und da entsteht denn eine Unfreyheit aus der Freyheit, daß kein ehr-
licher Mann seines Lebens mehr sicher ist. [496]

Juno.

Nimm mir's nicht übel, Herr Gemahl, aber du raisonnirst, wie ein Recen-
sent. Erst fängt der allweise Herr selbst Händel an, und denn rümpft er die
Nase drüber. War's nicht noch unter d e i n e r Weltregierung, wie das Volk
zuerst aufstand, dessen großem Beyspiel jetzt alle Welt folgt?

Jupiter.

Da haben wir die F r a u wieder. Eure Natur bleibt doch immer dieselbe,
auch, wenn sie mit ein Bischen Gottheit candirt ist. Wenn ein großes Volk
sich seiner Haut wehrt, mit edlem Selbstgefühl gegen Unterdrückung
kämpft, das ist doch wohl was anders, als wenn ungezogene Leute, die selbst
nicht wissen, was sie wollen, wie betrunkne Studenten, mit Stecken und
Spießen auf der Straße herumlaufen, dem Nachbar die Fenster einwerfen,
jeden, der ihnen begegnet, von dem breiten Steine stoßen und Freyheit,
Freyheit schreyen, ein Wort, von dem sie eben so wenig einen wahren Sinn
haben, wie die Pfaffen, die sie aufhetzen, von der Religion. Aber deinen
Händeln in B r a b a n t und in den kleinen Flecken des d e u t s c h e n
R e i c h s, sieht's doch wohl jeder an, daß sie deine Weiberhand angezettelt
hat. Da balgen sie sich um einen Aberglauben, den sie Religion nennen,
hängen und spießen sich, weil die Obrigkeit Abgaben verlangt, ohne die der
Staat doch nicht erhalten werden kann, kehren das Unterste zu oben, gehen
auf dem Kopf, statt auf den Beinen und brüllen: wir sind frey! Die Galle
läuft mir über, wenn ich dran denke. Manch[497]mal, wenn ich den Unfug
so mir ansahe, kriegt' ich Lust, mit meinen Donnerkeilen drein zu blitzen,
aber da hätt' ich bey dir den Anfang machen müssen, Madame; und dafür
schützt dich leider! deine Unsterblichkeit. Unterdeß hab' ich unter ein paar
Monarchen Friede gestiftet, die werden sie schon Mores lehren.

J u n o. (die Nase rümpfend)
So? ist das D e i n saubres Stück Arbeit?

J u p i t e r.
Ja, Frau Gemahlinn. D u hättest das nun schwerlich gethan, deine Natur, wie der ganze Olymp weiß, ist eben nicht die friedsamste.

J u n o.
Und deine, wie der ganze Olymp weiß, eben nicht die höflichste. Das ist also mein Dank, daß ich die ganze Götterwelt aufgeboten habe, dir bey deiner Zurückkunft die Honneurs zu machen? Mit Spott und Hohn bezahlst du mir meine Festivitäten, meine Pyramiden, Triumphpforten, Feuerwerke, Schauspiele und Prologe, die ich dir zu Ehren veranstaltete.

J u p i t e r.
Prologe? Komm mir nur mit dem Zeuge, worin kein gesunder Menschenverstand ist. Kommt nicht etwa die Unsterblichkeit drin vor, einen Kranz um den Kopf und einen Palmzweig in der Hand und perorirt Unsinn, den der Dichter selber nicht verstanden hat? oder ein paar personificirte Tugenden, die dummen Schnak schwazzen, was doch [498] von Rechtswegen die Tugend nicht sollte? oder die Weisheit, die mir das Räucherfaß um die Nase wirft, daß ich Beulen bekomme? Geh' mir mit den Possen, ich seh' sie gewiß nicht.

J u n o.
Nun den Aerger wollen wir deiner Obergötterwürde wohl ersparen, die Lobsprüche der W e i s h e i t sollen sie nicht sehr drücken.

J u p i t e r.
Wird mir lieb seyn. Es ist nichts unausstehlicher, als sich seine Vollkommenheiten so unter die Nase reiben zu lassen. Unser eins ist freylich ein großer Herr, und dem thut's immer wohl, wenn so ein Poet seine Schuldigkeit thut, und seiner Weisheit und Tugend von Zeit zu Zeit ein paar Wey-

rauchkörnchen hinstreut. Wie erführen's die Leute sonst, was man ist! Aber
zu toll ist zu toll. Man muß einen nicht kitzeln, daß man sich winden,
krümmen und Ach! und Weh! schreyen muß. Wenn ich schon ein Gott bin,
so ist meine Haut doch keine Elephantenhaut. Deine Schauspiele, Frau Gemahlinn, will ich also sehn. Aber mit dem Prolog bleib' mir vom Leibe!
Sonst hab' ich's Theater noch immer lieb und in meinem Olymp soll die
Kunst wenigstens nicht nach Brod gehn, das mag sie in der Unterwelt thun.
Meine Acteurs sollen Ambrosia und Nectar haben, die Hülle und Fülle, und
ich will sie mit Unsterblichkeit füttern, daß sie glänzen sollen wie die Sterne
immer und ewiglich. [499]

Le Kain.

Ce vous mettera au comble de la gloire plus immortelle, dieu & pere eternel!

Jupiter.

Taisez Vous, Monsieur le Cain. Ich hab' euch schon gesagt, ich verlange eure Parfüms und Odeurs nicht. Das muß ich aber sagen, das Theater hat mir
in der Unterwelt viel Freude gemacht. Wenn mit die zweybeinigten, feder-
losen Thiere, Menschen genannt, durch ihre Thorheiten manchmahl das
Blut in den Kopf trieben, und ich gieng in die Comödie, gleich war mir's
besser. Es giebt ganze Leute unter den Schauspielern da unten, beym Styx!
ganze Leute! In Spanien treiben sie's freylich ein bischen toll; es kömmt
einem immer vor, als wenn das Volk an keinen Gott glaubte, denn es spricht
und geberdet sich gar nicht, als wenn sie unsereins erschaffen hätte. Aber
dafür erkannt' ich in Frankreich, Italien, England und Deutschland mitunter
das Werk meiner Hände wieder. Besonders in Deutschland. Sollen leben, die
Deutschen, unter allen Menschen, die meine Allmacht hervorgebracht hat,
sind mir das die liebsten.

Garrick, Moliere und le Kain. (zugleich)

Die Deutschen?

Jupiter.

Zu dienen, und wißt ihr warum? Unter allen Theaterleuten der Unterwelt, bleiben i h r e der Natur am meisten getreu, mit der ich sie ausstaffirt habe. Die andern hauen [500] zuweilen greulich über die Schnur, und bringen eine Race von Menschengesichtern zu Markt, an der meine Schöpferkraft so wenig Theil hat, als die menschliche Natur an ihnen selbst.

Le Kain.

Pere eternel, c'est fort!

Jupiter.

Fort, oder nicht, 's ist wahr. Und komm du mir nicht immer mit deinem Französischen drein. Wir sind hier im O l y m p und nicht in F r a n k r e i c h. Hier sollst du reden, wie's Sitte ist. Wes Brod ich esse, des Lied ich singe. Das ist ein altes Sprichwort. Merk dir's.

Le Kain.

Mais votre Majesté. —— —

Jupiter.

Mais, du sollst das Maul halten, oder, bey den Furien und ihren Schlangen! ich kupple dich mit dem Höllenhund zusammen, dessen Fratzenmanieren du so manchmal auf dem pariser Theater für Menschensitte verkauft hast. — — Ja, sieh so scheel aus, wie du willst. Ich habe allen Respect für euer K o - m ö d i e n w e s e n. Da erkennt man doch der Mutter Natur ihr Werk wieder. Aber euer T r a g e r i r e n, euer H e l d e n - und H e l d i n n e n k r a m, den verzeyh euch die gesunde Vernunft! Ich darf nur an die tragische Wassersuppe, K a r l d e n N e u n t e n, denken, so stehn mir die Haare zu Berge über euren Tragödiengreuel. Sind in ihrem Leben die Leute so aufgetreten, haben sie jemals solche Ge[501]sichter gemacht, so geheult, so gewimmert? sind sie je so mit der Stimme aus den höchsten Tönen in die tiefsten und aus den tiefsten in die höchsten herübergesprungen, als wenn sich ihre Kehle auf einem Seile wollte sehen lassen? Muß man nicht glauben, daß die sämmt-

lichen Herren und Damen nicht recht bey Sinne, und jedem in's Gesicht lachen, der einem weiß machen will, daß das Menschen sind?

Diderot.

Ach! Vater Jupiter, das alles hab' ich meinen Landsleuten vor vielen Jahren
beynahe wörtlich so gesagt, wie deine Weisheit es jetzt rügt. Aber Niemand
wolt' es glauben.

Jupiter.

Ja, die Weisheit predigt auf den Gassen und Niemand vernimmt sie. Das ist
eine alte Klage eurer Weisen. Mich freut's, daß ein Kenner, wie du, meiner
Meynung ist. Denn freylich, als großer Herr, solt' ich nicht so mitsprechen.
Ihre Sache ist Kennerey eben nicht. Sie amüsiren sich, und damit Holla!
Aber, zum Pluto, wenn man, wie ich, die Menschen macht, so weiß man
doch auch ohngefähr, wie sie aussehen.

Garrick.

Das sollt' ich denken, unsterblicher Beherrscher des Olymps. Wiewohl es
mir scheint, deine hohe Weisheit thue der französischen tragischen Kunst
doch ein wenig zu viel. Vanhofe, Aufraine, Medames Clairon
und Dumenill — sind und waren — — [502]

Jupiter.

Leute, die die gesunde Vernunft mehr in Ehren hielten? O ja, besonders
Aufraine; das war der einzige, der gar nicht tragerirte. Die andern waren
Stellenschauspieler, weiter nichts.

Garrick. (mit gespannter Neugier)

Und in England?

Jupiter.

Ist mir die Manier zu s t a r k . Das declamirt, aber stellt nicht d a r , das m a h l t , aber d r ü c k t nicht a u s . Man will der Sache zu v i e l thun, und dadurch thut man ihr zu w e n i g . Jedes Wort, jede Sylbe soll bezeichnet werden, und am Ende wird n i c h t s bezeichnet. Ausnahmen giebt's freylich. Miß S i d d o n , A b i n g t o n und F a r r e n haben meine Hände manchmal in Bewegung gesetzt, und P a l m e r und K e m b l e mich um manches Bravo gebracht. Aber, wie ich nach Deutschland kam —

Catharina Jacquet. (schnell und freudig)

Und S c h r ö d e r n sahst?

Leßing.

Giengen deiner Hoheit die Augen auf?

Jupiter.

Bey meinem Adler! sie giengen. Das war ein M e n s c h , die andern waren A c t e u r s .

Le Kain.

Est-il possible? Ein Mensch, aus dem Nord? [503]

Garrick.

Ein kalter Deutscher?

Jupiter.

Da liegt's eben, ihr Herren. Vernunft ist kalt und wer kalt ist, übertreibt nicht. Ein großer Schauspieler ist seiner Empfindung H e r r ; er herrscht über sie, sie nicht über ihn. Dem Bliz der Leidenschaft zeichnet er seine Bahn vor, und sagt zu ihm: bis hieher und nicht weiter. Das Lächerliche p f u s c h t er nicht, er s c h i l d e r t ' s . Die Kunst d e n k t , aber die Natur h a n d e l t in ihm.

Leßing.

Sehr wahr!
„Kunst und Natur
Ist auf der Bühne e i n e s nur;
Hat die sich in Natur verwandelt,
Dann hat N a t u r, nicht K u n s t gehandelt."

Jupiter.

Ist das ein Epigramm auf S c h r ö d e r?

Leßing.

Nein, aber von ihm a b s t r a h i r t. Seine Darstellungen haben mein Nach-
denken oft beschäftigt.

G a r r i c k. (spöttisch.)

Ich möchte das Wunder doch sehen.

M o l i e r e.

Ich auch.

L e K a i n. (mit Persiflage)

Wunder! Ha, ha, ha, cest bien dit! [504]

Jupiter.

Respect, Monsieur le Kain. Deine Persiflage wird schon in die Winkel krie-
chen, wenn du ihn siehst. — Und ihr solt ihn sehn. Da gukt in den Spiegel.
In drey Gestalten wird er vor euch vorüber gehn. Gebt acht!

C a t h a r i n a J a c q u e t. (mit freudigem Entzücken)

Ha Lear!

Garrick.

Ja, er ist's. Ganz das alte Kind, und immer noch König! Wie sein Zorn auf-
sprudelt in Tönen, die ich kaum kannte! Schön, herrlich! Wahrheit, wo ich
ihn sehe, Laut der Natur, wo ich ihn höre. Ja, ja das ist Menschheit!

Jupiter.

Ja, und schließt und fängt nicht die Acte an, wie du in dem Lear deiner
Fabrique? hat nicht, wie deine Feder, alle andere Rollen berupft und ca-
strirt, um sich einen Kopf länger zu machen, als das ganze Volk. Jetzt, Moliere, sieh du einmahl in den Spiegel.

Moliere.

So wahr ich lebe, mein Harpagon! Wie ihn der Geiz ausgedörrt hat!
Bleich und hager, wie ein Gelegenheitsdichter, zusammengeschrumpft wie
ein Advokatengewissen, und armseliger, wie der Verstand eines Domherrn.
Aus jedem seiner Glieder klappert der Hunger, seine Finger sind länger, wie
die Füße einer Gartenspinne, und seine Augen spioniren, wie der böse
Feind, wenn er auf eine Seele lauert. Ach! sie haben ihm seine Chatoulle gestohlen. Wie er zittert, schreit für Verzweiflung, ausser sich ist! Nein, [595]
nein, das ist meine Comödie nicht. Das ist wirklich so ein armer, unglückli-
cher Mann, den der Geizteufel regiert. Ich bitt' euch, ihr Herren, gebt ihm
seine Chatoulle wieder, er dauert mich.

Jupiter.

Just so gieng mir's auch. Der Tausendkünstler schaft seine Menschen, trotz
unser einem! Es ist ein Proteus wie ihr keinen mehr sehen werdet. Monsieur le Kain, die Reihe ist an dir.

Le Kain.

Ah! Lusignan! Bien excellent! Mais mon dieu, der Mann spricht ja, als wenn
er im Zimmer wäre. Das sind ja Bewegungen, wie sie jeder Mensch macht.
Juste Ciel! das nennen die Deutschen agiren? agiren, was wirklich vorgeht.
Sans doute, le jeu de ce Monsieur la est le miroir de la nature, mais sa maniere —

Jupiter.

Et donc sa maniere?

Le Kain.

N'est pas la mienne.

Jupiter. (lachend)

Je le crois bien. Aber du, Meister Ekhof, du Freund Koch, und du, mein Liebling, Jacquet, was sagt ihr!

Ekhof.

Er ist ein Mann.

Koch.

Künstler in wahrem Verstande. Ich bewundr' ihn, wiewohl Moliere's Alten meine Stärke waren. [506]

Catharina Jacquet.

Er ist ein Deutscher, und ich seine Landsmännin, wie mich das stolz macht!

Juno.

Vater der Götter, du hast mir ein Schauspiel gegeben, wie ich's dir mit aller meiner Herrlichkeit nicht wieder geben kann.

Jupiter.

Fühlst du das? Aber, wie, wenn Mercur den neuen Proteus in den Olymp beförderte?

Juno.

O vortreflich! Ich wolte nie deine alten Sünden wieder aufwärmen.

Jupiter. (ihr die Hand reichend)
Ein Wort, Frau Juno! Mercur!

Ekhof.
O, nein, Herr der Götter und Menschen, laß ihn der Erde noch, daß er
Deutschland die Kunst erhalte.

Koch.
Daß Alt' und Jung von ihm lerne, und unserm Vaterlande der Ruhm bleibe,
in ihm sey wahre Darstellung zu Hause.

Catharina Jacquet.
Sein Geburtstag ist heut. Setze seinem Leben noch viele Jahre zu. Erst spät
werd' ihm hier die Unsterblichkeit, der er schon so lange würdig ist.

Jupiter.
Nun dann. Aber, das sag' ich euch, die Zeit wird mir bis dahin im Olymp
ganz verdammt lang werden. [507] Hebe, schenk uns Nektar in den goldnen Pocal, er soll leben!

(Hebe bringt den Pocal. Sie trinken.)

Der ganze Olymp.
Schröder lebe!

Jupiter.
Und du, Mercur, nimm diesen olympischen Pocal, laß ihn bis oben an mit
Göttertrank füllen von Heben, und geuß ihn aus über den Mann, den
wir ehren, daß er lebe, bis Silberhaar seine Scheitel bedeckt. Er hat mir viel
Freude gemacht, dafür werde ihm Freude bis an sein Ende, und mit jedem

Jahre ein neuer Lorbeerzweig in seinem unvergänglichen Kranze! — Noch einmahl, er lebe!

Der ganze Olymp.

Schröder lebe!

Schink.

V. Anhang

AUSWAHLBIBLIOGRAPHIE

APPEL, Rolf: Schröders Erbe: 200 Jahre Vereinigte Fünf Hamburgische Logen, seit 1811 Grosse Loge von Hamburg, Hamburg 2000.

ARNTZEN, Helmut: Die ernste Komödie. Das deutsche Lustspiel von Lessing bis Kleist, München 1968.

BAUER, Roger, Jürgen WERTHEIMER, Jürgen (Hrsg.): Das Ende des Stegreifspiels – Die Geburt des Nationaltheaters. Ein Wendepunkt in der Geschichte des europäischen Dramas, München 1983.

BAYERDÖRFER, Hans-Peter: „Harlekinade in jüdischen Kleidern?". Der szenische Status der Judenrollen zu Beginn des 19. Jahrhunderts. In: H. Denkler, H.-O. Horch (Hrsg.): Conditio Judaica: Judentum, Antisemitismus und deutschsprachige Literatur; interdisziplinäres Symposium der Werner-Reimers-Stiftung Bad Homburg, Bd. 2: Tübingen 1989, S. 92–117.

BECKER-CANTARINO, Barbara: Von der Prinzipalin zur Künstlerin und Mätresse. Die Schauspielerin im 18. Jahrhundert in Deutschland. In: R. Möhrmann (Hrsg.): Die Schauspielerin. Zur Kulturgeschichte der weiblichen Bühnenkunst, Frankfurt a. M. 1989, S. 88–113.

BIRGFELD, Johannes, Claude D. CONTER: Vorbemerkung: Das Unterhaltungsstück um 1800. Funktionsgeschichtliche und gattungstheoretische Vorüberlegungen. In: Dies. (Hrsg.): Das Unterhaltungsstück um 1800: literaturhistorische Konfigurationen, Signaturen der Moderne: zur Geschichte des Theaters als Reflexionsmedium von Gesellschaft, Politik und Ästhetik, Hannover 2007.

BIRGFELD, Johannes, Julia BOHNENGEL, Alexander KOŠENINA (Hrsg.): Kotzebues Dramen. Ein Lexikon, Hannover 2011.

BIRKNER, Nina: „Hamlet" auf der deutschen Bühne. Friedrich Ludwig Schröders Theatertext, Dramentheorie und Aufführungspraxis. In: C. Zelle (Hrsg.): Das Achtzehnte Jahrhundert 31 (2007), H. 1, Wolfenbüttel 2007, S. 13–30.

BOHNENGEL, Julia: Das gegessene Herz. Eine europäische Kulturgeschichte vom Mittelalter bis zum 19. Jahrhundert. Herzmäre – le cœur mangé – il cuore mangiato – the eaten heart, Würzburg 2016.

BOOM, Rüdiger van den: Die Bedienten und das Herr-Diener-Verhältnis in der deutschen Komödie der Aufklärung (1742–1767), Frankfurt a. M. 1979.

BORCHMEYER, Dieter: „…dem Naturalism in der Kunst offen und ehrlich den Krieg zu erklären…". Zu Goethes und Schillers Bühnenreform. In: W. Barner, E. Lämmert, N. Oellers (Hrsg.): Unser Commercium. Goethes und Schillers Literaturpolitik, Stuttgart 1984, S. 351–370.

BOSSE, Anke: Retheatralisierung in Theater und Drama der Moderne. Zum Spiel im Spiel. In: Th. Anz, H. Kaulen (Hrsg.): Literatur als Spiel. Evolutionsbiologische, ästhetische und pädagogische Konzepte, Berlin 2009, S. 417–430.

BOSSE, Heinrich: Das Liebhabertheater als Pappkamerad. Der Krieg gegen die Halbheit und die „Greuel des Dilettantismus". In: St. Blechschmidt, A. Hinz (Hrsg.): Dilettantismus um 1800, Heidelberg 2007, S. 69–90.

BRUNKHORST, Martin: Garricks Shakespeare-Rollen. Formen ihrer produktiven Rezeption in England und Deutschland. In: Arcadia 1987, S. 142–163.

BUCK, Elmar: Lessing und Diderot: die Konditionen des Theaters. In: W. F. Bender (Hrsg.): Schauspielkunst im 18. Jahrhundert: Grundlagen, Praxis, Autoren, Stuttgart 1992, S. 205–219.

DANIEL, Ute: Hoftheater. Zur Geschichte des Theaters und der Höfe im 18. und 19. Jahrhundert, Stuttgart 1995.

DETERING, Heinrich: „der Wahrheit, wie er sie erkennt, getreu". Aufgeklärte Toleranz und religiöse Differenz bei Christian Wilhelm Dohm. In: Zeitschrift für Religions- und Zeitgeschichte 54 (2002), S. 326–351.

DETKEN, Anke: Im Nebenraum des Textes. Regiebemerkungen in Dramen des 18. Jahrhunderts, Tübingen 2009.

–, Anja SCHONLAU: Das Rollenfach – Definition, Theorie, Geschichte. In: A. D. (Hrsg.): Rollenfach im Drama, Tübingen 2014, S. 7–30.

EICHHORN, Herbert: Konrad Ernst Ackermann. Ein deutscher Theaterprinzipal. Ein Beitrag zur Theatergeschichte im deutschen Sprachraum, Emsdetten 1965.

EIGENMANN, Susanne: Zwischen ästhetischer Raserei und aufgeklärter Disziplin. Hamburger Theater im späten 18. Jahrhundert, Stuttgart, Weimar 1994.

FELSENSTEIN, Frank (Hrsg.): English Trader, Indian Maid. Representing Gender, Race, and Slavery in the New World. An Inkle and Yarico Reader, Baltimore, London 1999.

FISCHER-LICHTE, Erika: Entwicklung einer neuen Schauspielkunst. In: W. F. Bender (Hrsg.): Schauspielkunst im 18. Jahrhundert, Stuttgart 1992, S. 51–70.

–: Kurze Geschichte des deutschen Theaters, Tübingen, Basel ²1999.

FRENZEL, Herbert A.: Geschichte des Theaters. Daten und Dokumente, 1470–1830, München 1997.

GERLACH, Klaus: August Wilhelm Ifflands Berliner Bühne. „Theatralische Kunstführung und Oekonomie", Berlin, Boston 2015.

GLASER, Horst Albert: Das bürgerliche Rührstück. Analekten zum Zusammenhang von Sentimentalität mit Autorität in der trivialen Dramatik Schröders, Ifflands, Kotzebues und anderer Autoren am Ende des achtzehnten Jahrhunderts, Stuttgart 1969.

GOERDEN, Elmar: Der Andere. Fragmente einer Bühnengeschichte Shylocks im deutschen und englischen Theater des 18. und 19. Jahrhunderts. In: H.-P. Bayerdörfer (Hrsg.): Theatralia Judaica. Emanzipation und Antisemitismus als Momente der Theatergeschichte. Von der Lessing-Zeit bis zur Shoah, Tübingen 1992, S. 129–163.

GRAF, Ruedi: Utopie und Theater. Physiognomik, Pathognomik, Mimik und die Reform von Schauspielkunst und Drama im 18. Jahrhundert. In: W. Groddeck, U. Stadler (Hrsg.): Physiognomie und Pathognomie. Zur literarischen Darstellung von Individualität, Berlin 1994, S. 16–33.

HÄUBLEIN, Renata: Die Entdeckung Shakespeares auf der deutschen Bühne des 18. Jahrhunderts: Adaption und Wirkung der Vermittlung auf dem Theater, Tübingen 2005.

HEISE, Karl Fritz: Friedrich Ludwig Schröder als Organisator des Theaters, Göttingen 1955.

HESSELMANN, Peter: Johann Friedrich Schink und das Theater in Hamburg in den neunziger Jahren des 18. Jahrhunderts. In: B. Jahn, C. Maurer Zenck (Hrsg.): Bühne und Bürgertum. Das Hamburger Stadttheater (1770–1850), Frankfurt a. M. u. a. 2016, S. 345–374.

HINTZE, Wilhelm: Friedrich Ludwig Schröder. Der Schauspieler – Der Freimaurer, Hamburg 1974.

HÖFELE, Andreas: Judengestalten im englischen Theater (1700–1900). In: H.-P. Bayerdörfer (Hrsg.): Theatralia Judaica. Emanzipation und Antisemitismus als Momente der Theatergeschichte. Von der Lessing-Zeit bis zur Shoah, Tübingen 1992, S. 115–128.

HOFFMANN, Paul Felix: Friedrich Ludwig Schröder als Dramaturg und Regisseur, Berlin 1939.

HOFFMEIER, Dieter: Die Einbürgerung Shakespeares auf dem Theater des Sturm und Drang. In: R. Rohmer (Hrsg.): Schriften zur Theaterwissenschaft. Schriftenreihe der Theaterhochschule Leipzig, Bd. 3, II, Berlin 1964, S. 7–266.

JANSOHN, Christa: Zweifelhafter Shakespeare. Zur Geschichte der Shakespeare-Apokryphen und ihrer Rezeption von der Renaissance bis zum 20. Jahrhundert, Münster 2000.

KATZ, Jakob: Aus dem Ghetto in die bürgerliche Gesellschaft. Jüdische Emanzipation 1770–1870, Frankfurt a. M. 1988.

KINDERMANN, Heinz: Conrad Ekhofs Schauspieler-Akademie, Wien 1956.

KOPITZSCH, Franklin: Die Kultur der Aufklärung in Hamburg. In: V. Plagemann (Hrsg.): Die Kunst in Hamburg von der Aufklärung in die Moderne, Hamburg, München 2002.

KOŠENINA, Alexander: Anthropologie und Schauspielkunst. Studien zur ‚eloquentia corporis‘ im 18. Jahrhundert, Tübingen 1995.

KRAFT, Stephan: Identifikatorisches Verlachen – distanziertes Mitlachen. Tendenzen in der populären Komödie um 1800 (Iffland – Schröder – Kotzebue – von Steigentesch – von Voß). In: J. Birgfeld, C. D. Conter (Hrsg.): Das Unterhaltungsstück um 1800. Literarhistorische Konfigurationen – Signaturen der Moderne, Hannover 2007, S. 208–229.

KRAUSE, Markus: Das Trivialdrama der Goethezeit 1780–1805. Produktion und Rezeption, Bonn 1982.

KÜHLMANN, Wilhelm u. a. (Hrsg.): Killy Literaturlexikon. Autoren und Werke des deutschsprachigen Kulturraums, 2. vollst. überarb. Aufl., Bd. 10, Berlin, Boston 2011.

KUNZ, Isabel: Inkle und Yariko. Der Edle Wilde auf den deutschsprachigen Bühnen des ausgehenden 18. Jahrhunderts, Diss., München 2007.

MALCHOW, Jacqueline: Schauspielerinnen im 18. Jahrhundert. Zwischen Kunst und Käuflichkeit. In: A. Bothe, D. Schuh (Hrsg.): Geschlecht in der Geschichte. Integriert oder separiert? Gender als historische Forschungskategorie, Bielefeld 2014, S. 151–173.

–: Der Hamburger Kaufmann von Venedig. Übersetzung, Bearbeitung und Inszenierung von Schröder bis Schlegel. In: B. Jahn, C. Maurer Zenck (Hrsg.): Bühne und Bürgertum. Das Hamburger Stadttheater (1770–1850), Frankfurt a. M. 2016, S. 489–516.

MAURER ZENCK, Claudia: Musiktheater in Hamburg um 1800, Frankfurt a. M. u. a. 2005.

MAURER-SCHMOOCK, Sybille: Deutsches Theater im 18. Jahrhundert, Tübingen 1982.

MEYER, Reinhart: Das Nationaltheater in Deutschland als höfisches Institut: Versuch einer Funktionsbestimmung. In: R. Bauer, J. Wertheimer (Hrsg.): Das Ende des Stegreifspiels – Die Geburt des Nationaltheaters. Ein Wendepunkt in der europäischen Geschichte des Dramas, München 1983, S. 124–152.

–: Theaterpraxis. In: G. Sautermeister, U. Schmid (Hrsg.): Hansers Sozialgeschichte der deutschen Literatur, Bd. 5, München 1998, S. 366–377.

MOHR, Albert Richard: Frankfurter Theater von der Wandertruppe zum Komödienhaus. Ein Beitrag zur Theatergeschichte des 18. Jahrhunderts, Frankfurt a. M. 1967.

MÜCKE, Panja: Musiktheater für das Bürgertum? Zum Profil des Leipziger Theaters zwischen 1770 und 1800. In: B. Jahn, C. Maurer Zenck (Hrsg.): Bühne und Bürgertum. Das Hamburger Stadttheater 1770–1850, Frankfurt a. M. 2016, S. 63–80.

NIEFANGER, Dirk: Nicht nur Dokumente der Lessing-Rezeption: Bodmers literaturkritische Metadramen *Polytimet* und *Odoardo Galeotti*. In: A. Lütteken, B. Mahlmann-Bauer (Hrsg.): Bodmer und Breitinger im Netzwerk der europäischen Aufklärung, Göttingen 2009, S. 410–428.

PAUL, Fritz, Wolfgang RANKE, Brigitte SCHULZE (Hrsg.): Europäische Komödie im übersetzerischen Transfer, Tübingen 1993.

PFENNIGER, Else: Friedrich Ludwig Schröder als Bearbeiter englischer Dramen, Zürich 1919.

RIESCHE, Barbara: Schöne Mohrinnen, edle Sklaven, schwarze Rächer. Schwarzendarstellung und Sklaventhematik im deutschen Unterhaltungstheater (1770–1814), Hannover 2010.

ROSELT, Jens (Hrsg.): Seelen mit Methode. Schauspieltheorien vom Barock- bis zum postdramatischen Theater, Berlin 2005, S. 134–147.

ROSSBACH, Nikola: Empfindung zwischen Natur und Kunst. Zu theater- und kulturgeschichtlichen Dynamisierungsprozessen im 18. Jahrhundert am Beispiel von Lessings *Miß Sara Sampson*. In: Lenz-Jahrbuch (2002/2003), Bd. 12, S. 155–171.

SCHÄFER, Martin Jörg: Schröders und Bocks *King Lear*-Bühnenadaptionen der 1770er. Eschenburgs Nachwort als dramaturgischer Baukasten. In: B. Jahn, C. Zenck (Hrsg.): Bühne und Bürgertum. Das Hamburger Stadttheater 1770–1850, Bern u. a. 2016, S. 517–539.

SCHMAUS, Marion: Zur Genese melodramatischer Imagination. Englisch-deutscher Tauschhandel im Zeichen der Rührung bei George Lillo, Friedrich Ludwig Schröder und August von Kotzebue. In: S. Nieberle, C. Nitschke (Hrsg.): Gastlichkeit und Ökonomie. Wirtschaften im deutschen und englischen Drama des 18. Jahrhunderts, Berlin, Boston 2014, S. 89–108.

–: Novalis und die Islam-Diskurse der Zeit (Voltaire, Lessing, Herder, Goethe). In: Blütenstaub. Jahrbuch für Frühromantik 5 (2017).

SCHMITT, Peter: Schauspieler und Theaterbetrieb. Studien zur Sozialgeschichte des Schauspielerstandes im deutschsprachigen Raum 1700–1900, Tübingen 1990, S. 126–185.

SCHNEIDER, Martin (Hrsg.): Der Hamburger Theaterskandal von 1801. Eine Quellendokumentation zur politischen Ästhetik des Theaters um 1800, Frankfurt a. M. 2017.

SCHRÖTER, Axel: Zur Kotzebue-Rezeption am Hamburger Stadttheater zu Lebzeiten des Erfolgsautors – unter besonderer Berücksichtigung bürgerlicher und aristokratischer Wertvorstellungen. In: B. Jahn, C. Zenck (Hrsg.): Bühne und Bürgertum. Das Hamburger Stadttheater (1770–1850), Frankfurt a. M. 2016 , S. 409–437.

THOMSEN, Hargen: Das Hamburger Stadttheater in der Ära Friedrich Ludwig Schmidts, 1815–1841. In: B. Borowka-Clausberg (Hrsg.): Salomon Heine in Hamburg. Geschäft und Gemeinsinn, Göttingen 2013, S. 184–202.

TOLKEMITT, Brigitte: Der Hamburgische Correspondent. Zur öffentlichen Verbreitung der Aufklärung in Deutschland, Tübingen 1995.

VIEWEG-MARKS, Karin: Metadrama und englisches Gegenwartsdrama, Frankfurt a. M. 1989.

Julia Bohnengel

Akademische Rätin an der Universität Heidelberg; Forschungsschwerpunkte: Literatur und Kultur des 18. und frühen 19. Jahrhunderts in komparatistischer Perspektive, Literatur und Mentalitätsgeschichte, Stoffgeschichte und Thematologie; zuletzt erschienen: *Das gegessene Herz. Eine europäische Kulturgeschichte vom Mittelalter bis zum 19. Jahrhundert. Herzmäre – le cœur mangé – il cuore mangiato – the eaten heart* (2016).

Anke Detken

Apl. Professorin an der Georg-August-Universität Göttingen; Leiterin des Studententheaters (ThOP); Forschungsschwerpunkte: Drama und Theater im 18. und 20./21. Jahrhundert, Gegenwartsliteratur, übersetzungswissenschaftliche Komparatistik; zuletzt erschienen: *Im Nebenraum des Textes. Regiebemerkungen in Dramen des 18. Jahrhunderts* (2009), *Rollenfach und Drama* (hrsg. m. A. Schonlau, 2014), *Édith Piafs Jahrhunderterfolg Non, je ne regrette rien und das Chanson réaliste.* In: LiLi 46 (2016).

Angela Eickmeyer

Wissenschaftliche Mitarbeiterin am Institut für Germanistik der Universität Hamburg; Forschungsschwerpunkte: Shakespeareforschung, Theater der Aufklärung, Exilforschung.

Hans-Joachim Jakob

Privat-Dozent an der Universität Siegen; Forschungsschwerpunkte: Literatur der frühen Neuzeit, Theaterjournalistik und -kritik des 18. Jahrhunderts, Theatergeschichte als Publikumsgeschichte, Schullektüre im 19. und frühen 20. Jahrhundert, Geschichte der Didaktik; zuletzt erschienen: *„Das böse Tier Theaterpublikum". Zuschauerinnen und Zuschauer in Theater- und Literaturjournalen des 18. und frühen 19. Jahrhunderts* (hrsg. m. H. Korte, B. Dewenter, 2014), *Medien der Theatergeschichte des 18. und 19. Jahrhunderts* (hrsg. m. H. Korte, B. Dewenter, 2015), *Theater und Publikum in Autobiographien, Tagebüchern und Briefen des 19. und 20. Jahrhunderts* (hrsg. m. B. Dewenter, 2016).

Bernhard Jahn

Professor für deutsche Literatur des Spätmittelalters und der Frühen Neuzeit an der Universität Hamburg; Forschungsschwerpunkte: (Musik-)Theater in der Frühen Neuzeit, Intermedialität, Interkonfessionalität; zuletzt erschienen: *Nicht-aristotelisches Theater in der Frühen Neuzeit* (hrsg. m. Irmgard Scheitler, 2016); *Bühne und Bürgertum. Das Hamburger Stadttheater (1770–1850)* (hrsg. m. Claudia Maurer Zenck, 2016).

ALEXANDER KOŠENINA

Professor für Deutsche Literatur des 17.–19. Jahrhunderts an der Leibniz Universität Hannover; Forschungsschwerpunkte: Literarische Anthropologie, Theater der Aufklärung, Verbrechensdarstellung in der Frühen Neuzeit, Literatur und Illustration; zuletzt erschienen: *Kriminalfallgeschichten* (Hrsg., 2014), *Lessing und die Sinne* (Mithrsg., 2016), *Literarische Anthropologie* (²2016) und dazu: *Grundlagentexte zur ‚Neuentdeckung des Menschen'* (Hrsg., 2016).

JACQUELINE MALCHOW

Promotions-Stipendiatin an der Universität Hamburg; Forschungsschwerpunkte: Theater der Aufklärung, Performativität, Shakespeareforschung; zuletzt erschienen: *Der Hamburger Kaufmann von Venedig. Übersetzung, Bearbeitung und Inszenierung von Schröder bis Schlegel* (in: B. Jahn, C. Maurer Zenck [Hrsg.]: *Bühne und Bürgertum. Das Hamburger Stadttheater (1770–1850)*, 2016); *Schauspielerinnen im 18. Jahrhundert. Zwischen Kunst und Käuflichkeit* (in: A. Bothe, D. Schuh [Hrsg.]: *Geschlecht in der Geschichte. Integriert oder separiert? Gender als historische Forschungskategorie*, 2014).

MARTIN JÖRG SCHÄFER

Professor für Neuere deutsche Literatur mit Schwerpunkt Theaterforschung an der Universität Hamburg; Forschungsschwerpunkte: Literatur, Theater, Theorie ab 1750; Traditionsbrüche und Krisennarrative, Theorien der Theatralität und des Darstellens, ästhetische Theorien; Arbeit, Müßiggang, Muße, Faulheit und ihre Subjektformen, Figuren des Übersetzens und Übertragens; zuletzt erschienen: *Die Gewalt der Muße* (2013), *art works. Ästhetik des Postfordismus* (Ko-Autor, 2015), *The Art of Being Many* (Mithrsg., 2016), *Das Theater der Erziehung* (2016).

MARION SCHMAUS

Professorin für Neuere deutsche Literatur an der Philipps-Universität Marburg; Forschungsschwerpunkte: Literatur des 18. Jahrhunderts bis zur Gegenwart, Literatur und Philosophie / Anthropologie / Naturwissenschaften, Intermedialität; zuletzt erschienen: *Psychosomatik. Literarische, philosophische und medizinische Geschichten zur Entstehung eines Diskurses (1778–1936)* (2009), *Zur Genese melodramatischer Imagination. Englisch-deutscher Tauschhandel im Zeichen der Rührung bei George Lillo, Friedrich Ludwig Schröder und August von Kotzebue* (in: Gastlichkeit und Ökonomie, hrsg. v. S. Nieberle, C. Nitschke (2014), *Melodrama – zwischen Populärkultur und „Moralisch-Okkultem". Komparatistische und intermediale Perspektiven* (Hrsg., 2015).

MARTIN SCHNEIDER

Postdoktorand im DFG-Projekt *Bühne und Bürgertum. Das Hamburger Stadttheater 1770-1850* am Institut für Germanistik der Universität Hamburg; Forschungsschwerpunkte: Geschichte des Theaters und des Musiktheaters, Theater und Politik, Literatur und Anthropologie, Intermedialität, Erzählforschung; zuletzt erschienen: *Ereignis Erzählen* (hrsg. m. A. Häusler, 2016), *Materialistische Ästhetik* (hrsg. m. I. Klasen, M. Klaue, 2016), *Der Hamburger Theaterskandal von 1801. Eine Quellendokumentation zur politischen Ästhetik des Theaters um 1800* (Hrsg., 2017).

MANUEL ZINK
Wissenschaftlicher Mitarbeiter an der Leibniz Universität Hannover; Forschungsschwerpunkt: Theater des 18. und 19. Jahrhunderts; zuletzt erschienen: *„Bewundere zweifelnd!"*. *Zur Rolle der bildenden Kunst in schauspieltheoretischen und literarischen Texten August Klingemanns* (2015), *August Klingemann: Romano* (2015), *Theater-„Physiognomieen" des frühen 19. Jahrhunderts. Klingemanns Reisetagebuch „Kunst und Natur"* (2016).

PERSONENREGISTER

In der Reihe *Publikationen zur Zeitschrift für Germanistik* sind bereits erschienen:

Band 1
WALTER DELABAR, HORST DENKLER, ERHARD SCHÜTZ (Hrsg.):
Banalität mit Stil. Zur Widersprüchlichkeit der Literaturproduktion im
Nationalsozialismus, Bern 1999, 289 S., ISBN 3–906762-18-1, br.

Band 2
ALEXANDER HONOLD, KLAUS R. SCHERPE (Hrsg.):
Das Fremde. Reiseerfahrungen, Schreibformen und kulturelles Wissen, unter Mitarbeit
von Stephan Besser, Markus Joch, Oliver Simons, Bern 1999, 341 S., zahlr. Abb.,
ISBN 3–906765-28-8, br., 2. überarb. Aufl. 2002.

Band 3
WERNER RÖCKE (Hrsg.):
Thomas Mann. Doktor Faustus. 1947–1997, Bern 2001, 378 S., zahlr. Abb.,
ISBN 3–906766-29-2, br., 2. Aufl. 2004.

Band 4
KAI KAUFFMANN (Hrsg.):
Dichterische Politik. Studien zu Rudolf Borchardt, Bern 2001, 214 S.,
ISBN 3–906768-85-6, br.

Band 5
ERNST OSTERKAMP (Hrsg.):
Wechselwirkungen. Kunst und Wissenschaft in Berlin und Weimar im Zeichen Goethes,
Bern 2002, 341 S., zahlr. Abb., ISBN 3–906770-13-3, br.

Band 6
ERHARD SCHÜTZ, GREGOR STREIM (Hrsg.):
Reflexe und Reflexionen von Modernisierung. 1933–1945, Bern 2002, 364 S., zahl. Abb.,
ISBN 3–906770-14-1, br.

Band 7
INGE STEPHAN, HANS-GERD WINTER (Hrsg.):
„Die Wunde Lenz". J. M. R. Lenz. Leben, Werk und Rezeption, Bern 2003, 507 S.,
zahl. Abb., ISBN 3–03910-050-5, br.

Band 8
CHRISTINA LECHTERMANN, CARSTEN MORSCH (Hrsg.):
Kunst der Bewegung. Kinästhetische Wahrnehmung und Probehandeln in virtuellen
Welten, Bern 2004, 364 S., zahlr. Abb., ISBN 3–03910-418-7, br.

Band 9

INSTITUT FÜR DEUTSCHE LITERATUR DER HUMBOLDT-UNIVERSITÄT ZU BERLIN (Hrsg.):
„lasst uns, da es uns vergönnt ist, vernünftig seyn! – "Ludwig Tieck (1773–1853), Bern 2004, 407 S., 5 Abb, 1 Tab., 2 Notenbeispiele, ISBN 3–03910-419-5, br.

Band 10

INGE STEPHAN, BARBARA BECKER-CANTARINO (Hrsg.):
„Von der Unzerstörbarkeit des Menschen". Ingeborg Drewitz im literarischen und politischen Feld der 50er bis 80er Jahre, Bern 2004, 441 S., zahlr. Abb., ISBN 3–03910-429-2, br.

Band 11

STEFFEN MARTUS, STEFAN SCHERER, CLAUDIA STOCKINGER (Hrsg.):
Lyrik im 19. Jahrhundert. Gattungspoetik als Reflexionsmedium der Kultur, Bern 2005, 486 S., ISBN 3–03910-608-2, br.

Band 12

THOMAS WEGMANN (Hrsg.):
MARKT. Literarisch, Bern 2005, 258 S., zahlr. Abb., ISBN 3–03910-693-7, br.

Band 13

STEFFEN MARTUS, ANDREA POLASCHEGG (Hrsg.):
Das Buch der Bücher – gelesen. Lesarten der Bibel in den Wissenschaften und Künsten, Bern 2006, 490 S., zahl. Abb., ISBN 3–03910-839-5, br.

Band 14

INGE STEPHAN, HANS-GERD WINTER (Hrsg.):
Jakob Michael Reinhold Lenz. Zwischen Kunst und Wissenschaft, Bern 2006, 307 S., zahlr. Abb., ISBN 3–03910-885-9, br.

Band 15

MANUEL KÖPPEN, ERHARD SCHÜTZ (Hrsg.):
Kunst der Propaganda. Der Film im Dritten Reich, Bern 2007, 300 S., zahlr. Abb., ISBN 978–03911-179-4, br., 2. überarb. Aufl. 2008.

Band 16

JOACHIM RICKES, VOLKER LADENTHIN, MICHAEL BAUM (Hrsg.):
1955–2005: Emil Staiger und *Die Kunst der Interpretation* heute, Bern 2007, 288 S., zahlr. Abb., ISBN 978–3-03911-171-8, br.

Band 17

CARSTEN WÜRMANN, ANSGAR WARNER (Hrsg.):
Im Pausenraum des Dritten Reiches. Zur Populärkultur im nationalsozialistischen Deutschland, Bern 2008, 273 S., zahlr. Abb., ISBN 978–3-03911-443-6, br.

Band 18

CHRISTINA LECHTERMANN, HAIKO WANDHOFF (Hrsg.):
unter Mitarbeit von CHRISTOF L. DIEDRICHS, KATHRIN KIESELE, CARSTEN
MORSCH, JÖRN MÜNKNER, JULIA PLAPPERT, MORITZ WEDELL:
Licht, Glanz, Blendung. Beiträge zu einer Kulturgeschichte des Scheinens, Bern 2007,
253 S., zahlr. Abb., ISBN 978–3-03911-309-5, br.

Band 19

RALF KLAUSNITZER, CARLOS SPOERHASE (Hrsg.):
Kontroversen in der Literaturtheorie/ Literaturtheorie in der Kontroverse,
Bern 2007, 516 S., ISBN 978–3-03911-247-0, br.

Band 20

KATJA GVOZDEVA, WERNER RÖCKE (Hrsg.):
„risus sacer – sacrum risibile". Interaktionsfelder von Sakralität und Gelächter
im kulturellen und historischen Wandel, Bern 2009, 339 S.,
ISBN 978–3-03911-520-4, br.

Band 21

MARINA MÜNKLER (Hrsg.):
Aspekte einer Sprache der Liebe. Formen des Dialogischen im Minnesang,
Bern 2010, 342 S., ISBN 978–3-03911-783-3, br.

Band 22

MARK-GEORG DEHRMANN, ALEXANDER NEBRIG (Hrsg.):
Poeta philologus. Eine Schwellenfigur im 19. Jahrhundert, Bern 2010, 288 S.,
ISBN 978–3-0343-0009-4, br.

Band 23

BRIGITTE PETERS, ERHARD SCHÜTZ (Hrsg.):
200 Jahre Berliner Universität. 200 Jahre Berliner Germanistik. 1810–2010 (Teil III),
Bern 2011, 391 S., ISBN 978–3-0343-0622-5, br.

Band 24

NORDVERBUND GERMANISTIK (Hrsg.):
Frühe Neuzeit – Späte Neuzeit. Phänomene der Wiederkehr in Literaturen und Künsten
ab 1970, Bern 2011, 239 S., zahlr. Abb., ISBN 978–3-03943-0469-6, br.

Band 25

ALEXANDER NEBRIG, CARLOS SPOERHASE (Hrsg.):
Die Poesie der Zeichensetzung. Studien zur Stilistik der Interpunktion, Bern 2012, 455 S.
zahlr. Abb., ISBN 978–3-0343-1000-0, br.

Band 26

PETER UWE HOHENDAHL, ERHARD SCHÜTZ (Hrsg.):
Perspektiven konservativen Denkens. Deutschland und die Vereinigten Staaten nach 1945,
Bern 2012, 362 S., ISBN 978–3-0343-1139-7, br.

Band 27

ELISABETH STROWICK, ULRIKE VEDDER (Hrsg.):
Wirklichkeit und Wahrnehmung. Neue Perspektiven auf Theodor Storm,
Bern 2013, 240 S., ISBN 978–3-0343-1404-6 pb., ISBN 978–3-0351-0644-2 eBook.

Band 28

TANJA VAN HOORN, ALEXANDER KOŠENINA (Hrsg.):
Naturkunde im Wochentakt. Zeitschriftenwissen der Aufklärung, Bern 2014, 274 S.,
ISBN 978–3-0343-1513-5 pb., ISBN 978–3-0351-0753-1 eBook.

Band 29

HANS JÜRGEN SCHEUER, ULRIKE VEDDER (Hrsg.):
Tier im Text. Exemplarität und Allegorizität literarischer Lebewesen, Bern 2015, 338
S., zahlr. Abb., ISBN 978–3-0343-1652-1 pb., ISBN 978–3-0351-0875-0 eBook.

Band 30

ANNIKA HILDEBRANDT, CHARLOTTE KURBJUHN, STEFFEN MARTUS (Hrsg.):
Topographien der Antike in der literarischen Aufklärung, Bern 2016, 373 S.,
zahlr. Abb., ISBN 978-3-0343-2116-7 pb., ISBN 978-3-0343-2731-2 eBook.

Band 31

BERNHARD JAHN, ALEXANDER KOŠENINA (Hrsg.):
Friedrich Ludwig Schröders Hamburgische Dramaturgie, Bern 2017, 240 S., zahlr. Abb.,
ISBN 978-3-0343-2759-6 pb., ISBN 978-3-0343-2933-0 eBook.